慧海拾珠

西方哲学千问

Classic Reading And Collection

探寻世界文明发展之路·解读西方千年璀璨历史

王永鸿　周成华◎主编

陕西新华出版传媒集团

三秦出版社

图书在版编目（CIP）数据

西方哲学千问 / 王永鸿，周成华主编. —西安：三秦出版社，2012.1
（2022.6 重印）
　（慧海拾珠）
ISBN 978-7-5518-0073-0

Ⅰ．①西… Ⅱ．①王… ②周… Ⅲ．①西方哲学—问题解答
Ⅳ．① B5-44

中国版本图书馆 CIP 数据核字（2012）第 006120 号

慧 海 拾 珠
西方哲学千问

王永鸿　周成华　主编

出版发行	陕西新华出版传媒集团　三秦出版社
社　　址	西安市雁塔区曲江新区登高路 1388 号
电　　话	（029）81205236
邮政编码	710061
印　　刷	永清县晔盛亚胶印有限公司
开　　本	787mm×1092mm　1/16
印　　张	15
字　　数	400 千字
版　　次	2012 年 1 月第 1 版
	2022 年 6 月第 3 次印刷
标准书号	ISBN 978-7-5518-0073-0
定　　价	46.00 元

网　　址	http://www.sqcbs.com

古希腊是西方哲学的诞生地，西方哲学上各式各样的思想学说都可以在古希腊哲学中找到自己的起源。随着西方哲学的发展，古希腊哲学所阐发的各种思想又都有了新的发展和新的特点。了解西方哲学旨在系统地阐述那为解决存在问题或使人了解我们的经验世界而作的各种尝试。每一种思想体系或多或少地有赖于由其所兴起的文明、以前各种思想体系的性质，及其创始者的个性；它又反过来对当代和后代的思想和制度发生很大的影响。西方哲学力求把每一种宇宙观放在它适当的背景中，把它看作是一个有机整体的一部分，把它同它过去、现在和将来的文化的、政治的、道德的、社会的和宗教的因素联系起来。

西方哲学源于古希腊人对世界的探究，古希腊的世界观是朴素、幼稚和粗糙的，而文艺复兴时期及以后的西方哲学，在发展上都或多或少地受到古希腊哲学思想的影响。公元前 6世纪的古希腊哲学到西方现代时期的哲学，是西方哲学的主要发展历史。它可分为 4个时期：一、公元前6～公元5世纪，称为古希腊哲学；二、公元 5～15世纪，称为中世纪哲学；三、公元15～19世纪40年代，称为近代哲学；四、从19世纪40年代以来，称为现代哲学。对现代哲学时期的划分，学界也有不同看法，有的把上限划在19世纪末，有的划在第一次世界大战和俄国十月革命后，有的划在第二次世界大战后。

本书以尽量简洁明了的叙述语言，向广大青少年读者展示西方哲学范畴的的一些常识，了解西方思想发展史的基本过程和演变。

目 录
mu lu

第二章 理清脉络辨清哲学——学派分析篇 ……………… 21

第五章　数段分析深入哲学——思想解读篇

第一章 三言两语记住哲学——整体认识篇

西方哲学经历了什么样的发展历程？

西方哲学从公元前6世纪出现在古希腊，一直发展到今天，大约可以分为四个时期，其中比较被认可的分法为：公元前6～公元5世纪，称为古希腊哲学；公元5～15世纪，称为中世纪哲学；15世纪中～19世纪40年代，称为近代哲学；19世纪40年代以来，称为现代哲学。

古希腊哲学是在什么样的社会背景下诞生的？

古希腊哲学的诞生前后总计持续了大约650年（公元前800年—前146年），古希腊是西方历史的起源之地，位于欧洲的南部，地中海的东北部，包括现在的巴尔干半岛南部、小亚细亚半岛的西岸以及爱琴海中的许多小岛屿。在旧石器时代，古希腊爱琴海地区就有了人类的活动，散存于希腊半岛之上的各种遗址有力地证明了这一点。马其顿新尼可米底亚、色萨利塞斯克罗和克里特克诺索斯等新石器时代的著名遗址表明了希腊的新石器时代可以推到公元前6000年之前。公元前3000年，随着青铜器的使用，奴隶制国家开始出现在爱琴海地区。在当时的克里特岛出现了类似克诺索斯王宫的宏伟建筑物。克里特人的文字是一种尚未被破解的线性文字，后来因为迈锡尼文明的入侵，克里特人改用了早期的希腊语字母来记事。大约在公元前1200年，另一支多利亚人的入侵摧毁了迈锡尼文明，在此之后的300年，整个希腊陷入了沉寂、封闭并且贫穷的"黑暗时代"。这个时期的主要资料来源于著名的《荷马史诗》，所以又被称为"荷马时代"。在荷马时代的末期，铁器的使用得到了推广，海上贸易也重新发达起来，许多新的城邦纷纷建立。希腊人在腓尼基字母的基础之上创造了属于自己的希腊文，并在公元前776年召开了标志着古希腊文明进入兴盛时期的第一次奥林匹克运动会。公元前750年左右，随着人口增长，希腊人开始向外殖民。

古希腊文明最辉煌的时期是大约公元前5、6世纪，在公元前478年结束的希波战争更是大大推动了东西方文化的交流与发展，促进了科学、艺术的进步，打破了东西方几乎完全隔绝的局面，从而推动人类社会发展进步。而作为战争胜利一方的希腊就成功地使地中海区域取代了两河流域而成为西方的历史文化中心，希腊的文明也因此得以保存并且发扬光大。战争的胜利不但确保了希腊城邦的独立以及安全，也使得希腊得以继续称霸地中海东部地区长达数百年。因为有了高度繁荣的经济作为基础，所以产生了光辉灿烂的希腊文明，哲学也是在这一时期从希腊神话之中脱胎而出的。从古希腊神话的特征中可见到神话的哲理特征。克塞诺芬尼："凡人们幻想着神是诞生出来的，穿着衣服，并且有着凡人一样的音容笑貌。"流传甚广

的古希腊神话分为了神的故事和英雄传说两个部分，涉及了天地的开辟、众神的诞生、人类的起源等多种内容。在古希腊人的想象之中，奥林匹斯山上的12个主要神明是自然力的化身，他们是永生不死的具有人的形象与感情的特殊人类。至于像珀修斯、海格立斯等之类的英雄，都是人类与神明所生的后代，他们的经历、事迹虽然很离奇，却反映出古代希腊人在同自然力量的长期斗争中所取得的伟大成果。因此，古希腊神话是当时的历史现实在人们头脑中特殊的、形象化的反映。古希腊神话在著名的《伊利亚特》和《奥德赛》这两部史诗以及公元前8世纪的诗人赫西俄德所编写的《神谱》中保存得非常完整。描绘了诸神谱系的《神谱》用传统的神话作思索的基础，通过对诸神产生原因的探究，曲折地表达了对万物起源进行解释的愿望。像大多数民族的神话传说一样，奥林匹斯山的众神也创造了世界，但是与众不同的是，希腊人是用神话的形式反映出古希腊人积极、进取的人生态度。

古希腊哲学在西方哲学史中占据着什么样的地位？

对于古希腊哲学在西方哲学史中占据什么样的地位这个问题，学术界从来就没有确定的答案，但是美国哲学史家梯利的观点得到了大多数哲学家的认可，他认为：

一、古希腊哲学奠定了一切后来的西方思想体系的基础。

二、古希腊哲学几乎提出和提供了两千年以来欧洲文明所探索的所有的问题以及答案。

三、古希腊哲学提供了人类思想从神话式的原始形式演进到复杂多样的体系的一个最好的例证。

希腊早期自然哲学的特点是什么？

早期自然哲学从时间上来说，大体上是指公元前7世纪—公元前6世纪的这段时间，这一时期的哲学家普遍非常重视，或者可以说他们研究的中心就是宇宙的本源，这一时期的代表人物有科学和哲学之祖泰勒斯、原子说的创始人德谟克利特等。

现代自然哲学是现代自然科学的前身，主要是思考人面对的自然界的哲学问题，包括自然界和人的关系、人造自然和原生自然的关系以及自然界的最基本规律等。希腊早期的自然哲学虽然距今有2000多年的时间，但是自然哲学的研究对象却是不变的。

这一时期的哲学家们刚开始大多用构成万事万物的材料作为本原，例如水、火、土、气等，这些本原观体现了自然哲学家们的一个朴素的观念：本原是没有固定形状的。任何事物都是从本原中产生，最终必然要回归本原，所以本原是一切，又什么都不是，没有任何的规定性。但是以毕达哥拉斯学派和埃利亚学派为代表的哲学家则认为本原必须是规定的，比如毕达哥拉斯将数作为万物的本原。巴门尼德认为世界的本原是一种位于时空之中的对象，而不是其他哲学家提出的类似可以感觉到的物理性质与能够用数字符号和图形特征的数学性质等直观地把握的形体和性质，他认为本原的意义和性质只能是理性的思辨和逻辑论辩所把握的"是者"。巴门尼德之后的自然哲学家们为了解决巴门尼德提出的难题而采取了多元论的方式，最终形成了当时自然哲学的最高成就——德谟克利特的原子论，原子论哲学的创立却是早期希腊自然哲学的终结的标志。

为什么希腊早期哲学被称为自然哲学？

希腊早期的哲学之所以被称为自然哲学，理由非常简单，因为他们的研究对象是自然，想要对自然之中的各种现象提供一个合理的根据与说明，总结起来就是：希腊自然哲学的主题是寻找关于宇宙万物和万物的必然性或规律性。与神学家以幻想和想象的方式看待自然不同，希腊人是用理性的认识的方式看待自然，他们试图用自然的东西说明自然，所以"自然哲学"也被称为"宇宙论"或者"宇宙生成论"，研究的核心问题是宇宙万物的本原和生成演变、发展的过程。在整个希腊哲学体系之中，自然哲学自始至终都占有十分重要的地位，即使是在宇宙论衰落之后，自然哲学仍然构成了希腊哲学的重要内容，比如处于古典时期的亚里士多德留给我们的著作之中就有百分之八十是自然哲学方面的著作。

早期自然哲学主要有哪些学派？

由于对世界本原的回答不同、哲学家居住的地区不同，早期的希腊自然哲学家们组成了许多不同的学派，比较著名的是以"水"、"无限定"、"气"为世界本原的米利都学派；以认为世界的本原是符合规律地燃烧和熄灭着的火的赫拉克利特为代表的爱菲斯学派；认为世界本原是"数"的毕达哥拉斯学派；将千变万化的世界归结为虚幻的假相的埃利亚学派等。总结起来，早期自然哲学的主要学派有：米利都学派，毕达哥拉斯学派，埃利亚学派，爱菲斯学派，恩培多克勒学派，阿那克萨拉戈学派和阿布德拉学派。

中期古典哲学有什么特点？

中期古典哲学从时间范围上来说，是指公元前5世纪—公元前322年这段时间，这一时期的文化中心是雅典，所以这一时期的哲学也以雅典学派为主，特点是以逻辑论证为主要手段，代表认为有柏拉图和亚里士多德。

在西方哲学史上，希腊中期的古典哲学大体范围指公元前5世纪到公元前322年、马其顿统一希腊以前的一百多年时间，这是希腊城邦制从繁荣走向衰落的时期，同时也是希腊哲学发展史上的鼎盛时期。这一时期的希腊哲学主要是指雅典哲学，论证的主要手段为逻辑论证，并且研究的对象和范围从从作为整体的宇宙万物扩展到了人和社会、社会公正、国家本质、人生意义等方面。

中期古希腊哲学经历了什么样的发展历程？

引起希腊中期哲学研究方向改变的是以普罗泰戈拉为首的智者学派所发起的智者运动，时间是在公元前5世纪。智者们将研究的重点从自然转移到了人的身上，他们不相信真正的存在和客观真理，代表者就是普罗泰戈拉，他认为一切都同样真，是非善恶是相对人的感觉而言的。而完全扭转哲学研究方向的则是苏格拉底，他认为，存在着客观真理，认识真理也是可能的；真正的知识是从具体的道德行为中寻求各种道德的普遍定义；寻求定义的方法就是论辩诘难。到了公元前4世纪，古希腊哲学正式

进入了系统化阶段，代表人物有苏格拉底的学生柏拉图和亚里士多德。柏拉图大大扩展了哲学研究的范围，其理论核心是理念论。这种观点主张万物的本原是超越感觉的永恒的理念。而柏拉图的学生亚里士多德则是苏格拉底传统的最伟大的继承者，他不同意柏拉图的理念论，他将理念称为"形式"，认为"形式"不能脱离个别事物而独立存在，形式是事物的本质，存在于事物之内。具体事物是由质料因、形式因、动力因和目的因构成的。他在逻辑学方面最重要的贡献是建立了三段论式的演绎推理体系。在伦理方面，他认为最高的善就是自我实现，人要在生活中追求一种中庸之道。

亚里士多德去世之后，希腊文化逐渐与罗马文化结合，在800多年的时间之中，出现了很多的哲学流派。它们在前人思维发展的基础上进行了比较深入的探讨，并涉及了伦理问题及宗教问题。

纵观整个希腊古典哲学发展过程，可以用一句话概括，智者派产生影响，苏格拉底奠定了坚实的基础，柏拉图、亚里士多德都在这一基础上写下了最为辉煌的篇章。

希腊晚期哲学的主要特点是什么？

希腊晚期哲学从时间上来说是从公元前322年到公元529年，这一时期的代表人物是伊壁鸠鲁，主要特点是沿袭古希腊哲学传统，新老学派并存，区别于后来新兴的基督教哲学。哲学关注与讨论的中心问题是伦理问题。

公元前323年亚里士多德去世，公元529年东罗马帝国皇帝查士丁尼下令关闭雅典所有学园，这长达849年的时间就是希腊晚期哲学，而整个希腊晚期哲学可以分为两个大的时期：希腊化时期和罗马帝国时期。希腊化时期的希腊哲学随着马其顿王国的军事扩张而传播到了东方，在当时的世界，埃及的亚历山大城与雅典并列为文化与哲学的中心。罗马帝国时期的希腊哲学进一步传播到拉丁语地区，不擅长思辨的罗马人在哲学上承袭了希腊人，但是却使用拉丁文来表达希腊哲学的思想，于是就产生出了最早的拉丁文哲学典籍。

从哲学思想的内容上来看，这两个时期的哲学都是希腊哲学的延续，呈现出一脉相承和基本稳定的特点，所以哲学史上就没有将所谓的罗马哲学给单独区分出来。最后随着时间的发展，希腊哲学渐渐丧失自身的活力，已经不能作为独立的意识形态而存在，必须被吸收到另一种意识形态之中才能保存自身价值，而这种新的意识形态就是新兴的基督教。

为什么古希腊晚期哲学会学派林立？

东西方文化的交汇和新老观点的碰撞，导致这一时期派系林立、传承复杂，除了有以柏拉图的追随者所组成的学园派和亚里士多德的追随者组成的逍遥派为代表的老学派之外，还出现了四个新学派：伊壁鸠鲁派、斯多亚派、怀疑派、新柏拉图主义。新学派与老学派最大的不同就是伦理化的倾向，所谓的伦理化就是指以伦理学为核心或归宿，哲学的主要目标不再是追求智慧，而是追求幸福。虽然每个学派都对幸福有着不同的理解，但是共同的一点却是都认为理性的生活只是达到幸福的一个途径，没有为智慧而智慧的思辨精神和穷究世界奥秘的探索精神。在思辨领域，他们只是借助前人的形而上、自然哲学和知识论，作为自己的伦理学思想的基础，如伊壁鸠鲁派借助原子论，斯多亚派借助赫拉克利特，新柏拉图主义借助柏拉图，怀疑派借助学园派。

为什么古希腊晚期哲学会以伦理学为主？

至于为什么会产生伦理化的倾向，从整体上来说是因为社会的大背景问题，第一，城邦制度的瓦解所造成的社会动荡和融合，深刻而全面地改变了人与人、人与社会的关系，人们在迅速变化的复杂的社会环境中，普遍渴望安宁和谐的生活；第二，罗马人和东方人的实用态度和宗教信念侵入希腊哲学内部，怀疑主义和相对主义引起的无谓争吵也从内部毁坏了希腊人固有的思辨理性精神；第三，原来属于哲学范畴的许多研究对象都纷纷独立分化出去，比如几何学、天文学、力学、地理学、历史学和文学等，在这一时期都取得了非常辉煌的成就，这也间接导致了哲学的研究方向是这些学术所不涉及的领域——伦理学。

中世纪占据主导地位的哲学是什么？

"中古哲学"，通常是指希腊哲学之后、近代哲学之前，以基督教哲学为主干的哲学形态，如果从时间上规定范围，应当是公元5—15世纪，大体包括教父哲学、经院哲学、文艺复兴思潮和宗教改革四个时期，前后延续的时间长达一千多年。应该注意的是，教父哲学的起始时间不是以公元476年西罗马帝国灭亡为标志，而是要追溯到公元2世纪的教父哲学。实际上在公元之初，也就是晚期希腊哲学像一个回光返照的病人一样即将永远地逝去的时代，一种崭新的哲学萌芽出现在罗马帝国的境内，这种哲学表现出极大的活力，在经历了多次坎坷之后终于战胜了竞争对手，彻底地占据了统治地位。这种哲学就是基督教哲学。

基督教哲学，实际上是由信仰坚定的基督教徒创建的以基督教的信仰为指导、以人的自然理性论证原理的哲学。我们通常所说的基督教哲学主要是指近代之前的基督教哲学，也就是基督教哲学诞生、成长、占据统治地位、衰落的阶段。大体上可以划分为两个阶段：罗马时期的教父哲学和中古时期的经院哲学。

基督教如何诞生？

任何一种哲学都不是凭空出现的，基督教哲学同样不例外。要探究基督教哲学出现的原因，则要从基督教的诞生与发展经历着手。

公元1世纪，基督教发源于巴勒斯坦地区（《旧约》之中的称呼是迦南地）的犹太人中间。当时在犹太人中间占据统治地位的是犹太教，犹太教强调的是严格的律法，而基督教宣扬的则是救赎的恩典，这直接导致了犹太教上层的不满，他们不断地向当时控制着巴勒斯坦地区的罗马政府控告，但是罗马政府却认为基督教只是犹太教的分支而没有予以理会。耶稣四处劝人悔改、改恶行善的言行以及他的神迹使他在民众之中非常受欢迎，但是他的十二门徒之中的犹大却为了30块银元而将他出卖，这也导致了耶稣最后被钉死在十字架之上。耶

稣的愿望是救赎世间的罪过，他愿意流尽自己的血。在他死后的第三天，他的门徒看到他的石窟坟墓空了，因此认为耶稣确实复活了，他是永恒的救世主。于是在耶稣死后，他的门徒们开始热心宣扬耶稣的教诲，他们组成彼此相爱、奉基督之名敬拜上帝的团体，就是基督教会。后来通过保罗（又名扫罗）的三次前往地中海地区的传教活动，基督教抵达了罗马帝国的本土。当时的罗马长期动荡不安，这直接导致了罗马人对旧日的宗教和保护神失去了信心，而在这个时候已经有了不少的底层教徒并且教义非常符合当时社会的基督教就成为了他们的首要之选。但是因为基督教是一神教，只信奉一个神明，并且拒绝罗马帝国的皇帝崇拜等多种原因导致他们遭到政府的残酷镇压，无数的护教者被烧死、被丢进斗兽场死在野兽口中，但是这却不能阻止基督教的发展脚步。在公元2世纪—3世纪，大批的上层人士和有修养的阶层加入了基督教，使基督教成为罗马帝国之中不能忽视的一股里力量，于是帝国在公元311年颁布了允许基督教徒宗教信仰自由的《宽容敕令》。公元312年，罗马帝国的最高统治权的争夺进入白热化阶段，而这个时候，君士坦丁突然打出了基督教的旗帜，并且在基督教徒的支持下取得了胜利，基督教因此在罗马帝国取得了合法的地位。公元392年，罗马统治者宣布基督教为国教，并且开始大肆镇压异教和异端，基督教由此而占据了绝对的统治地位。

为什么基督教哲学会出现？

至于基督教哲学的诞生原因，主要可以分为内部原因和外部原因两个方面。

内部原因，简单一点说就是形成一个统一的理论。因为在基督教创立之初，没有统一的经典也没有统一的组织，虽然有犹太教的经典《旧约》做基础，但是不同的教会的理解却不同，这就导致了基督教内部派别林立。正是这种现实要求基督教对自身的教义做出理论的反思与总结，进而用理论的统一来实现现实的统一，这种反思与总结，理所当然地只能借助哲学的方式。

外部原因，首先是基督教诞生的年代，哲学依然是罗马帝国上层人士所喜欢的意识形态，甚至可以说是深入骨髓的一种文化，基督教为了取得他们的支持、理解甚至是皈依，当然要使他们喜欢的哲学与宗教的理念一致。其次是罗马帝国的动荡导致哲学从理论走向实践，伦理学也因此成为哲学的中心，灵魂的安宁更是晚期哲学的最高目标，而神也是晚期哲学的主题。再次是罗马文化是以哲学理性为代表的，多神论是罗马的传统，因而一神论的基督教必然遭受哲学家们的讨伐，面对这种情况，使用哲学本身的词句来反驳无疑是最好的选择。最后是在基督教形成的时候，还有其他的宗教产生，甚至基督教内部也存在各种异端，这种口头的论战同样促进了基督教的哲学化进程。

基督教哲学可以分为哪两个时期？

在各种内外因的相互作用之下，基督教早期的护教者们开始借用希腊哲学，尤其是新柏拉图主义和斯多亚学派的学说，在理论上维护基督教的信仰，这些护教者也被尊称为"教父"，也就是教会的父亲，他们的思想也因此而成为基督教的第一个历史形态——"教父哲学"。

公元4世纪末期，罗马帝国一分为二。5世纪末期，西罗马帝国被法兰克等蛮族国家取代，他们推翻了古代文明、古代哲学、政治以及法律，唯一保留下来的只有帮助当时最为强大的法兰克取得统一的基督教会以及一些文明已经遗失的城市。实际上西罗马帝国的崩溃还有着汉武帝的部分间接责任，因为在汉武帝在位期间，他大力打击匈奴并且趁势向西扩张，这就导致了一个世界性的民族由东向西大迁移，日耳曼和法兰西就是在这个时间进入罗马帝国的。担负着延续西方文明的使命的基督教在所创办的各种学校之中，形成了第二种历史形态——经院哲学。

经院哲学的主要责任是从理论上论证、阐述教义，消除圣经或者教父哲学之中的不协调因素，是神学进一步的系统化、理论化。辩证法的思想被引入了神学之中，理性由此开始复苏，并且在公元12—13世纪达到了高潮。12世纪的时候，阿拉伯人保留的古希腊文明被传入欧洲，从而引发了经院哲学内部柏拉图主义和亚里士多德主义的斗争。托马斯·阿奎为了适应形势，证明理性在论证信仰方面的积极作用，毅然采用了亚里士多德的哲学思想，进而将经院哲学推向了巅峰，但是这种论证却遭到了英国的唯名论的反对，经院哲学开始走向没落。

基督教哲学为什么会衰落？

公元13—14世纪，在一些新兴的工商业城市之中，一些以新兴的市民为载体的人文文化复兴爆发，这也是历史上有名的"文艺复兴"。人文主义的发展

对经院哲学造成了毁灭性的冲击，随着"自然的发现"和"人的发现"，神已经不再是人们思考的中心，经院哲学由此退出历史的舞台。

在中古世纪，哲学和科学成了基督教神学的婢女或工具。神与人、天国与世俗、信仰与理性的关系问题是中世纪哲学探讨的主要问题。但是实际上，理性和信仰从根本上就是矛盾的，这也是文艺复兴反对理性的原因之一，这也导致了理性的权威地位一直到笛卡尔才重新确定。

可以说，基督教哲学的成与败都是因为神秘主义的流行和理性主义的衰落，神秘主义的流行和希腊哲学理性主义的衰落为基督教哲学的出现提供了机会，而经院哲学理性主义的衰落和唯名论神秘主义的流行则预示了它的终结。

什么是教父哲学？

教父哲学的时间范围是公元2—6世纪，哲学特点是利用古希腊哲学尤其是新柏拉图主义和斯多亚学派的观点，将哲学与神学结合，重新阐述、论证基督教的创世论、原罪论、救赎论、三位一体论和来世赏罚论等教义。教父哲学的代表人物有殉道者游斯丁和圣奥古斯丁。

教父哲学是早期的基督教徒为辩护基督教的教义而提出的一种宗教唯心主义思想体系。所谓的教父，就是指那些既宣讲又著作的护教者，他们对制订和论证基督教教义作出了非常突出的贡献，所以被尊称为"教会的父老"，简称为"教父"，这也是教父哲学名称来由。被称作教父的基督徒一般应具备四个条件：遵循正统学说，过圣洁生活，被教会所册封，生活在基督教早期（主

要集中在2世纪—4世纪）。

教父哲学的代表有哪些？

根据教父的活动区域和使用的语言，后世将教父分为"东方希腊教父"和"西方拉丁教父"。单纯从时间上来看，希腊教父早于拉丁教父。东方希腊教父的代表人物是游斯丁、塔提安、伊里奈乌、克莱门及奥里根等，他们出生在东方并且使用希腊文著作，早期的游斯丁等人比较注重理性，注重形而上学，主要致力于上帝的"三位一体"、上帝与世界的关系等学说的建设。游斯丁等人的倾向被后来的以奥里根为代表的亚里山大里亚基督教学派继承，并且因此而形成了一个以柏拉图主义为依托的较为系统的宗教哲学理论。西方拉丁教父的代表人物是德尔图良、杰罗姆、安布罗斯、奥古斯丁、格雷高里及波爱修等，他们生长在西方并用拉丁文宣讲和著书，以德尔图良为代表的早期拉丁教父则比较注重信仰和伦理，注重道德实践，他们主要把新柏拉图主义塞进基督教教义中，使哲学和神学混为一体。他们是教父哲学的组织者。奥古斯丁是最后的完成者，也是最著名的代表，也正是他将教父哲学推向了鼎盛时期。

教父哲学根据思想活动可以划分为几个时期？

根据教父们的思想活动的特征，又可以将教父哲学划分为公元2世纪的护教者时代，公元3—5世纪的系统化时代，公元6世纪的终结时代。因为哲学本身就是一种思想活动，所以按照思想的发展来研究哲学的发展是理所当然的，而我们也将从整体上按照教父哲学的思想发展来讲述。

教父哲学晚期的发展情形是什么？

在奥古斯丁尚在人世的时候，罗马帝国已经呈现出了摇摇欲坠的态势，罗马教会更是疲于应付混乱的社会局面，根本就没有时间去顾及教会哲学的发展，这也导致了奥古斯丁之后，教父哲学几乎没有继承人，也正是因为这样，许多哲学史家将奥古斯丁看成教父哲学的终结。在公元5世纪之后，因为罗马帝国的崩溃、文化的衰败，欧洲文化进入了凋零的"黑暗时期"，这一时期能够被称为哲学家的大约只有波爱修。波爱修翻译、注释亚里士多德的著作，成为连结古代哲学与中世纪哲学的"桥梁"。在他之后的300年的时间里，古典文化彻底没落，只是有人做了若干保存古典文化的编纂工作。

什么是经院哲学？

经院哲学的时间范围是从公元3世纪—公元5世纪，这一时期的特点是以教会学校的教师和学者为主体，最主要的代表人物是托马斯·阿奎那。

"经院哲学"在刚开始的时候是指在查理曼帝国的宫廷学校以及基督教的大修道院和主教管区的附属学校发展起来的基督教哲学。这些学校是研究神学和哲学的中心，学校的教师和学者被称为经院学者（经师），所以他们的哲学就被称为经院哲学。

经院哲学是在什么样的社会背景下发展起来的？

公元476年，西罗马帝国首都罗马被攻陷，封建社会开始统治西欧，因为法兰西的第一任国王克洛维一世是基督教徒，而罗马人大部分都是基督教徒，所以基督教是国王的一大支柱，法兰西更是在后来彻底打败了西哥特人，基督教由此成为了占据统治地位的思想。但是在封建社会初期的三四百年的时间，整个西欧社会都是处在战乱之中，社会生产力发展极其缓慢，自然经济占据绝对统治地位，文化上极度衰退和停滞，当时只有僧侣是接受过教育的人，但是他们却又满足于已经存在的教条，这些情况直接导致了在几百年的时间之中，几乎没有哲学。

在8世纪末和9世纪初的时候，法兰西国王查理征服了欧洲大陆的大部分，并且在公元800年建立查理曼帝国。为了给帝国培养统治服务人才，查理下令教会和寺院兴办学校，并且在宫中成立学院，将僧侣学者召集起来，并派人搜集和抄写古代抄本，促进教育，史学上将这个时期称为"加洛林朝文艺复兴"。查理建立的这些学校也就是后来经院哲学的发源地。

什么是唯实论与唯名论？

经院哲学研究的主要问题是共相和殊相、一般与个别之间的关系问题。围绕这个问题的争论，哲学家们分成了两大派别：部分哲学家主张普遍的共相是真正的实在，殊相或个别的东西不过是现象，而另一部分哲学家则认为个别的东西才是真实的存在，共相不过是概念、语词罢了，并没有实际存在的意义。前一种观点被称为"唯实论"，后一种则被称为"唯名论"。

至于唯实论和唯名论的区别，可以简要地概括为：唯实论属于正统派，唯名论则被看做是异端；唯实论是理性主义的，而唯名论即使不是反理性主义的，也是非

理性主义的。而唯名论之所以被称为异端，只是因为它为了维护对上帝的信仰而反对从理性上来证明上帝的存在。

中世纪哲学的实质是什么？

从某种程度上来说，中世纪哲学就是柏拉图主义与亚里士多德思想的奇异混合物。在教父哲学和早期经院哲学中，柏拉图主义占据了统治地位，后来在托马斯·阿奎那的努力下，亚里士多德才成为了中世纪经院哲学的最高权威。亚里士多德的形而上学不仅为哲学家们提供了一个深邃的思想领域，而且他的逻辑三段论亦为哲学家们提供了推理论证的方法。所以说，经院哲学既是柏拉图式的，又是亚里士多德式的：上帝是最高的超验的实体，而整个体系则是高度抽象的和形式化的，从而造就了从概念到概念的抽象烦琐的方法论特征。

早期经院哲学的主要贡献是什么？

如果只是从时间上来说，爱留根纳必定是经院哲学的第一位重要哲学家，被称为"中世纪哲学之父"的他，在新柏拉图主义的影响下，建立了欧洲中世纪第一个完整的哲学体系。爱留根纳的这个体系泛神论色彩比较浓厚，导致他受到了正统神学的谴责。11世纪的时候，部分学者将辩证法的思想引入到神学的研究，进而导致了围绕辩证法问题的大争论。安瑟伦以信仰支配理性为前提，肯定了理性对神学的作用，从而确立了经院哲学的基本立场。

早期经院哲学的主要代表都有谁？

在坚持共相是真正的实在的唯名论和共相不过是名词或者概念的唯实论

之间的争论方面，出现了以安瑟伦为代表的极端唯实论和以罗瑟林为代表的极端唯名论。罗瑟林的学生阿伯拉尔继承了老师的唯名论传统，同时纠正了老师的极端倾向，发展出一种温和的唯名论——概念论。争论必须以理性为手段，而理性也在争论之中不断发展。

早期经院哲学从时间上大体是从9世纪到12世纪，这一时期是经院哲学的准备和形成时期，最主要的是唯名论同实在论之争。其中安瑟伦被称为"最后一个教父和第一个经院哲学家"。

中期经院哲学是在什么样的背景下发展的？

公元12—13世纪，欧洲社会发生了巨大的变革，罗马教廷和皇帝、国王的冲突愈加激烈，罗马教廷取得了最后的胜利。教会的胜利促进了神学学说的进一步系统化，但是异端学说同样盛行。面对对大量异端出现的情况，教廷也进一步加强了内部的控制，弗兰西斯修会和多米尼克修会就在这种情况下诞生，并且成为教会镇压异端的别动队，它们所负责的宗教裁判所是镇压异端的工具。但是它们同样热心于学术活动，强调布道和教学，注重在有大学的城镇中活动，并且积极参与一些新兴大学和神学研究院的创建工作，中世纪晚期著名的经院哲学家大多数都出自这两个修会。从12世纪开始，一批大学先后在城市之中兴起，并且成为了研究、探讨、争论经院哲学家的聚集地，这些修会和大学都为经院哲学的繁荣提供了外部条件。

经院哲学为什么能够繁荣？

至于经院哲学繁荣的内部原因则是异域文明的传入，因为十字军的东征，导致城镇开始出现，资本主义萌芽产生，阿拉伯人和犹太人的文化被重新认识，欧洲的人们发现异域的文明同样灿烂，并且这些文明更加开放并且具有说服力，这就导致西方人产生了对自身思想自由的关注，尤其是从阿拉伯传入的亚里士多德哲学，西欧人由此认识到了亚里士多德的其他著作，尤其是他的《形而上学》《物理学》《论灵魂》《尼可马可伦理学》《分析篇》等，使科学的、逻辑的研究方法成为不可逆转的潮流，而在亚里士多德哲学传入之前，欧洲人只知道亚里士多德的《范畴篇》和《解释篇》。亚里士多德哲学的传入，触动了以柏拉图哲学为基础的奥古斯丁主义经院哲学传统，这在教会之中引起了极大的惊恐。在公元1209年的宗教会议上，教会作出了一个惊人的决定：任何人不得转录、阅读或以某种形式保存亚里士多德的著作，违者将会被革除教籍。虽然教会采取了种种的行动，但是依然无法阻止亚里士多德哲学的传播和发展，几十年之后，亚里士多德就被认作是哲学和科学的最伟大的权威，后来教皇更是宣布必须研究亚里士多德的《逻辑学》《形而上学》和《物理学》，否则就得不到优等学位。弗兰西斯修会坚持奥古斯丁主义传统，但也在形式上采用了一些亚里士多德主义的内容。多米尼克修会则全力研究和利用里亚里士多德，改革神学体系，用亚里士多德取代柏拉图，最终成为经院哲学的正统。而来自教会内部的一些神职人员则全力拥护阿威罗伊学派，因此被称为拉丁阿威罗伊主义，这个学派作为正统神学的反对派也加入了争论之中。这三个派别，在13世纪中叶的时候展开了激烈的论证，史学上将其称为"巴黎大论战"。

后期经院哲学的主要特点是什么？

来自阿拉伯的哲学的传入，使经院哲学内部发生了一场"巴黎大论战"。虽然托马斯主义在很短的时间内就取代奥古斯丁主义占据了统治地位，但是想要恢复到奥古斯丁主义的统治水平显然不可能的，这种短暂的胜利对于经院哲学来说却是饮鸩止渴，威尔·杜兰就将亚里士多德哲学比作希腊人留给基督教的"特洛依木马"，而托马斯正是将这木马拖入经院哲学这座巨城的人。随着时代的发展，经院哲学的衰落已成为不可阻挡的潮流。在托马斯时代，罗吉尔·培根就以他的卓越的实验科学思想和哲学思想预示了新时代的曙光，在他之后的司各脱主义和威廉的奥卡姆主义则一方面企图恢复奥古斯丁时代宗教的纯洁，把理性从宗教中排斥出去，这种做法却在客观上却导致了理性的独立；另一方面又发扬了唯名论思想，成为近代唯物主义哲学的先驱。德国，以艾克哈特为代表的神秘主义思潮用另一种形式宣告了经院哲学以理性论证上帝这种企图的失败。所有的这些因素，加上14世纪从意大利发端的文艺复兴人文主义运动，直接导致了经院哲学的解体。

文艺复兴的实质是什么？

文艺复兴从时间上来说是指从公元14世纪到公元16世纪的这段时间，主要特点是人的发现和自然的发现，这一时期哲学的代表人物是布鲁诺和马丁·路德。

从信仰统治的中世纪基督教哲学到理性为尊的近代哲学，这中间有着一个不可忽视的过渡形态，这就是文艺复兴时期哲学。

文艺复兴实际上是一场人文主义运动，"人文主义"一词来源于拉丁语的"人文学"，指与神学相区别的那些人文学科，包括文法、修辞学、历史学、诗艺及道德哲学等。人文主义反对中世纪抬高神、贬低人的观点，肯定人的价值、尊严和高贵；反对中世纪神学主张的禁欲主义和来世观念，要求人生的享乐和个性的解放，肯定现世生活的意义；反对封建等级观念，主张人的自然平等。"古代希腊思想家的每个学派，亚里士多德学派、柏拉图学派等等，都在那个时候找到它的信徒，但是与古代的信徒完全不同"。所以说"文艺复兴"是这场思想解放运动的表现形式，"人文主义"才是它的实质。

文艺复兴有什么重要意义？

随着古代科学著作的翻译和介绍进一步促进了人们对自然的浓厚兴趣和自然科学的发展，14—15世纪，对人体、天文、地理以及自然世界其他领域的研究普遍得到了加强，这一切都为16世纪以哥白尼的天文学革命为代表的自然科学的兴盛做了铺垫，由此也构成了文艺复兴的第二个巨大成绩——自然的发现。一些哲学家也在及时吸取科学的成果，并且提出了具有自然哲学倾向的新哲学体系，成为了近代哲学的先驱。

文艺复兴的产生的哲学方面的原因是什么？

文艺复兴的产生原因是多方面的，而哲学方面的变化主要是因为教廷在与皇室的斗争之中失利。在经院哲学时期，整个西欧整体上都是教权大于王

权，唯一的例外就是德国的霍亨斯陶芬家族，但是在多次的较量之后，霍亨斯陶芬家族也彻底失败，教权由此占据了绝对的统治，尤其是1302年教皇博尼法斯八世颁布的《神圣一体》敕谕更是这种意识形态的反映，但是民族独立已经是无法阻挡的历史潮流，法国、英国、西班牙、葡萄牙以及北欧各国纷纷建立起王权专制。英王亨利与罗马教会彻底决裂，集政教最高首领于一身，与此同时教会内部也发生了"二皇并立"、"三皇鼎立"的夺权斗争，内外因素的结合导致各国教会的实际控制权落入国王的手中。虽然教会人士也试图进行改革，但是一切陋习已经是积重难返，在1517年10月31日，德国教士、维登堡大学教授马丁·路德在城堡教堂大门上贴出他反对教廷兜售赎罪券的《九十五条论纲》，一场席卷欧洲各国的宗教改革运动由此开始。这场改革的直接结果是一批新教教会从天主教分裂出来，从而奠定了基督教三大教派——天主教、东正教、新教并立的基本格局。

文艺复兴的产生的经济方面的原因是什么？

经济方面的发展对于文化的推动作用同样不能忽视，13世纪后期，欧洲封建社会的生产力有了很大发展。在农业和手工业部门，水力锤、熔铁炉、纺车、改良水车和风车得到了广泛的使用。中国发明的火药、指南针和印刷术也被普遍采用。15世纪末至16世纪初，美洲的发现导致了新航路的开辟，促进了航海业和殖民贸易的迅速膨胀。社会劳动分工日益扩大，手工业与农业以及手工业内部的各个行业不断分化，城市

经济日趋繁荣。经济基础的变革猛烈地冲击着封建主义的上层建筑。随着封建社会内部阶级矛盾的不断激化，农民和城市工人、贫民的反封建起义不断涌现，支持和推动了新兴市民阶级的反封建斗争。于是，包括人文主义和自然哲学在内的反封建新思潮便逐步形成和发展起来。

什么是人文主义？

人文主义，是指14—16世纪欧洲的世俗文化以及其中所贯彻的反封建反神学的新社会思潮，代表了新兴市民阶级的利益，它宣扬以人为本，赞美人的力量，讴歌世俗生活，鼓吹个性解放，实质上它是资产阶级人道主义的最初表现形式。人文主义发源于14世纪的意大利，之后遍及了整个欧洲地区，成为了一场规模宏大的文化思想运动，主要代表人物有意大利的彼特拉克、薄伽丘、瓦拉、皮科、费奇诺、彭波那齐，荷兰的爱拉斯谟和法国的蒙台涅等。

人文主义有什么重要意义？

人文主义的思想核心就是用人性反对神性，用人权反对神权。人文主义者推崇人的价值和人的尊严，对神权政治和神学权威进行了无情的打击；他们宣扬人的本性就是追求尘世欢乐的生活，反对基督教的原罪说、禁欲主义和来世永生的说教。彼特拉克号召人们将目光由神转向人自身；卜伽丘在著作《十日谈》之中对教皇滥用权力提出了大胆的谴责，揭露了僧侣的无知、虚伪和腐败，认为人生的全部目的就是幸福，追求幸福是人的权利；怀疑主义的蒙台涅则认为，对现实利益的追求是人的自然

欲望。这些思想反映了新兴资产阶级要求摆脱封建束缚和发展资本主义的愿望，具有反封建反神学的进步意义，但是这种思想却掩盖了资产阶级和劳动人民的矛盾，带有资产阶级意识形态的局限性。

人文主义哲学有什么重要特点？

人文主义的主要研究对象就是希腊罗马古典文化，人文主义学者借助希腊罗马古典文化表达自己的理想和要求。许多人文主义者通过搜集、翻译、整理、注释和评论古代文献，对希腊罗马古典文化进行深入细致的研究，提出了与封建神学思想体系相对立的新见解、新观念。几乎所有的希腊罗马哲学都在这一时期重生，比如亚里士多德、柏拉图、伊壁鸠鲁、卢克莱修等人的哲学。瓦拉，否认亚里士多德学说的权威性，否认经院哲学的烦琐思辨；费奇诺，领导了研究柏拉图的学院，以复兴柏拉图学说的形式来贬低亚里士多德学说的地位；蒙台涅则以古代怀疑论和原子唯物论为武器，抨击以绝对真理自居的经院哲学，认为只有研究自然规律才能得到知识。

什么是宗教改革运动？

在文艺复兴也就是人文主义运动的影响之下，16世纪欧洲又发生了一场规模宏大的反对正统宗教"神学"革新运动，这场运动就是宗教改革运动，目的就是反对教会的极端统治和压迫。从表面上看，宗教改革运动是教会内部的改革，但是它的实质却是资产阶级为反对宗教对其发展的阻碍而发动的一场大规模反封建的社会政治运动，是人文主义运动在宗教神学领域的延伸，是新思想文化运动的组成部分，甚至是新兴的"资产阶级革命"。

中世纪后期的欧洲，教会的权力越来越大，教会占有土地，出售赎罪券，与世俗政权联系密切又彼此争斗，教廷和一些教士的腐化极其严重，各阶层民众对他们的不满日益加深。1517年10月31日，德国维登堡大学神学教授马丁·路德发表《九十五条论纲》，抨击罗马教廷出售赎罪券，矛头直指罗马教皇，进而拉开了宗教改革的序幕。公元1534年，英国国王亨利八世改革国教预示着改革达到了高潮。宗教改革直接的要求是消除教会的权威，使奢侈教会变为廉洁教会，但是从哲学的角度看，宗教改革的内在要求则是由外在的权威返回个人的内心信仰，而这场改革运动的影响因为有着更加广泛的群众基础而产生了比人文主义更加远大的影响。在这一改革的浪潮中，以路德和加尔文的宗教改革最具代表性，他们的宗教哲学思想也是宗教改革的理论旗帜。

自然哲学、科学有什么成就？

随着人文主义思潮的兴起，自然哲学也在这一时期出现。如果说文艺复兴是对古代文化的再发展，那么自然哲学就是新时代的曙光，代表了人们开始从新的角度、用新的方式来思考上帝、宇宙、人及其认识的问题。

文艺复兴时期的最重要的两个发现就是发现了人和发现了自然。这一时期的自然哲学将自然事物作为主要的研究对象，竭尽全力地对刚刚萌芽的新兴自然科学成果从总体上作出理论概括与说明，一大批有奉献牺牲精神的人作出了巨大的贡献，比如说哥白尼推翻了托勒密体系，实现了

天文学的革命；开普勒发现了天体运动的三大规律，将建立在经验观察基础上的天文学变成一门严格精密的科学；伽利略发现了落体定理和惯性定理等，为近代物理学奠定了基础。此外在动物学、植物学、医学及解剖学等学科方面，这一时期都有长足的进步，代表人物就是德国人库萨的尼古拉、意大利人达·芬奇、特莱西奥、布鲁诺和康帕内拉等。其中的先驱人物就是尼古拉和布鲁诺。

近代哲学的主要特征有哪些？

近代哲学的产生背景主要可以通过文艺复兴时期的三个重大"发现"来说明时代的基本特征。

首要的，也是第一个发现就是美洲的发现，史书之上称为"地理大发现"。新大陆的发现和新航线的开通大大加快了资本主义出现的脚步，使欧洲人的眼界扩展到世界性的范围。

第二个发现是"人的发现"，也就是文艺复兴人文主义精神。一批有着改革和牺牲精神的思想家，开始从古希腊哲学之中吸取营养，使人类的目光从神转向了人，宗教改革家则是发起教会内部的运动，消除了教会的绝对权威性，使关注的重心转移到人的身上，所以人文主义和宗教改革都可以看成是"人的发现"。

第三个发现是"科学的发现"，也就是自然科学的迅速发展。这个时期的人们开始用理性的眼光审视世界，理性开始取得权威的地位，人们开始用科学的目光看待自然，用科学的语言解释自然。

为什么近代哲学的主题是思维与存在的关系？

近代哲学是希腊哲学和基督教哲学相互交融的产物，近代哲学既继承了希腊哲学的重视理性、发展科学、以自然为对象，又重视基督教哲学的内在精神，并且关注超验的精神世界，当然也有例外，比如说18世纪的法国启蒙哲学。从整体上来说，近代哲学可以看成是一个要弥合两个割裂的世界的"伟大的两栖动物"。在这种叠加的历史背景之下，近代哲学的主题就是思维与存在的关系。在笛卡尔的认识论主体客体的二元框架限制下，近代哲学的问题最初表现为理性与经验的矛盾，出现了经验论与唯理论的争辩，然后是主体与客体、知识与对象、理想与现实、自由与必然等和思维与存在有关的一系列问题。从某种意义上来说，近代哲学是自然科学的延续，近代哲学家继承了古希腊哲学的使哲学成为科学的梦想，但是这个理想一直到黑格尔才得以实现，实际结果却是这个梦想只能够在思想之中编织。

近代哲学的基本精神是什么？

近代哲学的基本精神就是启蒙主义，通常我们只是将18世纪的法国哲学称为启蒙哲学，但是实际上启蒙哲学是整个近代哲学的基本精神，以理性为最高权威、以自由为至上理想的启蒙主义集中体现了近代哲学的基本精神。在通常的情况下，我们将弗兰西斯·培根与笛卡尔看成是近代哲学的创始人：培根开创了经验论，笛卡尔开创了唯理论。但是实际上培根在一定程度上仍然是有着过渡的性质，只有笛卡尔所确立的主体性原则和理性主义精神才真正奠定了近代哲学的基本精神，所以"我思故我在"的笛卡尔才是真正的近代哲学始祖。因为笛卡尔确立了近代哲学的主体性原则，所以反思精神得以发展，哲学开始向深入发展，自然科学也迅速发展，使得近代哲学在形式和内容上都比以往的哲学更丰富、更完善、更富于体系性。

近代哲学可以分为哪三个阶段？

按照哲学形态的不同，我们将近代哲学划分为三个阶段：

第一个阶段，16—18世纪时早期近代哲学中的经验论与唯理论的争辩。在近代哲学发展早期，认识论是哲学家们关注的中心问题，他们围绕知识的各种问题展开激烈的争论，分成了经验论与唯理论两大派别。

第二个阶段，18世界的法国启蒙哲学。这一时期的哲学别具匠心地形成了机械唯物主义世界观和战斗的无神论，尤其在社会政治学说方面有着非常大的贡献，为资产阶级的法国大革命奠定了理论基础。

第三个阶段是18世纪—19世纪上半叶的德国古典哲学。这一时期的德国哲学家既要解决现实提出的哲学问题又要解决哲学自身的问题，于是就在无意之间对近代哲学甚至是西方整个古典哲学开始了概括和总结，形成了有史以来最庞大、最丰富、最系统的哲学体系。这一时期以康德为创始人，以黑格尔为集大成者，并且黑格尔哲学中实现了西方古典哲学使哲学成为科学乃至科学之科学的最高理想，同时也使古典哲学走向了终结。

什么是经验论？

经验论就是认为经验或者感性认识是人的一切知识或者观念的唯一来源，轻视甚至是否定理性认识的作用和确定性的认识论。经验可以分为两种：外部经验（也被称为感觉）与内部经验也被称为内省。感觉论的哲学家否认内部经验，只承认外部经验是认识的唯一来源。经验论还可以分为唯物主义和唯心主义。唯物主义经验论认为经验来源于客观实在，外物作用于人的感官才引起感觉经验；唯心主义经验论则否认经验的客观来源，认为经验是主观自生或上帝赋予的。经验论的主要阵地是英国，由弗兰西斯·培根开创，主要代表有霍布斯、洛克、巴克莱等。

什么是唯理论？

唯理论就是片面强调理性作用的认识论，又称为理性主义。唯理论认为可靠的知识是从先天的、无可否认的"自明之理"出发，经过严密的逻辑推理得到的，否认从感觉之中得来。唯理论主要阵地是欧洲大陆，由18世纪法国的笛卡尔开创，代表有荷兰的斯宾诺莎和德国的莱布尼兹等。

经验论和唯理论有哪些共同点？

"理性"问题是整个近代哲学的共同出发点，以"理性"去反对"启示或权威"是唯理论和经验论的第一个共同点，也是近代哲学的主要任务。在这里应该注意的一个问题就是经验论在更多的程度上轻视理性的作用，而唯理论是片面强调理性，注重的是一个"唯"字，而我们所说的"理性"是一种全面的、形形色色的精神力量的一种汇集。经验论和唯理论的第二个共同点是都坚定地相信人类认识的能力，认为在追求知识的时候，经院哲学是必须要排除的障碍，人类的理性才是最高的权威，因为知识不是天国知识而是关于自然事物的知识。经验论和唯理论的第三

个相同之处就是以怀疑、分析和证明为主要的思维方式，并且分析占据着主要的地位。我们可以这样说，从时代精神的角度去看，唯理论和经验论这两个派别的基本观点是一致的：都用理性反对宗教神学。

经验论和唯理论的区别有哪些？

经验论和唯理论作为近代认识史上的两大对立派别，它们的主要关系还是分歧，这些分歧主要表现在以下方面：

第一，知识的来源问题的分歧。关于认识的来源问题的分歧是两者最根本的分歧，这一点从定义上就能够看出来，实际上就是是否存在"天赋观念"的问题。经验论否认"天赋观念"而唯理论肯定天赋观点。

第二，认识的方法或逻辑问题的分歧。经验论主要使用归纳法，唯理论则主推演绎法。

第三，认识的可靠性问题，也就是感觉经验与理性知识谁更加可靠的分歧。它们将"错误"或"虚假"归罪于"判断"或"心灵"，将感觉经验绝对化，只承认感觉的真实性，最终从怀疑导致不可知论。唯理论者却认为感觉是骗人的。认为普遍性和必然性的知识不能从经验中来，它只能够存在于主体之中，只属于思维主观性的机能，这就必然导致割断思维与外部世界的联系，最终必然落入先验论的误区。

经验论和唯理论的辩证有什么重要意义？

经验论与唯理论虽然意见分明，并且都有一定的道理，但是两者在近代哲学的发展过程之中，逐步从彻底的两个极端走向肯定感觉经验与理性知识的各

自的合理性的程度，但是却一直将感性和理性分割开，一直到康德提出感性直观与理性思维相结合的原理。

经验论与唯理论相互之间进行的长期的、内容丰富的争论和探讨，对日后的启蒙思想和各种哲学的产生和发展产生了极大的影响，受唯理论影响较深的现代哲学流派是结构主义，受经验论影响的则是实证主义和实用主义等。但是两者的片面性，在现代哲学中具有调和两者倾向的作用，这种倾向在逻辑实证主义之中表现得尤为突出。

为什么经验论是在英国而不是欧洲大陆？

因为英国的资本主义发展得最早也最好，在经济方面产生了对具体事物认识的强大的动力，从而能非常注重实践活动，"重商主义"活动的确向英国人提供了更直接的新鲜的知识和见闻。而在西欧大陆，封建贵族的封建专制力量比英国要厉害得多，工商业经济发展严重受阻，并没有很多能给人们带来新知识的实践活动，所以在对知识的探求方面，主要还是依靠理性思维。另外，基督教势力中心在西欧大陆，为了继续和正在衰落的基督教神学斗争，也必须以思辨的方式思考哲学问题。

18世纪法国启蒙哲学的特点是什么？

法国启蒙哲学的存在时间主要是18世纪，哲学特点是建立了彻底的无神论和机械唯物主义学说，鼓吹自由、平等和博爱，高扬理性、提倡科学和进步、教化大众的启蒙任务，这一时期的代表人物有孟德斯鸠、伏尔泰、卢梭、孔狄

亚克、拉美特利、狄德罗、爱尔维修及霍尔巴赫等。

什么是启蒙哲学的理性？

紧随着以哲学与科学精神为主的17世纪、18世纪是欧洲启蒙运动的时期。这一启蒙运动就是一场任务是消除一切非理性、反理性东西的思想解放运动，宗教、自然观、社会和国家制度，一切都受到了最无情的批判，一切都必须在理性的法庭面前为自己的存在做辩护或放弃存在的权利。如果用一个形象的比喻来概括18世纪的启蒙运动，那么理性的法庭毫无疑问是最佳选择。

启蒙理性具有激进的批判和否定精神，它的矛头直指宗教狂热和专制制度，并且具有乐观主义的历史进步观，认为以前的弊病和灾难都是迷信造成的。启蒙理性是评判的标准，也是理性时代正式开始的标志。启蒙理性就是现代理性，启蒙主义的纲领就是现代主义和现代化的纲领，启蒙运动所崇尚的理性、科学和进步具有特定的模式，比如近代物理主义的、经典物理学的、世俗社会的模式。启蒙运动是遍及整个欧洲的思想解放运动，但是却以法国的启蒙运动最为彻底、影响最为深刻，著名的法国大革命就是法国启蒙运动的直接后果。

为什么启蒙运动会在法国兴起？

法国启蒙运动兴起的时候，正好是法国封建专制制度由盛而衰的时期。因为路易十四同时推行重商主义和中央集权制，导致法国的资产阶级成为一个政治地位低下但是经济力量强大的阶级，也为自己树立了一个强大的敌人。当时的法国分为三个等级：第一等级是高级僧侣，第二等级

是封建贵族，第三个等级包括资产阶级、手工业者、城市贫民、无产者和广大的农民等各个阶层。而作为最底下阶层的第三个等级虽然生活有着差别但是却有着共同的政治需求。

思想革命通常都是政治革命的先驱，而法国的思想启蒙运动同样为震惊世界的法国大革命提供了理论和思想的基础和前提，因为法国启蒙运动的矛头最先就是指向和封建专制同流合污的宗教制度，之后将批判的范围扩大到政治领域。在整个西方哲学史上，法国启蒙运动最突出的特点就是建立了彻底的无神论和机械唯物主义学说。

启蒙哲学可以分为哪两个学派？

法国启蒙运动作为17世纪哲学的继续，受到的最大的影响来自洛克的经验论和笛卡尔的机械自然观。法国的启蒙学者可以分为两部分：较早的温和批判者的和唯物的百科全书派。其中卢梭是一个例外，他既不是理性主义者，也不是唯物主义者。

为什么19世纪德国哲学会被称为古典哲学？

德国古典唯心论哲学主要存在时间是18世纪末19世纪初，属于古典哲学的体系化时期，主要的代表人物有创始人康德、费希特、谢林及集大成者黑格尔，取得的主要成就有黑格尔辩证法中的"合理内核"，并且哲学思想为为马克思主义的三个来源之一。

18世纪末19世纪初，是近代哲学甚至是整个西方古典哲学的体系化时代，而因为以康德和黑格尔为首的德国哲学体现了古典哲学的基本特征，并且将古

典哲学的精神发挥到了极致，所以这一时期被称为"德国古典哲学"。

德国古典哲学是在什么样的社会背景下发展起来的？

当时的德国正处于封建主义向资本主义过渡变革的时期，但是和已经完成变革或者基本完成变革的欧洲其他国家相比，德国在政治、经济等方面都处在非常落后的境地。16世纪的宗教改革给德国带来的巨大破坏和影响，导致英法等国家确立资本主义制度的时候，德国却仍然处于封建割据的状态。经济的落后和政治的不统一，导致新生的德国资产阶级极其软弱，它虽然向往资本主义制度，但是却缺乏足够的勇气和力量去用革命手段推翻封建统治，反而倾向于自上而下的改革，这一点和中国清朝的百日维新有点接近。但是也正是因为整体意识形态的相对独立，政治和经济等方面非常落后的德国在哲学领域取得了巨大的成就。作为德国资产阶级利益和愿望的理论表现，德国古典哲学、尤其是它的辩证法的理论通常具有抽象的、思辨的形式，这反映了英国产业革命和法国大革命所引起的急剧的社会变化，也表现了德国资产阶级的软弱性。

当德国古典哲学家们登上哲学舞台的时候，正好是经验论与唯理论在认识论方面的争论陷入僵局，科学理性与自由发生冲突，形而上学名存实亡的时候。所有的这一切都成为了德国哲学家们所必须解决的问题。

德国古典哲学兴起的理论背景是什么？

近代哲学以理性和自由为根本的主旨，理性是权威和基础，而自由则是最终的目的。但是因为机械唯物主义的盛行，导致大部分哲学家都强调必然性远大于自由，甚至迫使自由失去了生存之地。这种理论虽然具有反宗教的先进性，但是却将人本身的独特价值和尊严抛弃，将人本身看成和任何的自然物都没有什么区别。形而上学也在这一时期失去了原有的辉煌。

形而上学衰落的根本原因，就是它将超验的东西作为认识的对象，这一点和宗教哲学一致，而经验主义、怀疑主义和唯物主义哲学家们却认为这些超验的对象或是不存在的，或是我们的认识能力无法企及的。同时以科学作为知识有效性的衡量工具的18世纪，无法证明自己是科学的，形而上学自然等同于被宣判死刑，于是就出现了科学越来越进步，而自称是科学之科学的形而上学却始终无法证明自己是科学的怪现象。

德国的哲学家们看到了潜力尚未耗尽的古典哲学，他们相信所有的哲学问题终究要以形而上学问题的解决作为基础和前提，于是他们就将所有的希望寄托在形而上学的身上，并且为冲向哲学的巅峰作最后的冲刺。

德国古典哲学的主要代表有哪些？

想要解决形而上学的问题必须有两个前提：形而上学对象的认识问题和形而上学的科学体系问题。这直接导致了关于思维和存在、主体与客体的关系问题成为了贯穿整个德国古典哲学发展过程的最为重要的哲学问题。德国古典哲学吸收了以笛卡尔和斯宾诺莎为代表的理性主义学派、英国经验主义和法国启蒙运动学派、德国莱布尼茨—沃尔夫学派的观点。实际上德国古典哲学并不是一个统一的学派，康德是二元论者，费希特是主观唯心主义者，谢林和黑格尔是客观唯心主义者，但是他们却从始至终都在贯彻着一个发展规律，一直到黑格尔用辩证法的形式建立有史以来规模最庞大、内容最丰富，包罗万象的形而上学体系，实现了使形而上学成为科学之科学的理想。

什么是西方现当代哲学？

现代西方哲学通常是19世纪中叶以后主要流行在西方资本主义国家的各种哲学流派的总称，在时间上通常是指黑格尔之后的西方哲学。

现代哲学的显著特点就是流派繁多、思想方式变化深刻、与现代科技和人文学科的关系非常、对中国的现实思潮影响巨大、与未来哲学的发展息息相关。现代西方哲学的主题是人与自然以及两者之间的关系。

西方现当代哲学是在什么样的社会背景下发展起来的？

伴随着19世纪上半叶欧洲工业革命的完成，整个欧洲的社会经济状况都已经到了资本主义高度发展的阶段，无产阶级和资产阶级的矛盾日益尖锐、细胞学说、能量守恒和转化定律、生物进化思想等的提出更是极大地促进了人们认识发展的过程。面对新出现的各种矛盾和自然界与科学界的新发现，人们迫切地需要新的哲学理论和概括，19世纪40年代，黑格尔学派彻底解体，德国古典哲学失去了活力，但是依然有哲学家继承、改造和发展了这一流派。19世纪30—60年代形成了以赫尔岑、车尔尼雪夫斯基为主要代表的俄国革命民主主义者的哲学。马克思和恩格斯批判地吸取了黑格尔哲学的合理内核和费尔巴哈哲学的基本内核，在以往哲学成果的基础上实现了哲学史上的伟大变革，创立了辩证唯物主义和历史唯物主义。20世纪初，俄国十月革命的胜利，标志着人类历史进入社会主义革命的新时期，而演绎逻辑的形式化使数理逻辑成为科学知识系统化和哲学研究的重要手段；物理学中相继出现的相对论和量子力学，引起了科学技术的革命，使科学概念结构发生了根本性的变化，表明人类的认识在宏观世界和微观世界两方面都有很大的进步。20世纪也是西方马克思迅速传播和发展的时期，在马克思主义哲学形成和发展的同时，西方也出现了许多的新流派，主要有非理性主义、实证主义、新康德主义、分析哲学、现象学、存在主义、实用主义及结构主义等。

西方现当代哲学有什么特征？

包括马克思主义在内的所有西方哲学新流派带来了西方哲学史上两千年以来的最为深刻的思想方式：反形而上学、反基础主义、反主体主义、向语言的转向等，这些新的形式极大地丰富了人类的哲学思维，也促使西方哲学和其他的学科产生了交叉性并且建立了如科学哲学和环境伦理学等次级学科。因此，现代西方哲学与许多的人文科学、社会科学和文学艺术之间形成了更加密切的关系。

西方现代哲学的基本特征是：把哲学的研究对象、方法和任务局限在与科学有关的范围和领域。认为人的经验、感觉就是世界的本质，除此之外别无他物，所以获得知识的途径就是关注自我

的感觉；回避对像物质精神问题之类的哲学基本问题作出明确回答；否认人有认识经验以外实在事物的可能性与必要性；推崇人类知识的力量。具体的表现就是经验论衰退，理性论占据优势；多元主义和相对主义取代一元主义和决定论；重视语言问题的研究。

西方现当代哲学可以分为哪些时期？

纵观整个19世纪的西方哲学，大体上可以分为三个时期：早期占据统治地位的是德国唯心主义哲学，代表人物就是费希特、谢林和黑格尔；中期可以分为两条线索，一条是再次对科学及其方法产生兴趣的孔德的实证主义和密尔的逻辑学，第二条就是密尔的自由主义和产生了马克思主义的激进社会理论；晚期则分为三条路线，第一条是古典哲学的再次复兴，其中新黑格尔主义以英国的格林、布拉德雷和鲍桑葵为代表，德国的新康德主义喊出了"回到康德去"的口号，企图赢回德国在"伟大时代"的思想成果，第二条是以马赫主义为代表的实证主义的进一步发展，第三条是在美国生根发芽的皮尔士和威廉·詹姆斯的实用主义。此外还有一种贯穿了整个19世纪的哲学思潮，这就是非理性主义，代表人物是三位足以和所有哲学伟人并肩的克尔凯郭尔、尼采和叔本华。

第二章 理清脉络辨清哲学——学派分析篇

米利都学派是在什么背景下产生的？

伊奥尼亚地区包括小亚细亚（现在属于土耳其）西岸中部和爱琴海中部诸岛，公元前1200年—公元前1000年间，希腊部落伊奥尼亚人迁移到这里，因此而得名。在伊奥尼亚地区，占据统治地位的是商人而不是氏族贵族，而商人天生所具有的强烈活动性，为思想的自由发展创造了有利条件。希腊没有特殊的祭司阶层，也没有必须遵循的教条，这种情况非常有利于科学、哲学与宗教的分离。米利都是属于地中海东岸小亚细亚地区的希腊城邦，它位于门德雷斯河口，属于东西方往来的交通要道，是手工业、航海业和文化的中心。它比希腊其他地区更容易吸收巴比伦、埃及等东方古国累积下来的经验和文化。也许因为米利都是一座富饶的港口和商业中心，城市的人们都比较务实，所以在这座美丽的城邦之中产生了三位重要的思想家，他们在大约公元前6世纪的时候，创立了属于前苏格拉底哲学的一个朴素唯物主义学派——米利都学派，由此掀开了西方哲学的篇章。

什么是毕达哥拉斯学派？

毕达哥拉斯学派的创始人是毕达哥拉斯，学派的成员身份复杂，大部分为数学家、天文学家或音乐家，他们认为数是万物的本原，一切都事物都构成和谐的秩序，学派的名称则是因为创始人的姓名而来，该学派创始于公元前6世纪末，大约在公元前5世纪被迫解散。

毕达哥拉斯学派又被称为"南意大利学派"，是一个集政治、学术、宗教三位于一体的组织。它由古希腊的数学家、哲学家毕达哥拉斯建立，是西方美学史上最早探讨美的本质的学派。

毕达哥拉斯学派创办的目的是什么？

毕达哥拉斯学派最初创办的时候是一个以研究哲学、数学和自然科学为目的的团体，后来便发展成为一个有着秘密仪式和严格戒律的宗教性学派组织。如果有人要想加入毕达哥拉斯学派，就必须接受一段时期的考验，有些类似现在上班必须要有一段实习期，符合了要求的人才被允许去听坐在帘子后面的毕达哥拉斯的讲授。若干年之后，在灵魂因为受到音乐的不断熏陶和经历贞洁的生活而变得更加纯净的时候，他们才能够被允许见到毕达哥拉斯本人。毕达哥拉斯学派认为，对几何形式和数字关系的沉思能达到精神上的解脱，音乐能够净化灵魂从而让人们解脱。

毕达哥拉斯学派为什么会被称为南意大利学派？

毕达哥拉斯学派的成员全部都是贵族，他们反对撒摩斯岛的古希腊民主制度。领头人毕达哥拉斯在撒摩斯岛上

出生，该岛在当时被一个名字叫波吕克拉底的僭主所统治，这个波吕克拉底是一个有着庞大海军的喜欢贪便宜的老流氓，至少罗素是这样认为的，并且他的观点也得到了大多数人的认可。波吕克拉底为了聚敛财富，赶走了自己的两个兄弟，用自己的军队在海上掠夺，在最后他死在了波斯人专门针对他贪财设下的圈套之中。波吕克拉底虽然是一个道德流氓，但是却是一位艺术的保护者，他建造了许多了不起的建筑。毕达哥拉斯不喜欢这个统治政府，于是他就离开了撒摩斯岛，相传他到过埃及，并且在那里学习了大部分的智慧，可以确定的是他最后却定居在意大利南部的克罗顿，并且重新建立学派，这也是毕达哥拉斯学派被称为南意大利学派的原因。后来，因为克罗顿的公民反对毕达哥拉斯学派的观点，他就搬到了位于意大利南部的梅达彭提翁，并且在那里走到了生命的终点。

毕达哥拉斯学派是如何在戏剧性之中走向终点的？

"万物皆数"是毕达哥拉斯学派的哲学基石，而"一切数均可表成整数或整数之比"则是这一学派的数学信仰。但是生活却给毕达哥拉斯开了一个大玩笑——毕达哥拉斯学派终结于毕达哥拉斯定理，也就是勾股定理。事情是这样发生的：勾股定理被提出之后，该学派的一个名字叫希帕索斯的成员想到了一个问题：边长为1的正方形其对角线长度是多少呢？他发现这一长度既不能用整数，也不能用分数表示，而只能用一个新数来表示，那就是$\sqrt{2}$，数学史上的第一个无理数由此诞生。这一个小小的$\sqrt{2}$

，不仅动摇了毕达哥拉斯学派的数学信仰，而且在西方数学史上掀起了一场被称为"第一次数学危机"的风波。

以擅长辩论而著名的唯心主义学派是哪个？

埃利亚学派的创始人是克塞诺劳尼，学派成员还包括巴门尼德、芝诺及麦里梭，因为所有成员都生活在埃利亚城之中而得名，活动的时间为公元前5世纪——公元前5世纪中叶。

埃利亚学派，古希腊最早的唯心主义哲学派别之一，活动在意大利半岛的南端埃利亚城邦，以擅长辩论而著名。从希腊哲学的整体发展情况来看，意大利南部和西西里的哲学家们，要比伊奥尼亚地区的哲学家们更倾向于神秘主义和宗教，伊奥尼亚地区的哲学家主要是指米利都派和赫拉克利特，他们都更倾向于怀疑的与科学的，唯独数学因为在毕达哥拉斯的影响之下，比伊奥尼亚地区兴盛，然而在那个时代，数学是和神秘主义联系在一起的。

当时，意大利的南部及西西里岛一带全部都是希腊的殖民地，经济相对于希腊本土来说比较落后，占据统治地位的是奴隶主阶级，而埃利亚学派正是为了维护奴隶主贵族的反动统治而产生v的。它宣扬唯心主义和形而上学的思想，就是为了维护奴隶主贵族的反动统治服务。随着商业的发展，奴隶主民主制渐渐得势，埃利亚学派也渐渐衰落，一直到公元前5世纪中期崩溃。

以赫拉克利特为代表的古希腊哲学学派是哪个？

爱菲斯学派的主要代表是赫拉克利特，而有记载的该学派的成员也只有赫拉克利特，学派名称的由来是因为赫拉克利特生活的城市。

爱菲斯，位于爱琴海岸附近巴因德尔河口处，吕底亚古城和小亚细亚西岸希腊的重要城邦，古代是丰收女神安纳托利亚和阿尔忒弥斯的崇拜中心。现存的阿尔忒弥斯神庙为古代世界七大奇观之一。爱菲斯学派就诞生在这座繁荣的城邦之中，其中最为著名的代表人物就是赫拉克利特。

将自然哲学推向巅峰是哪个哲学学派？

阿布德拉学派的创始人是留基波，学派的主要成员是德谟克利特，该学派的观点是世界的本原为原子和虚空，因为留基波和德谟克利特都生活在阿布德拉城而得名。

原子论者的创始人是留基波，但是将这种理论推向巅峰的却是德谟克利特，他们两个人很难真正的区别开来，因为他们一般都是被人同时提及，而且某些留基波的作品还被认为是德谟克利特所作。

什么是智者派？

智者学派的活动时间是公元前5世纪—公元前4世纪，代表人物有普罗泰戈拉、高尔吉亚等，他们的主要哲学观点是怀疑自然哲学，认为世界上没有绝对不变的真理。学派名称的由来是因为成员主要是一部分被称为"智者"的收费授徒的职业教师，但是后期一些智者变成了不授知识、专门骗取钱财的江湖骗子，智者派也因此受到人们的鄙视，而渐渐被抛弃。从整体上来说，智者派怀疑诸神的存在，深信人的力量能改善自己的处境，从而激发

人们的思维。特别是作为教师，他们深信人的素质是可通过教育改变的。他们给予辩论术非常大的价值，使其在希腊城邦之中得以流传。

智者派的主要代表有哪些？

智者主要是活跃在古希腊各个城邦之间的一批职业教师、演说家和作家。智者派绝大多数不是雅典人，可是他们以雅典为活动的中心，虽然他们都被称为智者派，可是实际上他们没有构成一个学派，也没有共同的学说，但是他们有一定的独特信仰和价值理论，而且在一定范围内反对古代希腊旧的理智传统。

智者派的主要代表是普罗泰戈拉、高尔吉亚和伊索克拉底等。普罗泰戈拉著有《论真理》《论神》《相反论证》等，但皆已佚失，仅留下三条残篇。高尔吉亚写了《论自然或不存在》《海伦赞》《帕拉梅德斯辩护词》等，分别讨论了哲学、伦理学和法学的问题。

智者派为什么会兴起？

智者派的兴起，并不是学术的需要，而是受到了政治的影响，希腊波斯战争（公元前500—公元前449）之后，战胜方的希腊半岛的经济和文化达到一个极其繁荣的时期。那个时候希腊城邦尤其是雅典的公民，几乎所有人都会广泛地参与到城邦的政治事务之中，而想要别人认可、赞成自己的观点以及处理城邦的政务，全部需要通过辩论和演讲来得到民众的支持，然后才能够推行，否则这项政令就不能得到很好的实施，但是擅长辩论的人却很少，所以在公共政治生活中辩论术的地位日益升高，人

们非常迫切地要求受到多方面的、更高级的教育。为了适应这个缺口明显的社会，以教导人们学习辩论术的职业教师出现在希腊的各个城邦之中，他们就是"智者"。柏拉图却认为"智者"只是自认为聪明并且能够使别人聪明的人，而"真正的哲学家"是"爱智者"，是严谨并且渊博的，所以他认为"智者"不是"真正的哲学家"。亚里士多德甚至认为智者就是用似是而非的知识来赚钱的人。

智者派与诸子百家有什么不同？

智者们周游希腊各城邦，收取高额的学费，传授修辞学、政治学和哲学，为青年人参加公共生活作准备。智者们的这一行为与中国战国时期的诸子百家有些相似也有些不同：智者绝对不会企图去涉足政治领域，而诸子百家的学者却是为了得到君王的赏识从而得以推行自己的政见而四处周游；诸子的民间名声非常好，但是却不受统治阶层的欢迎；智者们受到了统治者的热烈欢迎，在民间的名声却很臭，因为人们认为是智者教坏了这些政客们，让这些政客变得狡猾奸诈。

智者们是如何传授人们技艺的？

智者们在各种公共集会之上发表演说、回答人们提出的各种问题；向青年人传授辩论的艺术，也就是雄辩术。他们广收门徒，并且收取高额学费，然后年轻人传授文法、修辞、辩证法，这三门课程是雄辩教育的核心，被称为"前三艺"。除此之外，他们还会教授数学、自然科学以及音乐等。他们认为道德是可以控制和培养的，是良好教育的结果。智者派的教育活动对当时的民主政治生活起了很大的促进作用；而且在他们周游各邦的过程中，对传播文化、加强交流，以及培养年轻人的思维能力方面都有重要的意义。但是后期因为一些智者蜕变成江湖骗子，玩弄概念游戏、混淆是非、歪曲事实，导致名声日下，因此智者派也被人们称为"诡辩派"，受到了人们的鄙视，失去了它原有的作用，但是即使如此，智者派所创立的"前三艺"却被后世所继承，成为雄辩教育的主要内容。

什么是小苏格拉底学派？

因为苏格拉底和智者学派的成员一样，喜欢教导别人，所以这就导致了他有许多的学生，当然其中最为出名的就是柏拉图，但是除了他之外还有许多的学生，他们因为对苏格拉底的哲学观点的不同理解等原因（理解不同是最为主要的）形成了许多的派别，其中最为著名的就是善即节欲的犬儒学派、善即快乐的西勒尼学派、善即存在的麦加拉学派。这些学派和苏格拉底一样，都非常地重视伦理或道德问题，所以他们在史学之上被称为小苏格拉底学派。

小苏格拉底学派的代表有哪些？

犬儒学派的创始人安提斯泰尼斯和著名代表人物来自西诺布斯的第欧根尼认为，美德就是关于如何控制自己的欲望的知识，能够自制者就是善，就有德性。昔勒尼学派的创始人是阿里斯提普斯，主要代表人物有提奥多罗斯和赫格西亚斯，他们主张快乐是人生最本质的东西，是唯一目的，快乐即是善，痛苦即为恶。麦加拉学派的代表人物是欧几里德和欧布里德，他们认为善即存在，善是一或永恒不变的东西，而恶则是运动变化的东西，是非存在、不真实的。

主张善即节欲的犬儒学派的名称是怎么来的？

犬儒学派的创始人是安提斯泰，学派的成员还有第欧根尼，名称的由来是因为他们主张生活简朴，像狗一样存在，他们的哲学观点是善即节欲。

犬儒学派名称的来由有两种解释，第一种是安提斯泰曾经在一个名为快犬的运动场中演讲，第二种是学派成员生活简朴，像狗一样生存，得到大多数人认同的是第二种情况。实际上在刚开始的时候，并没有这个学派的存在，更别提什么哲学教养了，希腊晚期的斯多葛派将他们的学说提高为一门哲学学科，而这些有着共同行为方式与相似学说的人自然就被看做是一个学派的成员。

犬儒学派的内涵经历了什么样的变迁？

犬儒主义的内涵随着犬儒学派的发展而逐渐发生了变化，主要可以分为两个阶段，早期的犬儒学派成员是根据自身的道德原则去蔑视世俗的观念，而晚期的犬儒学派成员留下的只是蔑视世俗的观念，以道德原则为准绳的标准却被抛弃，这也是犬儒学派会在历史中湮灭的主要原因。

犬儒主义前后期哲学有什么不同？

犬儒学派从愤世嫉俗到玩世不恭的演变，实际上只是一步的差距。通常说来，愤世嫉俗都是激烈的理想主义，玩世不恭是彻底的无理想主义，那些看上去最激烈的理想主义反倒很容易转变为彻底的无理想主义，这是为什么呢？简单一点说，激烈的理想主义是勤俭的，彻底的无理想主义是奢侈的，这正应了那句话"由俭入奢难，由奢入简易"。如果就其本身来讲，可以这样去理解：许多愤世嫉俗的理想主义者在看待世界的时候缺少程度意识或者分寸感，对他人缺少设身处地的同情和理解，不承认各种价值之间的紧张与冲突，因此，他们很容易陷入彻底的悲观之中，认为世界是一片漆黑，进而怀疑和否认美好价值的存在，最终也因此变成了彻底的无理想主义。"世界既是一场大荒谬、大玩笑，我亦唯有以荒谬和玩笑对待之"。这句话直接地点明了犬儒主义者的处世态度。颇具有讽刺意味的是，晚期和早期的"犬儒"一词的词义根本就是相反甚至是对立的，早期的犬儒是坚持内在的美德和价值，鄙视外在的世俗的功利。晚期的犬儒却只认外在的世俗的功利，否认内在的德性与价值。这也不怪王尔德会给出这样的评价："犬儒主义者对各种事物的价钱一清二楚，但是对它们的价值一无所知。"

什么是西勒尼学派？

西勒尼学派的创始人是阿里斯底波，主要成员包括赫格西亚，哲学观点是快乐的就是善的，痛苦的就是恶的，学派名称则是根据阿里斯底波居住的城市命名。

西勒尼学派，小苏格拉底学派之一，该学派试图对苏格拉底的善的概念作

出进一步的解释，他们认为快乐就是善，痛苦就是恶，所以该学派也被称为快乐学派。该学派的具体观点是：善就是快乐，快乐是人生追求的目标，但人们当主宰它，而不能受它支配。他们强调个人的感觉和情感在认识之中的作用，并且将知识限制在感觉的范围之中。

为什么西勒尼学派鼓吹善即快乐？

人不能够被快乐主宰，而应该支配快乐，就像人和马一样，不能被马所驾驭，而应该成为支配马的主人，这种学说也被称为快乐主义。在哲学上，西勒尼学派漠视自然、藐视理性、注重实用，将知识限制在感觉和感情的领域，认为灵魂的状态可以为人把握，但产生这些状态的对象却是不可知的，举个例子来说，就是人们可以根据自己的感受知道什么是辣的、黑的等，但是却不知道这辣的和黑的是由什么引起的。他们没有像犬儒学派一样注重自然，而是选择了放弃对自然的研究，因为自然显得是没有确实性的。没有什么事物在本性上是正义的、可敬的或卑劣的，一切只是约定和习惯的结果。这也是他们崇尚感觉和感受、鼓吹善即快乐的原因。

西勒尼学派的快乐论被希腊晚期的伊壁鸠鲁的幸福主义所继承，不同处是两者的哲学基础和快乐含义。

麦加拉学派为什么被称为诡辩派？

麦加拉学派，受到了苏格拉底与埃利亚学派的共同影响，他们认为善是唯一的存在，是永恒不变的"一"，除了善之外的一切都是非存在。"善"就是美德。麦加拉学派非常擅长辩论，曾经企图把一切特殊的东西当成无有，所以该学派也被称为诡辩派或者辩证法家，他们提出了三个悖论："说谎者"、"秃头"、"谷堆"，并且从中揭示了事物的内在的矛盾性，涉及到了事物由量到质的变化等问题，对逻辑学的发展做出了贡献。

麦加拉学派在阐述思想时的特色是什么？

麦加拉派在阐释苏格拉底的思想时深受埃利亚学派的影响，并且试图将两者的思想结合起来。所以，它有两个非常明显的特色：一个是将善等同于埃利亚学派的永恒存在，另一个是非常能言善辩，提出了不少著名的辩题。为了使人们对于一切特殊事物的意识陷于混乱，麦加拉学派的学者就将辩证法发展到非常高的程度，并且他们辩论时的态度是盛气凌人的，所以他们很不受欢迎。

什么是学园派？

学园派的创始人是柏拉图，但是学派的形成主要是在柏拉图死后，主要成员包括斯彪西波、阿尔克西劳、普鲁塔克，存在的时间大约是公元前385年—公元529年，该学派的主要贡献是柏拉图在世期间为希腊城邦培养了大量的治国人才，继承者在数学与天文学方面作出重大贡献。

学园派主要是指柏拉图的继承者们所形成的学派，后来随着时间的发展，大体上分为了三个时期：老学园派、中期学园派、新学园派，中期学园派和新学园派有时也被合在一起称为中期学园派或新学园派。

什么是老学园派？

老学园派大约存在于公元前347—公元前247年，主要的代表人物有斯彪西波（学园的第二任主持者）、色诺克拉底（第三任主持者），该学派的主要特点是基本继承了柏拉图的学说，但是特别重视的却是柏拉图学说之中的毕达哥拉斯主义的因素，重视伦理学研究。

什么是中期学园派？

中期学园派存在时间约为公元前247年—约公元前81年，主要的代表人物有阿尔克西劳（第六任主持者），该时期学园派最主要的特点是将皮浪的怀疑主义引入学园理论。

什么是新学园派？

新学园派存在于约公元前81—公元前529年，主要代表人物有安提俄克、普鲁塔克及普罗克洛等，这一时期的学园派的主要特点是提倡新柏拉图主义，进一步论证温和怀疑论，提出可能性理论。

什么是逍遥学派？

逍遥学派的创始人是亚里士多德，主要代表人物有：泰奥弗拉斯多、斯特拉图、安德罗尼科和亚历山大等，该学派因为亚里士多德喜欢边散步边讨论哲学问题而得名。

公元前323年，亚里士多德去世之后，他创立的学派就由他的弟子继承：在公元前287年，该学派的领导是泰奥弗拉斯多；在公元前287年—公元前269年，该学派由斯特拉图领导；之后该学派的领导权就转移到了吕康（约公元前299年—公元前225年）手中，但是这个时候的逍遥学派已经失去了重要的地位。公元前1世纪的时候，该学派传到了安德罗尼科手中；2世纪的时候由来自亚弗洛弟西亚的亚历山大继承。

为什么伊壁鸠鲁派被称为花园派？

伊壁鸠鲁派是根据创始人伊壁鸠鲁的名字命名的哲学学派，学派成员主要有伊壁鸠鲁、菲拉德谟和卢克莱修等，他们的哲学观点是无神论，继承和发扬了德谟克利特的原子论，此外该学派还被称为花园派。

伊壁鸠鲁学派是希腊晚期最有影响力的学派之一，该学派的影响力一直持续了4个世纪。创始人伊壁鸠鲁来自萨摩斯岛的一个教师家庭，曾经在小亚细亚的许多城邦教授哲学。公元前307年的时候，他在雅典的一个花园建立了自己的学园，并且将它称为"伊壁鸠鲁花园"，据说在庭院的入口处有一块告示牌写着："陌生人，你将在此过着舒适的生活。在这里享乐乃是至善之事。"这也是伊壁鸠鲁学派的别名花园派的缘由。伊壁鸠鲁在花园的基础之上形成了伊壁鸠鲁学派。伊壁鸠鲁学派之中有男有女，甚至还有奴隶，以充满友谊而著称。伊壁鸠鲁生前拥有非常高的威望，追随者将他当做神圣者来崇拜，他的教导被当做正统学说严格执行，形成了花园派独尊师长的传统。

因为在画廊讲学而得名的是哪个哲学学派？

斯多亚学派的创始人是芝诺，主要成员有巴内修斯、赛内卡、爱比克泰德

和马可·奥勒留等，该学派的观点是世界理性决定事物的发展变化，名称由来是因为该学派经常在雅典集会广场的画廊聚众讲学，而画廊在希腊语之中就是斯多亚，学派的存在时间大约是公元前300年—公元395年。

斯多亚学派和伊壁鸠鲁学派起源于同一时期，它和我们之前探讨过的所有的学派都更加少希腊化，因为他的成员大部分都不是希腊人，早期的斯多亚派主要是叙利亚人，晚期的斯多亚派则大部分是罗马人。

斯多亚学派具有哪些特点？

与同时期的其他哲学学派相比较，斯多亚学派呈现出三个明显的特点：

第一，斯多亚学派与上层统治者的关系非常密切，曾经更是成为晚期希腊和罗马时期的官方哲学。

第二，斯多亚学派起源于东方希腊主义国家，代表人物基本上都不是出生于希腊本土。

第三，斯多亚学派是晚期哲学之中延续时间最长、影响最广的学派。

按照发展时间和呈现的特点，斯多亚学派可以分为三个时期：早期、中期和晚期三个时期，影响比较大的是早期和晚期。

早期斯多亚学派的哲学思想是什么？

早期的斯多亚学派存在时间为大约公元前300年—公元前2世纪的希腊化时期，主要特点是在自然哲学和认识论中有较多的唯物主义因素，代表人物有克雷安德和克吕西波。早期斯多亚学派的哲学思想是亚里士多德的形而上学、犬儒学派的伦理学和赫拉克利特的自我哲学的混合体。

早期斯多亚学派是如何看待天性的？

每个人的先天禀赋都拥有和宇宙理性一样的理性，但是这并不意味着在现实之中我们就是有德性的人。人类要想成为有德性的人，必须经过后天的学习，也就是学习自然，按照自然的本性而生活。从思想的起源来看，斯多亚学派的自然哲学带有明显的混合色彩，基础概念是赫拉克利特的火本原与逻各斯学说，兼具阿那克西美尼"气"的观点和亚里士多德关于形式与质料的看法。斯多亚学派的宇宙是一个神圣的、有意识的、有目的的有机宇宙，人作为有理性的存在，从属于更高的宇宙理性，它的生活目的不在于快乐，而在于实现理性，与宇宙理性和谐一致。

中期斯多亚学派有什么特点？

中期斯多亚学派的存在时间为大约公元前146—公元前27年，也就是主要是罗马共和国时期，这一时期的学派的特点是抛弃了早期斯多亚学派的唯物主义成分，引进了相当多的柏拉图主义的理论，代表人物有巴内修斯、波塞唐纽斯、西塞罗。

晚期斯多亚学派的特点是什么？

以务实性为主的晚期斯多亚学派的存在时间大约为公元前27—公元395年，主要是罗马帝国时期。这一时期学派的主要特点是着重发展了宿命论和禁欲主义的伦理学，代表人物：赛内卡、爱比克泰德和马可·奥勒留等。

什么是怀疑主义？

怀疑主义的创始人是皮浪，学派的主要成员有蒂孟、爱那西德穆、阿格里帕、赛克斯都·恩披里柯。该学派的哲学观点是不相信感觉也不相信理性，对一切保持沉默，不作判断，不为之动心，试图以这种方式谋求灵魂的安宁。

怀疑主义与伊壁鸠鲁派有什么区别？

怀疑主义，在古希腊晚期的哲学之中，是和伊壁鸠鲁学派、斯多亚学派并驾齐驱的，他们都追求灵魂安宁的最高境界，只是选择了不同的道路而已。伊壁鸠鲁学派的选择是追求感官快乐，斯多亚学派的选择是恪守理性规则，而怀疑主义的选择则是放弃对世界的认知。怀疑主义将伊壁鸠鲁学派和斯多葛学派的观点都斥责为独断论，既不相信感觉，也不相信理性或者逻各斯，他们主张对一切都保持沉默，对一切都不做判断，不为任何事物动心，试图完全把自己封闭在空白的心灵之中。

为什么怀疑主义能在哲学史上占据重要地位？

怀疑主义之所以能够取得如此重要的地位和影响，除了社会历史渊源的深远之外，久远的思想传统也是不可或缺的重要因素。德谟克利特的约定论和不可知论、普罗泰戈拉的感觉论相对主义、高尔吉亚对存在论的否定以及苏格拉底、柏拉图哲学之中的怀疑论成分，都为怀疑主义的出现打下了基础。将知识和真理绝对化的独断论以及它遇到的难题从反面促进了怀疑主义的出现。

怀疑主义可以分为哪些时期？

怀疑主义从公元前4世纪后半叶出现，一直持续了大约500年的时间，从整体上可以分为早期的实践性阶段，中期的批判性阶段和晚期的系统性阶段。

早期的怀疑主义，实际上是一种对生活和实践的理论态度，它不是要我们不去生活，而是要我们免除因为认识而生的痛苦和烦恼，从而保持心灵的安宁。主要的代表人物是皮浪、蒂孟。

晚期怀疑主义以"论式"的形式将怀疑主义的态度理论化系统化。总起起来就是两点：第一，没有什么事物通过自身得到标准。我们所采用的每个标准都是有争议的，因而是不可信的；第二，没有什么事物通过其他事物得到理解。因为"一个能通过它而理解别的事物的事物自身，必然也要通过其他事物得到理解，这样就陷入循环论或者无穷后退"。代表性的人物是爱那西德穆、阿格里帕、赛克斯都·恩披里柯等。

什么是新柏拉图主义？

新柏拉图主义的创始人是普罗提诺，学派的主要成员有波斐利、扬布利柯、普罗克洛等，该学派的主要观点是思想来源的折衷主义，本体论上的神秘主义，认识论上的直觉主义以及伦理观上的人神合一。学派突出的特点是建构了超自然的世界图式，更明确地规定了人在其中的位置，把人神关系置于道德修养的核心，强化了哲学和宗教的同

盟，具有更浓厚的神秘主义色彩。该学派的活动时间大约是公元3世纪—5世纪，主要范围是罗马、亚历山大港、叙利亚和雅典等，因为以柏拉图的学说为基础而得名。

新柏拉图主义是公元3—5世纪时期最为重要的哲学派别，之所以这么说是因为新柏拉图主义是基督教的神哲学的主要思想来源，也是整个希腊哲学自然发展的必然结果。从新柏拉图主义的发展之中，我们能够清楚地看到希腊哲学理性精神的衰落和转向神学的必然性，进而加深对哲学和宗教、理性和非理性之间复杂关系的理解。

新柏拉图主义的思想来源是什么？

概括性地说，新柏拉图主义是在广泛吸收希腊和犹太有关思想的基础上形成的。具体地追究它的思想来源，总共有四点：

第一，传统的希腊哲学，尤其是柏拉图、亚里士多德和早期斯多亚学派，具体为柏拉图著作《巴门尼德》中的"一"和"存在"，《蒂迈欧》中的摹仿创世论，"第二封书信"中的关于三个领域的学说；亚里士多德"神学"中的纯形式、完全现实、第一动因、终极目的等；斯多亚学派的神创论、泛神论、命定论和逻各斯学说。

第二，以第一个建立神学思辨体系的斐洛（约公元前25——公元45年）为代表的犹太神哲学。斐洛的哲学是希腊哲学和犹太教结合的典型，他用柏拉图主义来阐释犹太教义。新柏拉图主义从斐洛的理论之中寻找理论蓝图。

第三，以阿波罗尼（公元1世纪）为代表的毕达哥拉斯学派。他们认为

"一"是神、善、理性、第一原则，"二"是不平等和变化的原则。

第四，以普鲁塔克（约公元55——125年）和纽曼洛斯（约公元150—200年）等人为代表的折衷性柏拉图主义者。

除了上述四点之外，亚历山大里亚城（亚历山大港）的早期基督教神学对新柏拉图主义的形成也有一定影响。

基督教内部的异端教派是什么？

诺斯替教派，又被称为灵智派，起源于公元1世纪，2—3世纪的时候在地中海东部沿海非常盛行，5世纪衰落。诺斯替教派是了希腊哲学传统和东方宗教神话杂糅而成的一个教派，后来又吸收了基督教的部分观点，形成了基督教诺斯替派，而塔提安最后倒向了这个教派。诺斯替教派认为物质和肉体都是罪恶的，只有领悟神秘的"诺斯"（音译词，希腊文的意思是"真知"、"直觉"），才能够使灵魂得到拯救。掌握这种真知的人被称为是"诺斯替葛"。该教派有一套以流溢说为基础的奇怪的宇宙生成论学说，他们认为救世主基督是从上帝流出的，目的是到世上来拯救从上面坠落的属灵的人——从神坠落的，必须由神来恢复他们的本来面目；耶稣的使命是要把人类从物质和感性世界中拯救出来，他自身不带有肉身的弱点或污浊。诺斯替主义认为上帝是虚幻的，和物质是相对立的，上帝是善的原则，而物质是恶的原则——灵魂和肉体是分离的。诺斯替主义认为，耶稣是一个普通人（是物质的，是有可能是恶的），在他受洗的时候，神圣的种子降临到他身上（于是成为了善的，他的身体是种子的躯壳而已），当耶稣受难

的时候，神圣的种子已经离他而去，这就是为什么耶稣要大声喊着"我的神，我的神，为什么要离弃我"。他们还认为，上帝和这个物质的世界之间，有一些小神作为纽带，是上帝流溢出很多小神，小神们掌管这个世界。该教派的主要信徒是妇女。

在正统的基督教看来，诺斯替教派的这种观点是对他们教义的一种极大的挑战，因为基督教徒的眼中的神只有一个，就是无所不能上帝，他们的要得到拯救，就必须靠信仰，他们除了信仰之外，不能进行任何探索。于是正统的基督教徒就开始对诺斯替教派进行打压，其中最为突出的就是伊里奈乌。

为什么奥古斯丁之后的教父哲学会衰落？

公元410年，哥特人在首领阿拉里克的率领下第三次包围了罗马，这一次罗马的城门被城中的奴隶打开，哥特人在罗马实施了为期三天的任意抢劫，直接导致罗马受到毁灭性打击，公元418年，罗马帝国境内的第一个蛮族国家——西哥特王国建立。公元430年8月28日，奥古斯丁去世。在这个混乱的社会局势之下，教会能做到的只是疲于应付，根本就无力顾及教会理论的建设，这种情况直接导致了奥古斯丁死后教父哲学的衰落，甚至有些历史学家认为公元5世纪之后欧洲就进入了文化凋零的"黑暗时代"，而这一时期通常是指约公元500年—1000年之间，隐含的意味是文化上的愚昧和野蛮。在这一时期，唯一值得描述的哲学家大概只有东方的伪狄奥尼修斯和西方的波爱修。

来自阿拉伯但是却影响了基督教的是哪个学派？

拉丁阿威罗伊主义的创始人是伊本·路西德（拉丁名为阿威罗伊），学派的名称的由来也是因为路西德的拉丁名，主要代表人物是西格尔，该学派的哲学观点是物质在时间上是无始无终的，但是在空间上是有限的，所谓从"无"中创造出世界的学说，是神学家最荒谬的臆造之一；哲学和宗教归根到底导致同一个真理。二者追求真理的形式不同，哲学高于神学。

在古代和中世纪的数百年的时间之中，因为蛮族的破坏导致了整个西欧的文化都停滞不前，哲学更是没有任何的发展，整体的文化水平都比较低，而这个时候，位于东方的阿拉伯地区的一些国家却已经有了相对繁荣的文化，后来在7世纪的时候更是接受了亚里士多德和新柏拉图主义的影响，出现了亚里士多德著作的注释家以及许多哲学家，这些注释家和哲学家们建立了伊斯兰哲学。从整体上来说，伊斯兰哲学可以分为东方派和西方派。东方派最著名的哲学家是伊本·西拿，西方派最著名的哲学家有伊本·巴哲、伊本·图斐利和伊本·路西德。他们的著作被翻译成拉丁文传入欧洲，对13世纪的经院哲学产生了非常大的影响，而其中影响最为巨大的就是伊本·路西德，他的拉丁名就是阿威罗伊，所以阿威罗伊主义也被称为"穆斯林的亚里士多德主义"或者"阿拉伯的亚里士多德主义"。

什么是青年黑格尔学派？

青年黑格尔派产生于19世纪30年代黑格尔哲学解体过程之中，主要的代

表人物有施特劳斯、鲍威尔、卢格、科本、鲁滕堡、梅因、赫斯、施蒂纳、费尔巴哈及青年时期的马克思和恩格斯等，该学派也被称为黑格尔左派，兴起的标志是1835年施特劳斯的《耶稣传》的发表。青年黑格尔派的哲学倾向是反对黑格尔体系之中的保守倾向，试图从黑格尔的辩证方法中引出革命的和无神论的结论，他们的研究内容是从事对宗教，特别是对福音书的批判性研究。

1831年，黑格尔去世之后，近代哲学就宣告了结束，他的继承者面临着两个选择：或者成为黑格尔哲学的掘墓人，或者为他著书立传。于是他的继承者们就分成了老年派和青年派。两派的共同观点是黑格尔哲学已经终结，不同的是老年黑格尔学派是资产阶级的保守者，黑格尔哲学的右翼思想。在哲学上，老年黑格尔派顽固地坚持黑格尔的唯心主义体系，继续用黑格尔的"绝对精神"来解释一切，认为"绝对精神"是一切事物的存在。老年黑格尔派的主要代表人物是戈舍尔、加布勒、艾德曼等，他们关心的是怎么样保持住黑格尔的言传身教，唯一功绩就是对黑格尔哲学的注释与参与黑格尔哲学全集的出版编辑，而对于哲学史的影响完全可以忽略不计。青年黑格尔派是黑格尔哲学的掘墓人。青年和老年黑格尔派的分裂倒是有点印证黑格尔辩证法的意味，黑格尔要么被超越，要么被扬弃，青年黑格尔派选择了扬弃：鲍威尔的自我意识扬弃了上帝；费尔巴哈的人本学扬弃了绝对精神；施蒂纳的"唯一者"扬弃了费尔巴哈的"类哲学"；马克思却转向了实践的唯物主义，更为激进地扬弃了头脚倒置的精神辩证法。

1835年，青年黑格尔的代表人物施特劳斯的《耶稣传》（第一卷）正式出版，这本书是第一部超出了正统黑格尔学说的著作，它遵循的是真理而不是信仰，它的出发点是黑格尔的理性观念，而不是神学观点。进入40年代之后，青年黑格尔学派开始发生分化和解体：卢格开始公开批判普鲁士的国家制度；赫斯开始宣传空想共产主义；费尔巴哈从唯物主义立场上批判宗教和黑格尔哲学；鲍威尔兄弟和梅因为首的一群人组成了"柏林自由人"小组，玩弄空洞的批判词句，蔑视群众，指责英法等国的社会主义工人运动；施蒂纳则用至上的"唯一者"来鼓吹无政府主义。青年时期的马克思和恩格斯也参与过青年黑格尔运动，但是他们很快就从宗教批判转向政治批判，进而转向唯物主义和共产主义。

什么是实证主义哲学？

实证主义哲学的创始人是孔德，该哲学流派产生于19世纪30—40年代的法国和英国，形成的标志是1830年出版的孔德的6卷本《实证哲学教程》，该学派哲学特点是强调感觉经验、排斥形而上学传统。

实证主义虽然产生于19世纪的中叶，但是扎根于古希腊以来的西方哲学，比如斯多亚学派的怀疑论提出的现象主义观点、中世纪罗吉尔·培根的关于人类的认识范围和有效性的观点、中世纪晚期的经验主义萌芽以及近代哲学的经验论等，都是实证主义汲取营养的根基。

从广义的角度上来说，任何种类的哲学体系，只要是关于经验材料、拒绝排斥先验或形而上学的思辨都是实证主义。实证主义又被称为实在论，中心观点是事实必须是透过观察或感觉经验，去认识每个人身处的客观环境和外在事物。实证主义者认为虽然每个人接受的教育不同，但是他们用来验证感觉经验的原则，并没有太大差异。实证主义作为社会学的主要流派，不仅对整个社会科学产生了重要的影响，而且孔德创立的实证主义社会学也是后一个半世纪的西方社会学主流。实证主义的发展历程，大体上可以分为19世纪30年代出现的实证主义、19世纪末20世纪初流行的马赫主义、更多地被归属于分析哲学的逻辑实证主义。

什么是马赫主义？

马赫主义是根据创始人马赫的名字命名的哲学流派，存在时间为：19世纪70年代—20世纪初，主要在德国、奥地利及欧洲大陆一些地区比较流行，代表人物有马赫和阿芬那留斯。

马赫主义强调经验的重要性，将感觉经验看成是认识的界限和世界的基础，认为作为世界第一性的东西既不是物质也不是精神，而是感觉经验。在诞生之初，马赫主义就吸引了为数不少的自然科学家和哲学家，迅速地取代了早期的实证主义的哲学地位，并且渗透到国际共产主义工人运动之中，俄国的车尔诺夫、巴扎罗夫、尤斯凯维奇和波格丹诺夫都试图用经验批判主义来修正马克思主义哲学，后来因为列宁撰写文章对马赫主义进行批判而保卫了马克思主义哲学。

马赫主义形成的时期，自然科学尤其是物理学领域发生了重大的变化，新发现的 X 射线、电子、放射性元素镭等使人们对物质结构有了新的认识，而被人们奉为绝对真理的牛顿力学却无法解释这些新发现，以牛顿力学为自然科学基础的近代哲学自然也走向了终点，于是奥地利的物理学家马赫和德国的哲学家阿芬那留斯就几乎在相同的时间各自独立地提出马赫主义思想。

马赫公开承认自己的哲学走的是从康德退到贝克莱、休谟的路线，不同于孔德的实证主义，马赫彻底否定了经验以外还有其他本质的东西存在，他并且将哲学彻底归结为认识论和方法论。马赫主义的思想直接影响了实用主义、逻辑实证主义。

什么是马克思主义哲学

马克思主义哲学是马克思、恩格斯两人在19世纪40年代创立的唯物主义哲学，思想来源有三个部分，分别是德国古典哲学、英国古典政治经济学、法国空想社会主义。马克思主义哲学主要由马克思主义哲学、马克思主义政治经济学、科学社会主义组成。

马克思主义是关于全世界无产阶级和全人类彻底解放的学说，是马克思、恩格斯在批判地继承和吸收人类关于自然科学、思维科学、社会科学优秀成果的基础创立的，并且在实践中不断地丰富、发展和完善的无产阶级的思想体系。

马克思主义哲学有什么重要意义？

马克思主义是无产阶级认识世界和改造世界的思想武器，主要特征是科学性和革命性的结合，理论和实践的统一。马克思主义作为一个完整的理论体

系是在同各国工人运动和革命斗争实践的结合中发展的；是在同各种错误思潮的斗争中发展的；是在对时代发展提出的新问题和出现的新情况进行创造性研究过程中不断发展的。马克思和恩格斯逝世之后，他的继承者继续推动者马克思主义前进。列宁将马克思主义同俄国革命的具体实践结合起来，创造性地发展了马克思主义，创立了马克思主义的帝国主义理论，发展了马克思、恩格斯关于无产阶级革命和无产阶级专政的理论，制定了关于建立新型无产阶级政党的学说，也是马克思主义进阶到列宁主义阶段。

马克思主义是工人阶级的世界观，是工人阶级认识世界和改造世界的思想武器，是工人阶级争取阶级解放和人类解放的科学理论，它是人类优秀文化成果特别是19世纪欧洲重大社会科学成果和工人运动相结合的产物。简单地说马克思主义就是关于无产阶级和人类解放的学说，也就是人的解放学。

马克思主义产生于19世纪40年代的西欧，当时的西欧各国的生产力和科学技术已经达到了前所未有的水平，英国宪章运动、法国里昂工人起义和德国西里西亚纺织工人起义标志着无产阶级已经作为独立政治力量登上历史舞台。马克思主义一词是在1883年3月马克思逝世之后，才被作为无产阶级思想体系的代表而逐步流行起来的。

什么是辩证唯物主义与历史唯物主义？

马克思主义哲学是辩证唯物主义和历史唯物主义的统称。

辩证唯物主义认为世界的统一性在于它的物质性，物质是世界所发生的一切变化的基础。运动是物质的存在形式，物质的运动是绝对的，静止是相对的。物质不是精神的产物，精神只是运动着的物质的最高形式。社会存在决定人们的意识，人们能够认识并正确运用客观规律。辩证法的规律实质上可以归结三个规律：从量转化为质和质转化为量的规律；对立的相互渗透的规律；否定之否定规律。运动的根源在于矛盾，矛盾双方只存在于它们的相互依存和相互联系之中。人们想要认识物质世界的运动规律，必须通过实践，人应该在实践中证明自己思维的真理性。

历史唯物主义认为物质生活资料的生产劳动是人类社会存在和发展的基础。劳动者和生产资料始终是生产的因素，两者的结合构成生产力。人们在发展生产力时也发展着一定的相互关系，也就是生产关系，生产关系总合起来就构成社会关系。生产关系和社会关系的性质随着生产力的改变而改变。从原始公社制解体以来，全部历史都是阶级斗争的历史，历史活动是群众的事业，人们自己创造自己的历史，但他们是在现实关系的基础上进行创造。

什么是科学社会主义？

科学社会主义的前身是法国空想社会主义。唯物史观和剩余价值的发现为社会主义从空想变为科学奠定了理论基础。科学社会主义是马克思主义理论体系的核心，它的任务是研究无产阶级解放事业的历史条件以及这一事业本身的性质。它是最直接又全面指导无产阶级和全人类解放斗争的行动科学。马克思、恩格斯认为：社会主义必然代替资本主义是社会生产力发展的要求和合乎规律的结果，推翻资本主义并实现社会主义是无产阶级的历史使命。要想保证社会主义革命获得胜利并且实现共产主义的最终目标，工人阶级必须组成与有产阶级等一切旧政党对立的独立政党，工人政党要有一个新的科学世界观作为理论基础，它比其余无产阶级群众更善于了解无产阶级运动的条件、进程和一般结果，始终代表着整个运动的利益，坚持整个无产阶级的不分民族的利益。

19世纪的非理性主义的特点是什么？

非理性主义也被称为反理性主义。非理性主义的代表人物有尼采、克尔凯郭尔和叔本华，而非理性主义的演变线索为：意志主义——生命哲学——存在主义——弗洛伊德主义——法兰克福学派。

非理性主义经过了长时间的酝酿，终于在19世纪成为和思辨哲学、实证主义分庭抗礼的流派，进而对20世纪的许多思想、文化和艺术流派有着重要影响，其中最为著名的就是叔本华、克尔凯郭尔、尼采。非理性主义否定或限制理性在认识中的作用。"非理性的"，通常含有"为理性所不能理解的"、"用逻辑概念所不能表达的"等涵义。非理性主义通常将理性和直观、直觉、本能等对立起来。非理性主义者所关注的中心是人，直面的是人的生命。非理性主义者敏感悲观地透视了19世纪人们的生存状况，发现了痛苦、恐惧、颓废等抗拒着一切理性乐观主义的人生的常态。他们大概是"发现"了个人的肉体、欲望和意志的不可遏止的力量，也意识到了思辨理性、日常伦理和流行信仰的软弱与空洞，简单地说，就是非理性主义者察觉到"本能冲动造反逻格斯"这一现代性的本质，所以痛恨一切蔑视个人、扩张理性、驯顺肉体的思想体系。他们试图以真正的虚无、真正的信仰和真正的超人实现各自的理想。

什么是新黑格尔主义？

口号为复兴黑格尔的新黑格尔主义哲学的存在时间为19世纪末至20世纪上半叶，最开始出现在英国，发展于19世纪的英、美，20世界上半叶的德、意，主要的代表人物分别为英国的格林、布拉德雷、鲍桑葵，美国罗伊斯、布兰夏德、缪勒等，该学派的形成以斯特林1865年出版《黑格尔的秘密》为标志。

新黑格尔主义是一场19世纪末古典哲学复兴的一场运动，是思辨传统对经验主义传统的的渗透。新黑格尔主义者大部分都是通过研究、评述和解释黑格尔哲学的某些方面来论证自己的理论，他们在继承黑格尔思想的同时也进一步地发挥和发展。

新黑格尔主义者对传统形而上学采取批判态度，但通常又不要求取消或超越传统形而上学所研究的关于世界的基础、本质、本原等所谓本体论问题。他们将黑格尔的绝对观念改造成某种具有非理性和经验特征的精神性存在；强调生活和行动（实践）在哲学中的决定意义，将黑格尔的理性思辨的辩证法改造成为具有非理性色彩的辩证法；继承黑格尔哲学体系中保守性最强的社会政治学说的基本精神，尤其是国家至上和民族至上的观点，同时又试图将对个人自由和民主权利的强调的理论调和起来。

整体来说，新黑格尔主义已经摆脱了近代哲学的理论框架。

不同国家的新黑格尔主义有什么特点？

如果单纯从时间上来说，英国的新黑格尔主义形成最早，标志是1865年，斯特林出版的《黑格尔的秘密》，推动新黑格尔主义取代经验主义占据主导地位的是格林、凯尔德兄弟、瓦莱士和里奇等，影响最大的的领袖人物则是牛津大学麦尔登学院的布拉德雷，同时代的还有鲍桑葵和剑桥大学的麦克泰加特，与其他国家的相比，英国新黑格尔主义最有势力、影响也最大。

美国的新黑格尔主义兴起于19世纪60年代，标志是哈利斯和布罗克迈尔等人创立的圣路易学派，美国新黑格尔主义的典型形式是19世纪末20世纪初由罗伊斯、克莱顿等人提出的。其中罗伊斯影响最大，他试图论证普遍的、无所不包的精神性存在的绝对或上帝，追求将一切个人的目的融合在一起的理想社会。第二次世界大战之后的代表有布兰夏德和出生于瑞士的缪勒。

德国的新黑格尔主义出现标志是1905年生命哲学家狄尔泰出版的《青年黑格尔》，此外，文德尔班、那托普、卡西尔和李伯特等一批原来的新康德主义者都纷纷转向新黑格尔主义。20世纪20年代主要代表有克罗纳、格洛克纳以及以编辑出版黑格尔著作出名的拉松等人，以倡导"'批判'的辩证法"著称的马尔克、原属新康德主义巴登学派的科恩以及后来成了法兰克福学派的主要代表的马尔库塞兹也被视为德国新黑格尔主义者。

意大利新黑格尔主义的主要代表是克罗齐和金蒂雷，但是金蒂雷却是用黑格尔的哲学为法西斯论证，在政治上也投靠法西斯，担任墨索里尼政府的教育部长。

法国的新黑格尔主义主要代表有华尔、《精神现象学》法文版的作者伊波利特等人。

什么是新康德主义？

新康德主义起源于德国，标志是1865年，德国哲学家李普曼在《康德及其追随者》之中高喊"回到康德去！"该学派存在时间是19世纪70年代以后，学派代表有李普曼、朗格、梅耶、赫尔姆霍兹、策勒、海姆、费舍、柯亨和文德尔班等。

新康德主义，是19世纪中期黑格尔派在德国解体之后形成的具有超越传统形而上学倾向的哲学流派。特点是试图通过复兴和重新解释康德的有关理论来建立自己的理论体系。该流派的根本立场是进一步发挥康德对传统形而上学的批判及康德的"哥白尼改革"所体现的对主体的创造作用的强调。

新康德主义的出现和盛行与政治和经济制度有着强烈的关系，1848年的德国资产阶级革命标志着德国资本主义制度在经济、政治等方面都已显露出明显的矛盾，这些矛盾在哲学上的表现就是理性主义的矛盾，对理性主义的怀疑和批判形成规模，"回到康德去"就是当时的主要流派。

以李普曼和朗格等人为代表的早期新康德主义在重新解释康德哲学的过程之中，只是强调康德的理论哲学，没有重视康德的实践哲学。朗格直接将康德所说的先天的认识形式归结为先天的生理结构，进而抛弃了康德哲学中的唯物主义因素，使康德哲学彻底唯心主义化。

新康德主义的发展经历了哪些阶段？

新康德主义运动大致经历了三个阶段：

第一个时期是1871—1878年，这一时期的特点是新康德主义者充分认识到康德先天性学说的广泛可能性，同时在先验探究和经验探究之间、哲学与实证科学还存在着一定的连续性，一致反对"反科学"的形而上学。

第二个时期是1878年到第一次世界大战结束，这一时期，以柯亨为代表的马堡学派和以文德尔班为代表的弗莱堡学派在对自然科学或历史科学的先验反思的基础之上，发展了各具特色的学说，这也是新康德主义的繁荣期。以科内利乌斯和内尔逊为代表的心理学派（也被称为哥廷根学派）以及以黎尔和屈尔佩为代表的实在论学派也有一定的影响。

第三个时期是在两次世界大战之间，这一时期的特点是，在对文化乐观主义的崩溃的反思之中，新康德主义者开始用生命哲学的名义讨伐理论上的唯心论，形而上学再次复活，它试图去追溯比苦心经营的理论体系更原始的源泉。

什么是马堡学派？

马堡学派因为活动中心为马堡大学而得名，也被称为先验逻辑学派。学派的创始人是柯亨，学派代表有卡西尔、那托普、奥瑟·李伯特、鲁道夫·施达姆勒及卡尔·沃伦德尔等。

马堡学派是以柯亨为首的新康德主义学派，他们试图发挥康德的认识论思想，建立一种以认识论和方法论问题为中心的哲学。

马堡学派的创立者柯亨，站在康德主义的立场反对心理主义。"存在不受心理支配的事物"可以被"数学在教材中不依赖于主体而存在"这一简单的事实证明。柯亨在对时代进程进行语言学阐释之后发展出了一个独立的观点——吸收唯心主义的观点，将判断而非概念作为人类思维的基点。那托普是柯亨的继承者，他发表了《笛卡尔的认识论：批判主义前史研究》《柏拉图的理念学说》《精密科学的逻辑基础》等著作。相比于柯亨，那托普更加深入地研究了相对论等科学的新发展，并且将整个心理学领域纳入柯亨所定的知识体系中，他倾向于将柏拉图的客观唯心主义同康德的批判主义结合在一起。卡西尔是马堡学派后期的主要代表，活动在20世纪之初，哲学特点是将马堡学派的观点运用于历史和文化、政治领域，在他移居美国之后，哲学观点更加接近现象学和哲学人类学。

什么是弗莱堡学派

弗莱堡学派又被称为海德堡学派、西南学派或巴登学派、先验心理学派或价值学派，因为以弗莱堡大学为活动中心而得名，创始人是文德尔班，主要代表是李凯尔特。

弗莱堡学派以价值论为主要方法论基础来解释社会历史事件，将它们和自然科学完全分离开，同时否定自然科学的客观和实在意义、社会历史事件的普遍意义。

弗莱堡学派的创始人文德尔班晚

年逐渐转向了新黑格尔主义，他的学生李凯尔特是弗莱堡学派晚期的代表，著作有《认识的对象》《自然科学概念形成的界限》《历史哲学问题》《哲学体系》等。其他的代表人物还有拉斯克、科恩、鲍赫以及后来到美国哈佛大学的闵斯特贝尔格。

什么是生命哲学？

生命哲学是具有非理性主义特征的哲学思潮，产生时间为19世纪末20世纪上半叶，学派代表有狄尔泰、齐美尔、柏格森，流行区域为德、法等国，主要的理论来源为叔本华的生存意志论、尼采的权力意志论、达尔文的生物进化论、斯宾塞的生命进化学说、法国居约的生命道德学。

生命哲学，以揭示人的生命的性质和意义作为全部哲学研究的出发点，进而推及到人的存在及其全部认识和实践，尤其是人的情感意志等心理活动，再从人的生命和存在推及人的历史和文化，以至人与周围世界（社会和自然）的关系。简单地说，就是从生命的揭示推及到对整个世界的揭示。生命哲学家都没有将生命视为物质或精神、感性或理性的实体，而是看成主体对自己存在的体验、领悟，也就是心灵的内在冲动、活动和过程。生命哲学家强调生命和激情对理性和经验的超越，因而具有非理性主义倾向，但是却又没有完全否定经验和理性在一定范围内的作用。

生命哲学的主要代表人物分别是谁？

生命哲学主要有生物学倾向和历史—文化倾向两种类型，前者试图用运动变化和整体联系的观点证明生命现象，主要代表是伯格森。后者主要从人的生命的历史和文化意义的角度来进行哲学思考。生命的形态通常是合目的性的，也就是追求有待实现和达到的价值。这类哲学的主要代表是狄尔泰。

生命哲学思潮的直接先驱被公认为是在德国造成生命力崇拜氛围的浪漫主义运动。生命哲学主要发生地是德国和法国，最具有代表性的人物就是狄尔泰、齐美尔、奥伊肯等，他们的学说在20世纪前20年非常受人关注，在第一次世界大战之后更是形成了以斯普兰格尔和罗特哈克为代表的历史主义和以克拉格斯为代表的生物学哲学两股潮流。最富有传奇性质的是斯宾格勒，他因为著作《西方的没落》从一个中学教师成为西方思想界在第一次世界大战前后最为耀眼的明星。法国生命哲学的集大成者是伯格森，他的理论在整个西方世界发生了非常深远的影响。

什么是实用主义

美国实用主义的创始人是皮尔士，主要的代表人物有詹姆士和杜威，诞生的标志是1878年1月皮尔士发表《如何使我们的观念清楚》，产生时间为19世纪70年代。实用主义的第一个组织是1871—1874年活动于哈佛大学的"形而上学俱乐部"。实用主义是20世纪初—20世纪40年代美国最大的哲学流派，甚至被视为美国的半官方哲学，该学派的诞生地和活动中心都是美国。

实用主义，是从希腊单词之中派生出来的词语，是美国20世纪的主流思想，对法律、政治、教育、社会、宗教和艺术的研究产生了非常大的影响，是现代美国的各个哲学流派之中对美国社会生活和思想文化影响最大的哲学流派，最主要代表是皮尔士、詹姆士和杜威。

实用主义被认为是美国民族精神和生活方式的理论象征，它最能体现美国资本主义的发展以及美国社会生活的特点。实用主义继承近代哲经验主义的传统，广泛吸取其他各个学派的哲学观点，反对二元分立的近代形而上学，认为哲学的主要任务是制定科学的认识论和方法论，把哲学和科学研究的对象限定于人的现实生活和经验所及的范围，强调行动、过程和效果，注重非理性的情感、意志以及本能和直觉，极大地影响了美国人的思想和行动。

实用主义有别于其他哲学的主要特点是什么？

实用主义区别于其他哲学的地方在于，"实用主义更加强调"应立足于现实生活，主张将确定信念作为出发点，将采取行动当做主要手段，将获得效果当做最高目的，在实用主义哲学之中，行动概念占据主导地位，所以实用主义经常被视为是市侩哲学。大部分实用主义哲学家都呼吁抛弃各种声称具有普遍和绝对意义的哲学体系，将哲学的主要任务归结为制定科学的认识论和方法论，将哲学和科学研究的对象限定于人的现实生活和经验所及的范围，也就是由自在世界转向经验世界。

实用主义经历了怎样的发展历程？

实用主义起源于哈佛大学，但是在皮尔士刚刚提出实用主义基本思想的时候，根本就没有引起人们的关注；19世纪末在詹姆士对实用主义进行了系统化的论证和发挥之后，实用主义顿时成为了美国最主要的思潮；20世纪上半叶，杜威又将实用主义进行了发挥，使实用主义被应用于社会生活和意识形态的各个领域。在杜威之后，美国的实用主义表面上看起来因为起源于欧洲的逻辑经验主义和语言分析哲学等流派而失去了主导地位，实际上实用主义早就渗透到了美国人的思想和行动之中。实用主义在其他国家也有一定的传播，英国、意大利在20世纪初出现了实用主义思潮，德、法、奥等国的一些哲学流派比如新康德主义、马赫主义等在理论上也和实用主义接近，中国民国时期就出现了以胡适为代表的实用主义思潮。

什么是存在主义哲学？

存在主义又被称为生存主义，是当代西方哲学主要流派之一。这个名词最早是由法国有神论的存在主义者马塞尔提出来的。存在主义是一个非常广泛的哲学流派，主要包括有神论的存在主义、无神论的存在主义和存在主义的马克思主义三大类，它可以指任何将孤立个人的非理性意识活动当做最真实存在的人本主义学说。存在主义以人为中心、尊重人的个性和自由，认为人是在无意义的宇宙中生活，人的存在本身也没有意义，但是人可以在存在的基础上自我造就，活得精彩。

存在主义哲学论述的不是抽象的意识、概念、本质的传统哲学，而是注重存在，注重人生。但是也不是指人的现实存在，而是指精神的存在，将那种人的心理意识（通常是焦虑、绝望、恐惧

等低觉的病态的心理意识）和社会存在与个人的现实存在对立起来，将它当做唯一的真实的存在。存在主义超出了单纯的哲学范围，波及西方社会精神生活的各个方面，在文学艺术方面的影响最为突出。

第三章 几个列表了解哲学——观点总结篇

米利都学派的哲学观点是什么？

米利都学派的创始人是泰勒斯，学派成员包括泰勒斯、阿那克西曼德和阿那克西美尼，学派因为三者都生活在米利都城而得名。他们的哲学的共同特点是寻求世界本原的朴素唯物主义。

米利都学派开创了理性思维，他们试图用观测到的事实而不是用古代的希腊神话来解释世界。他们的思想观点排除了当时神造世界万物的迷信，激起了人们探索世界本原的强烈兴趣。公元前494年，米利都被波斯攻陷，也因此丧失了它在伊奥尼亚的文化中心的地位。但是米利都学派的哲学家们却揭开了希腊哲学以至整个西方哲学史的序幕。

毕达哥拉斯学派的美学观点是什么？

毕达哥拉斯学派的观点是数是万物的本原，事物的性质都是由某种数量关系决定的，万物都按照一定的数量比例而构成和谐的秩序；在这个基调的基础之上，他们提出了"美是和谐"的观点，认为音乐的和谐是由高低长短轻重不同的音调按照一定的数量上的比例组成，"音乐是对立因素的和谐的统一，把杂多导致统一，把不协调导致协调"，这是古希腊艺术辩证法思想的初步萌芽。毕达哥拉斯学派认为天体的运行秩序也是一种和谐，各个星球之间保持着和谐的距离，沿着各自不同的轨道，按照严格固定的速度运行，产生各种和谐的音调和旋律，这就是所谓"诸天音乐"或者"天体音乐"。在毕达哥拉斯学派看来，外在的艺术的和谐能够与人的灵魂的内在和谐相呼应，产生所谓"同声相应"，认为音乐大体上可以分为刚与柔两种截然不同的风格，对人的性格和情感产生陶冶和改变，强调音乐的"净化"作用。毕达哥拉斯学派偏重于美的形式的研究，将圆形看成是一切平面图形之中最美的形体，将球形看成是一切立体图形中最美的。相传"黄金分割"的规律就是毕达哥拉斯学派最早发现的。毕达哥拉斯学派的美学观点属于客观唯心主义，对于后来的柏拉图、新柏拉图主义者及文艺复兴时期的艺术家都产生了极其深远的影响。

埃利亚学派的主要观点是什么？

根据亚里士多德的记载，埃利亚学派的创始人是克塞诺芬尼，主要代表人物有巴门尼德、芝诺和麦里梭。但是因为埃利亚学派在哲学史上的影响主要是因为巴门尼德提出的"存在"是对宇宙万物共同本质的抽象概括，从而使哲学摆脱了用具体物质形态说明世界本原的原始朴素形式，是认识史的重要进步，因此也有人将巴门尼德看做是埃利亚学派的真正创始人。

克塞诺芬尼反对拟人的多神论，提出了神是整体、唯一、不动的观点。

巴门尼德受到了毕达哥拉斯学派的影响，但是他的观点却直接继承了克塞诺芬尼，认为神就是唯一的存在，整个宇宙也是唯一的存在，并且在这一基础之上，进一步提出了世界的本原是永恒不变的、唯一的、不可再分的"存在"，而存在是不变不动的，因此他也否认事物变化的真实性和多样性。芝诺是巴门尼德的学生，他一直都在维护巴门尼德的观点，为了论证运动不存在，他先后提出了40多个悖论，其中有关量是否无限可分的4个悖论最著名，比如"飞矢不动"悖论，进一步论证了运动和多的不可能性。

巴门尼德的主要观点是什么？

巴门尼德的鼎盛时期是在大约公元前5世纪的上半叶，他在老师克塞诺芬尼上帝和宇宙是唯一的、单一的、不变的、普遍的存在的基础之上提出了宇宙是单个的、永恒的实体。他依靠抽象形象，从感性世界概括出了最一般的范畴"存在"。认为存在是永恒的，是一，是连续不可分的；存在是不动的，是真实的，可以被思想；感性世界的具体事物是非存在，是假相，不能被思想。他第一次提出了"思想与存在是同一的"命题。

巴门尼德的哲学有什么重要意义？

巴门尼德的观点不仅仅是希腊早期自然哲学里的一派观点，而且他对自己的哲学观点的论证是通过分析概念的逻辑关系来得出的，他的思想的思辨性和论辩性具有早期自然哲学的最高水平，对后来哲学的发展具有深远的影响。

从哲学的发展上来讲，巴门尼德的哲学是希腊哲学的重大转折点，但是这个转折点一直到苏格拉底之后才真正表露出来。巴门尼德的伟大贡献是多方面的：第一，他开始使用逻辑的方法，而不是再像自然哲学家那样武断地宣称自己的观点，从而使哲学向理论化体系化的方向发展；第二，"真理之道"和"意见之道"的划分为之后的西方哲学点明了关注的基本方向；第三，巴门尼德关于"作为思想和作为存在是一回事情"的命题确定了理论思维或思辨思维的基本形式；第四，巴门尼德将"存在"确立为哲学研究的对象，奠定了本体论的基础。

巴门尼德的存在思想是什么？

从整体来说，在整个《论自然》之中，巴门尼德的观点就是感官是骗人的，他将大量的能够感觉的事物都贬斥为单纯的幻觉。唯一真实的存在就是"一"。一是无限的、不可分的。它并不是像赫拉克利特所说的那种对方面的统一，因为根本就没有对立面。通俗一点来说，巴门尼德认为"冷"仅仅意味着"不热"，"黑暗"仅仅意味着"不光明"。

芝诺主要通过什么手段来维护自己的观点？

芝诺在西方哲学史上的地位主要是因为他为老师巴门尼德的存在论所作的辩护。他曾经明确表明：自己的目的就是"保卫巴门尼德的那些观点，反对另一些非难他的人"。亚里士多德称他为辩证法的创始人，他用辩证法机智地捍卫他老师巴门尼德的存在学说，特别是有关最终的实体同一性和永恒性的哲学学说。芝诺的所有论证都是建立在形式逻辑的前提之上，依据完全的逻辑关系，在辩论的时候他用逻辑推理诱导他的对手陷入自相矛盾和左右为难的境地之中。芝诺的辩护形式上使用的都是归谬法，也就是所谓的反证法，但是内容上却主要集中在两个方面：一是论证存在单一反对存在众多，二是论证存在不动反对存在运动。

芝诺的四个悖论分别是什么？

芝诺的著作现在早就已经失传，亚里士多德的《物理学》和辛普里西奥斯为《物理学》所作的注释是我们现在了解芝诺悖论的主要依据，当然还有一些残篇能够当做证明，保存到今天的芝诺悖论至少有八个，其中最为出名的是四个关于运动的悖论。

芝诺的四个悖论，验证的是看起来似乎是极端的荒谬的"证明运动是荒谬的"这一个论证。对这四个悖论，亚里士多德的记述如下：

二分法，阿基里追龟，飞矢不动，运动场。

芝诺的四个悖论，除了第四个是一个数字游戏之外，剩下的三个都是对直观的数字思维的深刻辩驳，在很大程度上危及了初等数学的根基，并且最终引发了第二次数学危机。这三个悖论所涉及到的极限思想，就是现在广为应用的微积分的基础，但是微积分今天依然没有能够证明极限的正确，即使是现代数理逻辑已经建立，对极限的证明依然不能够让人满意。

赫拉克利特的哲学思想是什么？

赫拉克利特出生的爱菲斯同样属于米利都学派位于的伊奥尼亚地区，所以他的哲学思想继承了米利都学派的自然哲学的传统，也是从具体的物质形态之中寻求物质的本原，所以也有人将爱菲斯学派与米利都学派统称为伊奥尼亚学派。

赫拉克利特对于大多数人都是一种鄙视的态度，甚至认为他所生活的以力弗城邦的所有人都应该被吊死，他对人类的鄙视使他认为人只有被迫才会为自己的利益而行动。他的两句话非常明确地证明了这个观点："每种畜牲都是被鞭子赶到牧场上去的""驴子宁愿要草料而不要黄金"。除了鄙视人类，赫拉克利特还信仰战争，他认为"战争是万物之父，也是万物之王。它使一些人成为神，使一些人成为人，使一些人成为奴隶，使一些人成为自由人"。"应当知道战争对一切都是共同的，斗争就是正义，一切都是通过斗争而产生和消灭的"。

赫拉克利特在哲学方面的主要学说有主要有火本原说、逻各斯学说和生成辩证法。

赫拉克利特如何看待灵魂？

赫拉克利特的观点被罗素定义为一种高傲的苦行主义，与后世那个自诩为太阳的尼采有些类似。在他的观点里，灵魂是火和水的混合物，火是高贵的而水是卑贱的。灵魂中具有的火最多，他称灵魂是"干燥的"。"干燥的灵魂是最智慧的最优秀的"，"一个人喝醉了酒，被一个未成年的儿童所领导，步履蹒跚地不知道自己往哪里去；他的灵魂便是潮湿的"，"对于灵魂来说，变成水就是死亡"。我们可以这样说，赫拉克利特重视通过主宰的本身所获得的权利，同时鄙视那些让人离开中心抱负的欲望。

赫拉克利特如何看待宗教？

对于当时的宗教，赫拉克利特也基本是一种敌视的态度，有明确考证的是对于巴库斯教的敌视。至于他对神学的态度，下面的这些话就足以证明："女巫用诳言谵语的嘴说出一些严肃的、品质无华的话语，用她的声音响彻千年，因为她被神附了体。在地狱里才嗅得到灵魂"，"更伟大的死获得更伟大的奖赏（那些死去的人就变为神）"，"人们所奉行的神秘教乃是不神圣的神秘教"。

恩培多克勒在科学方面有哪些贡献？

恩培多克勒在科学方面的贡献同样不容忽视。第一，他发现了空气是一种独立的实体。至于发现的过程，恩培多克勒自己是这样描述的："当一个女孩子玩弄发亮的铜制计时器，用她美丽的手压住管颈的开口，把这个计时器浸入银白色易变形的物质中的时候，水并不会进入这个器皿，因为内部空气的重量压着底下的小孔，把银水往回堵住了；一直要等到她把手拿开放出压缩的气流时，空气才会逸出，同量的水才会流进去。"恩培多克勒还发现如果将一杯水系在一根绳子的一端而旋转，水就不会流出来这个关于离心力的例子。在天文学方面，恩培多克勒也取得了一定的成就，他认为月亮、太阳都是反射而发光的，说光线前进也需要时间，但是时间短到我们根本就不能察觉，他还知道日食是因为月亮转到了地球和太阳的中间所引起的。

恩培多克勒的哲学思想是什么？

在哲学方面，恩培多克勒是意大利医学学派的创始者，这个医学学派影响了柏拉图和亚里士多德。伯奈特说它影响了科学思潮和哲学思潮的整个倾向。恩培多克勒认为心脏是血管的系统的中心（当然事实确实如此），所以它也必然是生命的中枢。这个观点被亚里士多德继承了下来，并且一直流传到今天。关于宗教方面的理解，恩培多克勒大体上是继承了毕达哥拉斯的观点。恩培多克勒有一个明显的特点，就是将自己看成一个神，他甚至曾经在公开的场合发表过这样的言论。

阿那克萨戈拉的哲学观点是什么？

虽然和恩培多克勒一样，阿那克萨戈拉的哲学观点同样是以埃利亚学派的物质不灭为前提的，但是他却主张物质的成分无限多，每一份都有独特的形式和感觉性质，比如味觉和色觉，这就与埃利亚学派的物质由单一实体组成和恩培多克勒的四原素说有很大的不同。简单一点说，阿那克萨戈拉的理论就是万物都可以无限地分割，即使是最小的一点物质也都包含着各种原素。事物之所以会表现出各种不同的形态，是因为它们所包含的原素的多少的问题。比如万物都包含着火，但是只有火原素占据着绝对优势的时候，我们才能将其称为火。阿那克萨戈拉和恩培多克勒一样提出了反对虚空的论证，他说滴漏或者吹得胀起来的皮就说明一无所有的地方都是有空气的。他还认为心同样会参与生活体组成的实质，他说每一事物里都包含有各种事物的一部分，只有心除外；但是有些事物也包含有心，心拥有支配一切有生命的事物的力量，它是无限的，并且是自己支配自己的；它不与任何事物混合。在阿那克萨戈拉的理论之中，即使再小的事物也包含了一切对立面的一部分，比如冷与热、白与黑。有一个观点很能说明这个问题，那就是他认为部分雪是黑色的。

阿那克萨戈拉的主要成就有哪些？

在西方哲学史之上，阿那克萨戈拉的光辉业绩可以概括为三个方面：第一，阿那克萨戈拉第一次把哲学从外邦带到希腊本土，此后在雅典沃土上产生了苏格拉底、柏拉图和亚里士多德等思想巨人；第二，提出了种子作为世界的本原，使自然哲学对事物内部结构的探讨更加深入；第三，将奴斯引进到哲学之中，为后来的哲学革命奠定了基础。他的"奴斯"一词被后来的苏格拉底、柏拉图，一直到黑格尔说成是精神的实体，使"奴斯"变成了唯心主义的术语。

原子论者如何阐述自己的思想？

与后世的苏格拉底、柏拉图和亚里士多德不同，原子论者在阐述自己的观点的时候，尽可能地不引用"目的"或"最终因"的观念来解释世界。一件事情的"最终因"是另一件未来的事的起因，这桩事情就是以那件未来的事为目的而发生的。这种情况非常适合在人事方面，举一个例子来说，厨师为什么要做美食？因为人们要吃饭。为什么要建造铁路？因为人们要旅行。当我们问到"为什么"的时候，可以有两种理解：第一种就是"这一事件是为着什么目的而服务的？"第二种"是怎样的事前情况造成了这一事件？"第一种问题的答案就是目的论的解释，也可以说是用最终因来解释的；对于第二种问题的答案就是一种机械论的解释。

机械论的问题牵涉到了科学的知识，而目的论的问题却没有。原子论者问的是机械论的问题而且作出了机械论的答案。但是在他们之后的哲学家，一直到文艺复兴时期为止，都将目光集中在了目的论的问题之上，这也导致了科学被领进了死胡同。

原子论思想是如何形成的？

留基波与德谟克利特的共同的哲学的基本观点，从整体上来说是以留基波的理论为基础，但是如果要细究理论的形成，就没有将两个人分开的可能了，实际上也没有这种必要。留基波首先调和了分别以巴门尼德与恩培多克勒为代表的一元论与多元论，然后以此为基础创造了原子论。作为原子论者的创造者，德谟克利特与留基波的观点十分接近近代科学，并且避免了大部分希腊的冥想所经常会犯的错误。

原子论者如何看待原子？

原子论者相信世界的万物都是由原子构成的，原子在物理上是不可分的；原子之间存在着虚空；原子是不可毁灭的；原子曾经永远是，而且将继续永远是，在不停地运动着的。原子的数目是无限的，甚至于原子的种类也是无限的，不同的只是形状和大小。根据亚里士多德的记载，原子论者认为原子在热度方面也是不同的，构成了火的球状原子是最热的，但是关于原子是否有重量这个问题，在原子论派的理论里一直是一个存在着争论的问题。

后世哲学家如何评价原子论者？

在原子论者的理论之中，原子是永远在不停地运动着的，但是关于原子

运动的特性，却被后来的哲学家们给予了不同的注释。以策勒尔为代表的一部分人认为原子是被想象为永远在降落着的，而愈重的原子就降落得愈快；于是它们就赶上了较轻的原子，就发生了冲撞，并且原子就像台球一样地折射回来。这很明显的属于伊壁鸠鲁学派的观点，因为他们有很多方面都是以德谟克利特的理论为基础的。但是在原子论者的理论之中，无限的虚空里既没有上也没有下，原子在灵魂中的运动被比做没有风的时候的尘埃在一条太阳光线之下运动。

原子论思想在哲学史上占据着什么样的重要地位？

"没有什么是可以无端发生的，万物都是有理由的，而且都是必然的"。这是留基波的名言，这句话表明原子论者否认万物的产生是因为机缘，而德谟克利特也明确的认过任何事物可以由于机缘而发生。亚里士多德和其他的哲学家曾经批评过原子论者没有能够说明原子的原始运动，但是实际上原子论者比他们都要高明、科学。因果作用必须是从某件事物上开始的，而且无论它他从什么地方开始，对于起始的预料是不能指出原因的。而哲学家罗素也这样评价：原子论者的理论要比古代所曾提出过的任何其他理论，都更加地接近于近代科学的理论。

为什么生活在中期的德谟克利特会被划分为早期哲学家？

如果单独按生活的年代来说，德谟克利特应当是与希腊中期的智者学派以及苏格拉底同一时期的人物，但是因为他的理论属于自然哲学并且很难和留基波的理论分开这两个理由，所以在哲学史上，德谟克利特就被划分为希腊早期的自然哲学家。而德谟克利特的原子论是自然哲学的巅峰，同时也是自然哲学的终结的标志。至于德谟克利特之后的哲学家对待他的态度就比较具有分歧，柏拉图讨厌他，不仅在自己的对话录中从来没有出现过德谟克利特这个名字，甚至想要将他的全部著作都焚毁，而希斯却将德谟克利特看做一个数学家而对他推崇备至。

智者们如何理解"人"？

对于普罗泰戈拉的哲学观点，史料之中的记载并不太多，我们只能够从先哲的著作分析之中去撷取。而在先哲们的观点之中，最能代表他观点的就是他的那句名言：人是万物的尺度，是存在者存在的尺度，也是不存在者不存在的尺度。对于这句话的理解主要集中在一个"人"字上，而对于"人"字的理解则可以分为两种：

第一种，将"人"理解为作为一个物种的人类。这句话就高扬了人的价值和尊严，显示出了人是世界的主人的气派。这种思想在现在是肯定要受到质疑的，但是在将神明奉为至高无上的存在的古希腊，这句话却毫无疑问是一个极大的进步。

第二种，将"人"理解为单个的人。这句话就饱含了相对主义的萌芽，因为每个人都可以从自身所处的角度来判断世界，每个人都是自己的尺度，那么对于事物的判断就失去了一个统一的标准。如果真理没有了统一的标准，那么道德还会有标准吗？所以说真理和道德的判断，都是相对的。

　　智者学派的智者们很明显的是用第二种的方式来理解这句话，但是他们并没有从相对主义走向虚无主义，而是尝试着用约定说和自然说来提出一个解决相对主义的方法。所谓的自然说可以说是强权崇拜理论，也就是合理的理论就是正确的。

普罗泰戈拉的主要成就是什么？

　　因为同乡的原因，普罗泰戈拉和德谟克利特的关系非常好，但是他所关心的却是认识论、伦理学、语言的理论以及包括教学在内的与人交往的艺术。普罗泰戈拉是一位典型的怀疑论者，他的名言"人是万物的尺度，是存在的事物存在的尺度，也是不存在的事物不存在的尺度"，所包含的怀疑论在教育上有着非常深刻的含意。这句话的本质是告诉人们不要浪费时间去讨论神学或有神论的哲学，不要试图确定谁或什么是神，或者他们在宇宙中的地位，因为这些都超出我们认识的范围。他认为他教学的目的是为了使学生成为良好的公民以及成功地从事私人和公共的事务。他提出"教育需要自然的素质和练习，而且必须从幼年开始"；"没有实践的理论和没有理论的实践都是无用的"，"文化在心灵中不会滋长，除非它达到很大的深度"等具有实际意义的教育观点。

高尔吉亚的哲学有什么重要意义？

　　从整体上看高尔吉亚的辩论可以很明显地发现，这是一种典型的智者诡辩术，而这种诡辩术正是希腊晚期以皮浪为代表的怀疑主义流派的重要思想来源。站在客观的角度上说，高尔吉亚的

这些思想也从否定的方面提出了一些对人类认识史有积极意义的问题。他对存在与非存在的论证，批判了埃利亚派只承认存在否认非存在的形而上学错误，揭示了存在与非存在的辩证关系，包含着存在与非存在对立统一的辩证法思想。列宁在《哲学笔记》中以赞同的态度引用黑格尔的话对高尔吉亚的思想进行了肯定：他关于思想的东西可以是不存在的以及语言异于被表述物的观点，阐发了思维与存在、概念与外物的差异。这些对以后哲学的发展起了一定的影响。

苏格拉底的哲学观点有什么重要意义？

　　苏格拉底的学说具有神秘主义色彩。他的观点是天上和地上各种事物的生存、发展和毁灭都是神安排的，神是世界的主宰。他提倡人们认识做人的道理，过有道德的生活。他的哲学主要研究探讨的是伦理道德问题，而苏格拉底的这次研究转向是西方哲学的第一次哲学转向也是苏格拉底的最大贡献。哲学史家往往把他作为古希腊哲学发展史的分水岭，将他之前的哲学称为前苏格拉底哲学。他一生没留下任何著作，但他的影响却是无比巨大的。

苏格拉底是如何宣扬自己的思想的？

　　苏格拉底通常是不分春夏一直都穿着一件普通的单衣，没有穿鞋的习惯，对于吃饭也不大讲究。他的一生大部分时间都是在室外度过，他喜欢在市场、运动场、街头等公众场合与各方面的人谈论各种各样的问题，如战争、政

治、友谊、艺术，伦理道德。什么是虔诚？什么是民主？什么是美德？什么是勇气？什么是真理？以及你的工作是什么？你有什么知识和技能？你是不是政治家，如果是，关于统治你学会了什么？你是不是教师？在教育无知的人之前你怎样征服自己的无知？这些全部都是他的问题，也符合他的想要做一名帮助别人产生他们自己的思想的精神助产士的目标。

苏格拉底方法有什么重要意义？

为了寻求绝对的确定性的知识，苏格拉底一生都在不断地变换着助产术的对象，讨论各种不同的问题，这种方法也被他的弟子柏拉图所继承和发扬，这不仅对哲学也对后来西方整个的教育思想和教育方法产生了重要影响，黑格尔更是将这种对话内在化于精神之中，将其发展为详尽完善的辩证法体系。苏格拉底的哲学，通常被称为是"实践哲学"，但是，这种"实践"并不是现实的生产实践，而是抽象的道德实践。准确一点说，苏格拉底的哲学是非实践的唯心论。

犬儒学派的主要观点是什么？

犬儒学派的目标是确定什么应当是意识及认识与行为的原则。学派的主要教条是人要摆脱世俗的利益而追求唯一值得拥有的善。犬儒学派的学者们相信，真正的幸福并不是建立在随时都可能改变的外部环境的优势。世界上的每一个人都能够获得幸福，而且只要拥有就绝对不会再次失去。人们没有必要担心自己的健康，也没有必要担心别人的痛苦。

为什么犬儒学派会有前后期的巨大差异？

犬儒学派将善设定为普遍的目的。那么这样就产生了一个问题，人们应该到哪里寻找善呢？犬儒学派以直接对我具有普遍性的形式的个别性作为意识的本质。换句话就是，将自己看成一个对一切个别性漠不关心的、自由的意识。犬儒学派的这种主张和行为反映了一部分穷苦民众对现状的不满和对希腊"文明"的厌倦，从而以极端的消极手段来表示对社会的抗议。而后期的犬儒学派成员却抱着既然无所谓高尚，也就无所谓下贱，既然没有什么是了不得的，所以也就没有什么是要不得的的想法而对世俗的一切都照单全收，即使是最不知羞耻的部分也一样，早期的愤世嫉俗也就变成了晚期的玩世不恭。

犬儒学者的哪些行为表现了他们的哲学主张？

犬儒学派最为著名的代表是狄奥根尼，犬儒学派的哲学主张是清心寡欲，鄙弃俗世的荣华富贵，力倡回归自然，这一点和老庄哲学有点接近。相传狄奥根尼本人就住在一个木桶之中，靠着乞讨为生。关于这个人有一个很著名的故事，这个故事涉及到了一个非常伟大的人物——亚历山大，故事是这样的：有一天，亚历山大亲自前来探望正躺在地上晒太阳的狄奥根尼，并且开口询问他想要什么恩赐，狄奥根尼眼都没有睁开地回答说："只要你别挡住我的太阳。"

晚期的犬儒学派成员发表言论，鼓吹清贫生活的无比美好，甚至将人们正常的感情也讥为愚蠢。一位名叫德勒斯的犬儒派就说："我的儿子或者妻子死了，那难道就有任何理由应该不顾仍然还在活着的我自己，并且不再照顾我的财产了吗？"这与庄子老婆死了他却鼓盆而歌有点相近的味道。同样是这个德勒斯，有一个富翁送了他一笔钱，他毫不客气地收下，并且说："你慷慨大度地施舍给我，而我痛痛快快地取之于你，既不卑躬曲膝，也不唠叨不满。"他的这句话的隐藏含义是：钱本来就是无所谓的东西，我如果拒绝了你的馈赠，就显得我将钱看得太重；我如果收下钱又表示感谢，那也是将钱看重了，所以呢，最正确的做法就是，只要你肯给，我就若无其事地收下它。这种态度乍一看好似非常洒脱，实际上却有那么些无耻。这是因为，钱本身就很重要，在在坚持更高价值的前提下看轻金钱是高尚的；没有更高的追求却又摆出轻视金钱的姿态就不是高尚而是虚伪了。

西勒尼学派学派的观点是什么？

西勒尼学派的观点可以进行简单地概括：寻求快乐和愉快的感觉是人的天职，是人的最高的、最本质的东西。快乐是人类从幼年时期起就一直在主动追求的目标，快乐是一个微笑的字眼，西勒尼学派将快乐和感觉联系起来，认为感官的舒畅运动产生快乐情绪，而刺激感官的粗糙运动则产生痛苦。在他们眼中，肉体的快乐远胜于灵魂的欢乐，所以他们更加注重肉体，而不是灵魂，一旦快乐来临，他们就会尽情享受。

哲学家们是如何评价阿里斯底波的？

阿里斯底波是一个非常有争议的人物，确切一点说，是一个受到了非常多的非议的哲学家。古代哲学家柏拉图、色诺芬、亚里士多德及塞奥多洛等纷纷发表言论攻击他，近现代的研究者也认为他们贪求安逸的生活，说他们看到了奴隶制的矛盾激化和多数公民所受的痛苦和羁束，但是却只想着逃避自己为维护奴隶制而应尽的义务，只追求个人的自由，因此是其所代表的自由民阶层情绪没落的表现。最典型的批判当属文德尔班的"这些饱餐希腊美的盛宴的寄生虫们，他们的哲学，正如躺在门槛上的乞丐的哲学一样，与希腊美的崇高意义相距何止千万里"。

麦加拉学派的三个悖论是什么？

麦加拉学派提出的"说谎者""秃头""谷堆"的三个悖论分别是：

说谎者：一个说谎的人说："我正在说谎"。那么，他是在说谎，还是说真话？

秃头：拔去一根、两根头发，不能成为秃头，拔到多少根的时候人才会成为秃头？

谷堆：一粒两粒谷不能成为谷堆，多少粒谷才成为真正的谷堆？

柏拉图的思想综合了哪些学派的观点？

作为西方客观唯心主义的创始人，柏拉图的哲学思想综合了他之前的许多的哲学家的思想，具体为：智者派的认为不可能有（关于现象的）知识；苏格拉底的认为真知永远是关于概念的知识；赫拉克利特的认为（现象）世界经常变化；埃利亚学派的认为（理念）世界是不变的，认为存在是一；原子论者的认为存在是多；阿那克萨戈拉的认为精神统治宇宙，而精神同物质有区别，

总计6个学派的观点。其中他的老师苏格拉底的影响最为直接，柏拉图的思想也可以说是对苏格拉底的思想原则的发展和继续。

柏拉图的哲学观点分为哪三点？

柏拉图认为世界是由"理念世界"和"现象世界"组成，理念世界是真实的存在、永恒不变，人类感官所能够接触到的这个现实的世界，只不过是理念世界的微弱的影子，它由现象所组成，并且每种现象都是因为时空等因素而表现出短暂变动等特征。在这种理论的基础之上，柏拉图提出了理念论和回忆说的认识论，并且将它们作为自己教学理论的哲学基础。而罗素在他的《西方哲学史》一书中，将柏拉图的理念总结为三点：第一点，柏拉图的乌托邦，也就是他的政治观点，这一点在他的《理想国》之中有详尽的描写；第二点，柏拉图哲学的基础和中心——理念论；第三点，灵魂不朽学说，这三点构成了柏拉图的整个哲学学说。

柏拉图将公民分为哪三个层次？

在《理想国》之中，柏拉图根据人的不同成分而将公民根据不同的德性分为了三个等级：

1. 劳动者。铜铁质、富于欲，人数最多的一个阶层，德性为节制，代表了欲望的品性，负责为全国提供物质生活资料，不享有政治权利，不准许拥有私产和家庭，决不允许拥有奢华的物品。

2. 武士。银质、富于气，德性为勇敢，代表了勇敢的品性，负责用忠诚和勇敢保卫国家的安全，辅助治国，不享有政治权利，不准许拥有私产和家庭。

3. 卫国者。金质、富于理，人数最少，德性为指挥，代表了智慧的品性，负责用自己的哲学智慧和道德力量统治国家，国家的统治阶层，享有政治权利，全部都是德高望重的哲学家。

柏拉图如何看待三个不同层次的公民？

在理想国之中，三个等级的公民应当各司其职，各安其位，"假如做事情的人是职守专一，事情合他的天赋，做来适得其时，而又没有他事来使他分心，那么无论什么事都能用最经济的努力，收到最圆满的成果，不论在量方面，还是在质方面都一样"。

私产和家庭被认为是一切私心邪念的根源，所以武士和劳动者不准许被拥有。而卫国者之所以全部都是德高望重的哲学家，是因为只有哲学家才能够认清理念，才具有完美的德行和高超的智慧，明白正义的所在，按照理性的指引去公正地治理国家。治国者刚开始是被立法者所选定的，在那之后通常是世袭制，但是如果卫国者的孩子之中有不能令人满意的孩子或青年的时候，他们也将会被降级，同样的，低等阶级的孩子同样有提拔的希望。

理念论是如何诞生的？

对于理念论是如何诞生的的这一题，柏拉图的学生亚里士多德在他的名著《形而上学》之中做出这样的描绘："在那些哲学学派出现之后，柏拉图的哲学体系出现了，它在许多的方面追随着这些哲学，但是也有自己的特点。青年时期，柏拉图刚开始同意克拉底鲁和赫拉克利特的观点，认为一切可感觉的东西都在不断流变，关于它们，知识是不存在的，甚至在他晚年的时候他仍然持有这样的观点。苏格拉底一生都致力于伦理学，对整个自然从来都不过问，并且在这些问题之中寻求普遍，他是第一个集中注意于定义的人。柏拉图接受了老师苏格拉底的这种观点，但是他认为定义是关于非感性事物的，而不是那些感性事物的。正是因为所有的感性事物都在不断地变化，所以不能够有一个共同定义。于是柏拉图一方面将这些非感性的东西称为理念，另一方面将感性的东西全都处于它们之外，并用它们来说明。"这再次证明，柏拉图的观点是在博取众家学说的基础之上建立起来的。

柏拉图将世界分为哪两个世界？

在创作《国家篇》的时候，柏拉图为了将自己所见到的情景传达给读者而引用了一个洞穴的比喻，为了使读者能够看出理念世界的重要性，他首先将世界分为了理智世界和感觉世界。

柏拉图的三个比喻是什么？

为了论证两个世界的学说，柏拉图提出了一系列的比喻，其中最为出名的应当是洞喻、日喻、线喻。"洞喻"，就是关于洞穴的比喻；"日喻"，也就是太阳的比喻。"线喻"，也就是关于线段的比喻。

柏拉图理念世界理论有什么重要意义？

通过以三个比喻为代表的一系列论证和比喻，柏拉图完成了他关于两个世界的区分，从而建立起独特的理念世界。从某种意义上说，柏拉图提出理念论的目的是为了解决知识的问题，是要人们去关注众多、相对、变动、暂时的事物之外的那个单一、绝对、不动、永恒的理念，并且从中获得真正的认识。

柏拉图为什么提出回忆说？

早期的自然哲学家大多自觉或不自觉地将感性经验作为知识的依据，但是巴门尼德却揭露了这种思维方式的局限性，主张只有绝对存在的思想才是真理之路。柏拉图继承了巴门尼德这种否定了感觉经验在认识中的作用的观点，他认为不可感知的、普遍的、绝对的理念不可能来源于我们对事物的感觉经验。为了解释不是通过感觉经验而是通过其他的方式认识理念，柏拉图提出了"回忆说"。

柏拉图的灵魂学说包括哪些方面？

回忆说和灵魂转向说，都是柏拉图与"灵魂"有关的学说。总的说来，柏拉图的灵魂学说包括四个方面：灵魂的本性及其与物体的关系；灵魂的构成和等级；灵魂的回忆和灵魂不朽。

柏拉图的灵魂学说有什么重要意义？

柏拉图的灵魂学说本质上是关于人性也就是人的本性的理论，对后来的西方思想产生了多方面的影响，其中的灵魂能动说、等级说直接影响了亚里士多德的灵魂理论；理性、激情、欲望三要素及其关系的观点成为后来很多人讨论灵魂、德性或人性问题时的标准性说法；灵魂回忆说是先验论哲学的最早表述；灵魂不朽说不仅是宗教神学的支柱性理论，也是伦理学倡导道德生活的必要前提。

亚里士多德的哲学有什么特点？

亚里士多德作为一个哲学家，在许多方面和所有前人都非常不同。他第一次像现在的教授一样著书立说：他的论著非常系统，讨论也分门别类。柏拉图思想之中奥尔弗斯的成分在亚里士多德的思想里面，很少能够被看到，反而多了一种常识感。他最擅长细节与批评，但是却因为缺乏基本的明晰性与巨人式的火力，而并没有能够成就很大的建设工作。我们很难从某个地方来开始讲述他的形而上学，也许最好的地方就是对理念说的批评与共相说，当然在这之前，我们必须对他的学说做一个简要的概括。

亚里士多德是如何对科学进行分类的？

理论的科学，为着自身而被追求的科学，因好奇而生，包括研究不运动又可分离存在的东西的第一哲学、研究运动而又分离存在东西的第二哲学和研究不运动也不分离存在的数学，其中第一哲学也是他最为著名的形而上学，第二哲学是指自然哲学，也可以说是物理学。

实践的科学，为着运动而被追求的科学，因闲暇而生，包括政治学、伦理学、战略学、经济学以及修辞学。

创造的科学，为着创作和制造而被追求的科学，因自由而生，包括各种各工艺技术、音乐及医学等。

构成亚里士多德的哲学的主要内容就是物理学、形而上学、灵魂学说（认识论）以及实践科学中的政治学和伦理学。

亚里士多德是在什么样的背景下提出四因论的？

最早期的哲学家都在探索万物是由什么产生的，而他们之中的大多数都认为万物唯一的本原就是物质，后来随着学术的发展，也就是大约希腊早期自然哲学的后期，哲学家们开始思考一个或者几个物质为什么会产生世界万物，于是他们就开始寻找物质变化的原因，也就是动力因，再简单点就是世界的本原为什么会运动，阿那克萨戈拉提出了"心灵"就是动力因；但是亚里士多德认为，之前的自然哲学家只是明确地指出了两种原因，对于本质却没有解释清楚，只有柏拉图隐晦地表示过，但是柏拉图的理念既不是构成可感事物的物质，也不是可感事物变化的动力因，而是使一个事物成为那个事物的本质。亚里士多德指出自己对于运动的看法：一事物的运动就是在不变载体的基础上从一个状态向另一个状态的变化。所以运动要想成立就必须具有三个要素：形式、缺乏和质料，它们被称为"运动三本原"。他还指出，之前的哲学家们只认为事物具有善的属性，但是却没有认识到善本身就是事物生成和存在的原因。于是他就提出了自己的四因论。

什么是形而上学？

形而上学，从学科位置上来讲是"物理学之后"的学科。从内涵上来说，形而上学是"一门研究是者自身以及出于它的本性的属性的科学"。它认为"是者"范围最广、地位最高。在亚里士多德看来，形而上学研究的对象是超越任何其他学科的，其他学科的研究对象只是"是者"的某个部分或性质。从亚里士多德的话中的"是者"的意义来看，形而上学就是要把握最抽象、最普遍的知识。

现代的形而上学有哪两种意思？

现代形而上学有两种意思：一种是用孤立、静止、片面、表面的观点去看待事物（在马克思主义哲学中，这一含义的形而上学与辩证法相对立）。二是指研究单凭直觉（超经验）来判断事物的哲学，当然有的时候也指研究哲学的本体论。

亚里士多德是如何对理念论进行批判的？

柏拉图认为，实在由永恒的、在空间和时间上先于个别事物领域的理念或形式构成。理念是一般物，是终极实在，是不变的、永恒的，非物质的本质，是理性原则在宇宙中普遍运作的一种力量。我们现实世界中的事物只是理念的摹本，它们的存在在某种程度上都要归于某种理念。我们通过回忆来发现理念和先于经验产生的知识。柏拉图的"理念"有以下几个基本含义：事物的共相（或被称为概念、本质），事物存在的根据，事物模仿的模，事物追求的目的。柏拉图的理念论是建立在感觉世界和理智世界分离的基础之上的，是对本原和人类认识的解释，理念论是柏拉图哲学的核心，而亚里士多德在《形而上学》的第九章提出了对理念论批判的九个论证，这九个论证交互出现着两个重要的原则——运动、本体。

亚里士多德的灵魂学说是什么？

亚里士多德没有关于认识论的专门的著作，但是在《形而上学》、《论灵魂》等著作之中均有不小的篇幅谈及认识论的问题。他的认识论以实体说为基础，并且也同样充满了矛盾，有唯物主义的东西，也有唯心主义的东西；有经验论的因素，也有唯理论的因素。总体来说，占据主导地位的是唯物主义和经验论。

亚里士多德根据活动能力将灵魂分成了从低到高的三部分：营养的灵魂、感觉的灵魂和理性的灵魂。高级的灵魂包含着较低级的灵魂。营养的灵魂主要是植物所具有的，感觉的灵魂主要为动物所具有，而理性灵魂则只有人才具有。亚里士多德认为这三部分或三种灵魂的共同点在于都是一种能力。总结性地来说，亚里士多德认为不是一种实体，而是能力，而且灵魂的大部分要依赖于身体，是随着身体的灭亡而灭亡，这个观点是唯物主义的，但是他关于理性与躯体分开是不死的观点却是唯心主义的，是灵魂转世说的残余。

亚里士多德的认识论有什么重要意义？

从整体上来说，亚里士多德从哲学的高度总结了人类对客观世界的认识过程，而整个过程基本上符合实际，坚持了唯物主义的观点。但是他却没有弄清一般与个别的辩证关系，也就没有将如何从个别上升为一般弄清楚，而这个问题至今仍然是哲学家们讨论的问题。

什么是中道思想？

每一种德行都是两个极端之间的中道，而每一个极端都是一种罪恶。这是亚里士多德提出中道思想的基础，而中道思想的一个重要原则就是理智指导，只有在理智的指导之下，人类的行为才能够不过度也不会不足，才能够做到"中道"。

比如说，畏首畏尾就会成为懦夫，无畏蛮干就会成为莽汉，只有适中，才会是勇敢的美德。但是并不是所有的行为和情感都适合中道思想，比如说恶意、无耻等情感和偷盗、谋杀等行为，它们本身就是有意的恶，不存在中道可以选择，其他的本身就是德性的行为也没有中道可言，比如说勇敢、磊落等。

亚里士多德的政治学的内容是什么？

亚里士多德关于政治的著作流传至今的只有《政治学》和《雅典政制》，其中《政治学》第一次创立了独立的政治学体系，他在书中系统论述了古希腊的城邦政治思想，也可以说这本书是他的政治思想的集合，我们将以这本书为基础对他的政治思想就进行分析。《政治学》之中的思想可以概括为两个方面：国家和政体。而对于国家的论述又可以分为城邦理论，国家起源说和国家目的论。

亚里士多德的哲学有什么重要意义？

亚里士多德从广度和深度两个方面将希腊哲学推到了繁荣的顶点。但是因为他的哲学是希腊哲学的集大成者，内部必然会包含着矛盾，所以它对后世的影响不仅是深远的，而且是复杂多样的。中世纪的经院哲学家利用了他的哲学中唯心主义的和神学的因素，为基督教神学作论证。近代的许多哲学家则着重研究了他的哲学中唯物主义和辩证法思想。他的思想为西方两千年的发展奠定了基础也阻碍了西方文化的发展，也许黑格尔的话才是最为中肯的："假使

一个人真想从事哲学工作，那就没有什么比讲述亚里士多德这件事更值得去做的了。"

阿尔克西劳的主要功绩是什么？

在阿尔克西劳担任主持者期间，最被人熟知的就是他反对伊壁鸠鲁派和斯多亚派，尤其是斯多亚派，针对的问题就是：检验真理的标准是什么？传说有一次阿尔克西劳被人问到，为什么会有那么多人离开其他哲学投奔伊壁鸠鲁派，却从来都没有听到有人离开伊壁鸠鲁派投奔另一个哲学家，阿尔克西劳回答说：男人能够变成太监，太监却不能再变成男人。

阿尔克西劳是如何抨击斯多亚学派的观点的？

在斯多亚派理念之中，概念、表象、有思维性的想象乃是主要的东西；阿尔克西劳就攻击这些东西。那种在思维中把握的表象、思维性的想象，在斯多亚派看来就是具体的真理。阿尔克西劳更进一步攻击斯多亚派说：可是"他们自己说：有思维性的表象'正'是一个中介，这个中介可能同等地接近单纯的意见和知识、哲人；它是作为真理的，意见与知识即由这个真理而得到区别"。实际上两者表达的事物是相同的，只是称呼不同而已，斯多亚派称为真理，而阿尔克西劳则称之为良好的根据。从整体上来说，阿尔克西劳有一个更高一点的认识：任何一件有根据的事都不能有自在的存在物的意义，而只是在意识之中，并非自在——其中只包括一种相对的真理，意识的环节对于它则具有绝对本质的意义。

普鲁塔克的哲学观点是什么？

普鲁塔克的哲学观点兼取柏拉图、亚里斯多德、斯多亚及毕达哥拉斯等各派之说，尤其重视伦理道德问题。他认为：人生应当以道德为准绳，应当受理性的节制，要中庸克己、符合人道、不慕荣华、不图虚誉。他承认人的知觉中有不同等级的清晰性，其中某种知觉能够给人带来确信。

伊壁鸠鲁派的哲学思想是什么？

伊壁鸠鲁学派宣扬无神论，认为人死魂灭，这是人类思想史上的一个巨大的进步，他们同时提倡寻求快乐和幸福。但是他们所主张的快乐不是肉欲物质享受的快乐，而是排除情感困扰后的心灵宁静的快乐。伊壁鸠鲁派生活简朴节制，目的就是要抵制奢侈生活对一个人身心的侵袭。伊壁鸠鲁学派把神还归自然，公开攻击古代的宗教，从而奠定了古代无神论哲学的基础。

伊壁鸠鲁的哲学观点是什么？

伊壁鸠鲁认为最大的快乐是友谊，而个人的幸福就在友谊和社会之中。他认为，哲学是通过论辩和讨论的方式产生幸福生活的一种活动；就像不能治疗身体疾病的医药是无用的技艺，不能解除灵魂痛苦的哲学是无用的空话。为了能够幸福地生活，必须学习伦理学；为了摆脱错误的认识和不必要的忧虑与恐惧，必须学习物理学。这句话也概括了伊壁鸠鲁哲学体系的三个部分：研究真理标准的准则学，研究自然及其生灭的物理学，研究人生及其目的的伦理学。其中准则学和物理学是手段，伦理学则

是目的。

伊壁鸠鲁的伦理学有什么重要意义？

伦理学是伊壁鸠鲁哲学的核心和目的。伊壁鸠鲁在感觉主义准则学和原子论物理学的基础上，改造发挥了西勒尼学派的快乐论，提出了"快乐是幸福生活的始点和终点"的观点。在伊壁鸠鲁看来，贤者对待生死应该泰然自若，不但快乐地活着，而且还要活得光明正大，这就需要明智、知足，克己节制、修习磨练和广泛交友，这才是理想的生活方式。伊壁鸠鲁的伦理思想后来被卢克莱修继承和发展，成为后世自然主义和功利主义伦理思想的重要理论渊源。

卢克莱修的主要贡献是什么？

在哲学理念方面，卢克莱修并没有多少的创新，他的贡献主要集中在三个方面：第一，用大量的日常论据和经验事实，通过论证原子论的基本观点，丰富了伊壁鸠鲁的物理学；第二，用原子论为思想武器，较为系统地批判了当时盛行的宗教迷信；第三，为反对神创论，阐述了生物进化和文明起源的思想。

斯多亚学派的观点是什么？

斯多亚学派认为世界理性决定事物的发展变化。所谓的"世界理性"，就是神性，它是整个世界的主宰，个人只不过是神的整体中的一分子。在社会生活中斯多亚学派强调顺从天命，要安于自己在社会中所处的地位，要恬淡寡欲，只有这样才能得到幸福。他们自称是世界主义者，打破了希腊人和野蛮人之间的传统界限，宣传人类是一个整

体，只应有一个国家，一种公民，那就是宇宙公民，而这个国家也应由智慧的君主来统治。这种理论是为马其顿统治希腊服务的。在政治方面，斯多亚派认为，国家不是人们的意志达成协议的结果，而是自然的创造物。宇宙在斯多亚学派的理论之中是美好的，有秩序的，完善的整体，由原始的神圣的火种演变而来，并趋向一个目的。人是宇宙体系中的一部分，是一个小火花。因此，人应该协调自身，与宇宙的大方向相协调，最终实现这个大目的。斯多亚学派与早期的纯粹希腊哲学最大的不同就是它在感情上是狭隘的，甚至在某种意义上是狂热的，同时它也包含了当时世界所感到需要的、并且希腊人似乎不能够提供的宗教成尬。

芝诺的学说有什么特点？

芝诺的学说大体上是犬儒主义与赫拉克利特的思想的结合体；只是在他之后的斯多亚学派因为加入了柏拉图主义而逐渐放弃了唯物主义。芝诺重视物理学与形而上学，并且提出了宇宙决定论，但是宇宙决定论在芝诺的眼中只是有助于解释德行而已，因为他更看重的是德行。

巴内休斯的主要贡献是什么？

在哲学之上，巴内修斯致力于折衷斯多亚学派与苏格拉底、柏拉图和亚里士多德的学说。他对早期的斯多亚学派的观点进行了较大的改变和阐述，这些改变和阐述集中体现在三个方面：

自然哲学方面巴内修斯放弃了世界轮回的宇宙大燃烧说，接受了亚里士多德的世界永恒说。

伦理学方面，巴内修斯将关注的重心转向一般官吏和平民利益，否认了哲人的德行，提倡中庸之道，放弃对一切无动于衷的冷漠，更加关注健康、财富等外在的善，认为至善就是符合本性（自然）的生活，人类的这种自然愿望，就可让他达到德行性。

宗教神学方面，巴内修斯将神学分为三种：毫无价值的诗人的神学是拟人的和虚妄的；合理而真实的哲学家的神学是不适宜于流行的；坚持传统崇拜，对公众进行教化的政治家的神学是必需的。

巴内修斯在宗教方面的改变也对后来教父哲学的出现起到了推动的作用。

波塞唐纽斯的哲学观点是什么？

在哲学方面，波塞唐纽斯不仅修改了巴内修斯的折衷主义路线，而且尽可能地保持了早期斯多亚学派的观点，他将宇宙分为不灭的天上世界和可灭的地上世界两个部分，认为人是两个世界之间的结合物，因为人有肉体与灵魂两方面，处于可灭与不可灭之间。万物和人都由神创造出来的，宇宙受理性和天命支配，所以整个宇宙是统一有序的，一切部分都彼此相互交感。宇宙经历一定周期就会焚毁再次进入轮回。

西塞罗的观点有什么重要意义？

西塞罗是中期斯多亚学派唯一有著作留传下来的人物，西塞罗的哲学观点是非常典型的折衷主义，主要把柏拉图主义和斯多亚学派的观点糅合在一起，反对伊壁鸠鲁主义的原子唯物论，宣扬灵魂不死学说。他的哲学缺乏创造性，这也决定了他的贡献主要集中在记载和阐述了该学派的思想，这不仅有利于当时斯多亚学派的传播，也为后世对该学派的研究保存了资料。西塞罗的哲学工作和思想倾向，成了中期斯多亚学派向晚期斯多亚学派的过渡环节。

赛内卡在哲学史上占据着什么样的重要地位？

赛内卡一生写了非常多的书，基本上包含了所有可以作为研究对象的领域，他的思想对于后世的影响非常大。他的伦理学思想对于基督教思想的形成起到了极大的推动作用，他的大量言论都被圣经作者吸收，这也是他基督教教父称呼的来由。在欧洲"赛内卡说"就和中国的"子曰"一样耳熟能详，尤其他的《道德书简》更是被推选为必读之书。

爱比克泰德的伦理思想是什么？

爱比克泰德的伦理思想的核心是忍让和克制。此外他还认为人有能力把握自己的意志，对事物作出判断，以正确的抉择战胜邪恶，这是人的能力范围之内的事，能够做到这一点的人就是有德性的人。"对于一切处于整体而分配给我的事物，我都将满意；我不会做不合乎人群的事情，而会把全副精力放到共同利益上面。如果这样做了，生活就一定愉快"。

埃那西德穆的十种论证都是什么？

十种论证分别是：

一、不同种类的动物对同一事物的感受或反应不同。比如说一只狗和一头驴子对一根肉骨头的感受一定不一样。

二、相同种类事物中的不同个体也有特质差异。比如亚历山大的管家在阴影之中才感到暖和，在阳光下却冻得发抖。

三、同一个体的不同感官有不同的构造。比如同一个桃子，眼睛看是粉色的，鼻子嗅是香的，嘴巴尝是甜的。

四、同一个体的身体内部因状态不同而产生差异。比如感冒的时候对美食的感受同健康时候就不同。

五、不同国家和民族的习俗、法律及观念不同。比如波斯人认为和自己的女儿结婚非常正常，而中国人，却认为这是绝对不允许的。

六、事物都是相互混和的，一经混和就发生了变化。比如紫色在阳光下和烛光下呈现的色泽差别。

七、同一事物因距离、位置等的不同而显得不同。比如横看成岭侧成峰。

八、事物具有相对性。比如适当的体育锻炼能够强体，但是过度的体育锻炼却也能摧残人体。

九、由于事物的罕见或常见，也同样改变对事物的判断。比如说对于日食人们就非常感兴趣而天天看到的太阳却没有什么感觉。

十、事物都是相互联系的，相对而言的。比如塞翁失马焉知非福。

阿格里帕的五种论证分别是什么？

一、观点分歧。对于同一种现象，无论是普通人，还是在哲学家中间都有争论，这些争论都可以找到证据支持，因此这些问题只能是悬而未决，人们各自保留意见。

二、无穷倒退。支撑每个论点的证据都需要检验、需要论证，每个证明都需要进一步的证明，这样下去一直到无穷，我们不可能找到一个论证的起点，因此只好对事物不作任何的判断。

三、相对性。只有在和判断主体及其伴随的知觉相关联中，一个对象才能

具有这样或那样的现象，但我们却无法作出判断。

四、假设武断。很多独断论者都有一个理论的起源，这个起源都是值得质疑的。说话都要有根据，没有不言自明的公理。

五、循环论证。应该用来去证明所研究的对象的东西却要求对象来证明。我们没有入口，也就没有出口，不可能找到理由。

这五条论证是更加严密的，从逻辑上难以找到辩驳的突破口。这五条论证可以归结为：一切的可知对象也是相对的，与思考的人有关系，这样，可知对象也和五种论证相关。

赛克斯都·恩披里柯的哲学观点是什么？

在自己的著作中，赛克斯都·恩披里柯首先界定了怀疑主义，概述了怀疑主义的实质。他认为，怀疑就是探究、考察，它既不同于肯定的独断论，宣告已经获得了真理，又不同于否定的独断论，断言世界是不可知的。它坚持不断地研究和批判，它把哲学理解为一种批判活动，而不是一种创建体系的沉思。赛克斯都还认为，皮浪的怀疑并不是目的，而是走向生活的手段，怀疑只是对形而上学可能性的怀疑，对生活的意义和价值本身丝毫不怀疑。在生活领域中，形而上学是不需要的，生活毋需形而上学来指导，单纯凭着自然的本能、感知的本能、习惯法律以及社会劳动的分工，人们就可以过一种幸福的生活。

怀疑主义的重要意义是什么？

怀疑主义在西方思想史上具有极其重要的意义。它揭示了可感现象的相对性和不确定性，指出了感性认识的局限，发现了认识本身所包含的矛盾，这有利于我们破除盲目迷信和对知识（有时候也被自夸为科学）的盲目自信，迫使哲学进行反省，促进理论思维的提高和哲学思考的深入。综合地来说，怀疑主义只是改变了独断论的形式而没有消除独断论，因为希腊哲学的最后一个体系——新柏拉图主义就是独断论的形式。

什么是三大本体？

三个本体分别是：第一本体太一，第二本体理智，第三本体灵魂。所谓的"本体"是指最高的、能动的原因，现代哲学家通常翻译成"原则"。实际上，从严格的角度来说，本体并不是抽象的原则，而是具体的神，是超越存在和本质并且能够决定存在和本质的。

三大本体之间是什么关系？

至于三个本体之间的关系，普罗提诺认为首先"太一"流溢产生了"理智"，然后"理智"流溢产生了"灵魂"。"理智"是"太一"的影像，也是"太一"唯一的直接流溢产物。"理智"作为本产生的本体，不再保持"太一"的绝对同一性，它包含着原初的区分，所以具有多样性和差异性。"理智"仍然享有"一"的统一性，所以，多样性又是统一的，知与被知的差异内在于其中。所以它就既是知识的真正对象，又是知识的主体。"灵魂"是"理智"流出的影像，是"太一"间接产物的第三种本体。"灵魂"已经不是绝对同一体，也不是"理智"那样是一与多的统一体，而是既是一的又是多的。当它转"向理"智和"太一"并与它们相通的时候，复归于原初的统一，因而是一，但当它转向自己的产品即可感世界，被分割在个别事物中时，就成了多。

普罗提诺的哲学有什么重要意义？

"太一"向下的流溢过程和灵魂向上的回归过程，构成了普罗提诺哲学的完整框架。第一个过程是他哲学的形而上基础，第二个过程才是目的。与晚期希腊哲学其他学派一样，他也把伦理学问题作为关注的重点和核心。他把人生的最高境界视为灵魂从肉体中解脱出来，回到自身，过一种人神合一的内在的神圣生活。区别在于，其他的希腊哲学家一般都强调人神之间不可逾越的界限，而他受东方神秘主义的影响，注重人神合一。他将柏拉图的客观理念理智化、理性思辨神秘化，并揉合进了其他派别的思想，从而创立了以神秘主义为本质特征的新柏拉图主义，为基督教文论的基本取向和奥古斯丁等人的神学思考铺平了道路。他的神秘主义在波斐利那里又有新的发展。

《神学要旨》的主要内容是什么？

《神学要旨》模仿欧几里德的《几何学原本》，以三重发展律为演绎原则，以"太一"为起点。从统一、生成到复归的三重发展过程也是从自因、原因到结果的关系。每一个过程都包括三个阶段：统一体包括"太一"、理智和灵魂；生成体包括理智对象、理智对象与理智活动的同一、理智活动；复生体包括上天世界、内在世界和可感自然。统一体是既不被分有也不分有的自因，因而是不可言说的。

古希腊哲学在哲学史上占据着什么样的地位？

单纯就哲学这一门学科来说，它完全就是希腊人的创造。他们不仅奠定了西方所有思想体系的基础和西方文明的基础，而且几乎提出西方哲学所涉及的所有问题和解决问题的方式。就像恩格斯所说："在希腊哲学的多种多样的形式中，差不多可以找到以后各种观点的胚胎、萌芽。因此，如果理论自然科学要追溯自己今天的一般原理发生和发展的历史，它也不得不回到希腊人那里去。而这种见解愈来愈为自己开拓道路。"从某种意义上说，西方哲学是希腊哲学和基督教哲学融合的结果，实际上，希腊晚期哲学时代，基督教哲学已经登上了哲学的舞台，只是它真正占领统治地位是在被封为国教之后，而绝对的统治地位则是在所有的学派都被驱逐之后，这也标志着中世纪哲学的开始。

游斯丁的主要著作有哪些？

游斯丁的一生都是在以哲学家的身份在到处游说，为基督教的信仰辩护。能够确定的属于他的作品有三篇：分别是写给安东尼·庇乌和马可·奥勒留的《护教篇》以及《与特雷封对话录》。写给安东尼·庇乌的《护教篇》又被称为《第一护教辞》，目的是想要清除外界对于基督教的偏见和误解，他写到，一般人认为基督徒是无神论者并且不道德，这是毫无根据的说法。他详细地解释了基督徒的信仰和行为，事实上是反映了更高的理性和道德标准。写给斯多亚学派的代表者、历史上唯一的帝王哲

学家马可·奥勒留的《护教篇》被称为《第二护教辞》，原因是因为他看到许多清白的人因为承认了基督教之名而被处死，全辞简单热情，极力反对不公平的政策。《与特雷封对话录》是游斯丁现存的著作中最长的一篇，它记述的是几年前在以弗所进行的一场辩论。特雷封是一个非常有教养的犹太人，他反对基督徒不遵守犹太律法和崇拜耶稣。游斯丁根据双方都相信的圣经经卷发言。虽然辩论的双方在意见上截然不同，但是双方都非常敬重彼此，彼此也非常有礼貌。

游斯丁的哲学观点是什么？

游斯丁认为，"逻各斯"是上帝的内在理智和永恒智慧，它本身就是上帝。"逻各斯"永远地照耀着整个世界，向世间的人启示着真理。所以诸如柏拉图等优秀的异教徒也能够享有"逻各斯"，从而认识真理。所以游斯丁承认自己"喜欢讲授柏拉图"，但是他又认为只有基督教才能认识真理，因为逻各斯的一部分或者说是"逻各斯的种子"，所以他们只能在自己理解力的范围内的程度上认识真理。希腊哲学家们之间的激烈争吵正是因为他们认识的只是一部分而引起的。只有在耶稣的身上才有完全的逻各斯，所以只有基督教才拥有完全的真理。"我们的宗教显然比所有人类的学说都优越，因为为我们而降临的基督是完全的逻各斯"。关于希腊哲学和基督教的真理之间的关系可以概括为：两者之间只有是程度的不同，而没有本质的差别，因为它们来自同一个真理源泉——上帝的逻各斯。正是基于这种关系，游斯丁得出了"真哲学就是真宗教、真宗教就是真

哲学"的结论。

除了谈到希腊哲学与基督教真理的关系之外，游斯丁还谈及了人的灵魂不死和自由意志问题。他的思想对教父哲学的形成和发展产生了深远的影响。

诺斯替教派的主要观点有哪些？

诺斯替教派主张上帝与物质、善与恶之间的二元论。物质是恶的原则，并作为一个独立的原则与上帝相对立，他们认为旧约的上帝是世界的创造者，是恶的原则，而新约的上帝是世界的拯救者，是善的原则，二者之间存在着一种不可调和的对立。他们还主张在上帝和物质的世界之间有许多的小神充当纽带。诺斯替教派的这些观点和基督教的一神论存在着极大的冲突，所以诺斯替教派就成为了基督教内部的最大异端，直接威胁着基督教的信仰和传统，一场激烈的争论也因此在基督教内部展开。

伊里奈乌的主要贡献是什么？

在德尔图良生活的年代，基督教在罗马帝国还没有取得合法的地位，罗马帝国对于基督徒的态度还是敌对的。出于时代和宗教的需要，德尔图良花费了很大的精力去维护基督教的教义。德尔图良的著作基本上都被完整地保存了下来，其中最为著名的就是197年写给罗马皇帝塞普提米乌·塞佛鲁的《护教篇》《取缔异教徒》《灵魂论》和《洗礼论》等。在《护教篇》之中，德尔图良为基督教徒辩护说：基督徒都是忠诚老实、光明磊落的，那些施加在基督徒身上的各种罪名都是没有任何的根据的；基督教徒更加不会威胁国家的安危，因

为基督徒总是为罗马皇帝向"永恒的、真正的、生活的上帝祈祷";基督教徒被指控为"敌人",受尽"虐待",成为"无辜的受害者",是极其不公平的待遇,实际上,基督徒只是信仰上帝,追求真理。除此之外,他还表示,基督徒是不会因为信仰上帝和追求真理牺牲生命而退缩,杀害基督徒,不会起到任何的作用。"我们遭受杀戮,说明我们得到胜利,我们虽被囚禁,我们却到处遨游"。

克莱门的哲学观点是什么?

克莱门对于哲学的态度和与宗教有着类似的游历经历的游斯丁有些接近,他认为哲学不是魔鬼而是上帝的作品,所以哲学和世间万物一样都是好的。古希腊哲学和犹太律法一样,都是将人引向基督的教育者,并且在基督教中得到了自然的延续。"哲学教育希腊人走向基督,就像律法教育犹太人走向基督一样。因此,哲学为应由基督引向完善的人开辟了道路"。正因为有了这样的认识,所以克莱门认为将知识与信仰统一起来,是真正的基督徒的任务。

奥里根是如何建立相对完整的信仰体系的?

在对待希腊哲学的态度上,奥里根比克莱门有更多的保留,他曾经公开指责希腊哲学既存在大量的错误,也不能用来提高自己和追随者的道德,但是在的著作之中,我们却能够发现大量的希腊哲学的引述,他自己也曾表示自己之学习哲学,目的在于运用哲学的方法求证神学的真谛。新柏拉图主义和斯多亚学派的观点是他的主要的哲学来源。

作为一个虔诚的基督徒,奥里根当然认为哲学思辨的标准是基督教的圣经和使徒的传统。但是《圣经》本身并不是一部体系严格的著作,里面有许多自相矛盾甚至是不近情理的东西,使徒的传统也有许多的不一致,于是奥里根就提出了一种"寓意解经法",实际上就是用哲学理性为标准来审视信仰和传统。他的不怕触犯传统,大胆注释圣经的举止,虽然为教父哲学的建立铺平了道路,但是却超越了基督教教会所许可的范围,所以他没有能够得到像其他教父那样的重视和尊敬,甚至他的学说有时还会被视为异端的典范而被批驳。奥里根正是用这种方式对基督徒的信仰传统进行了梳理,从而成功地建立起基督教第一个相对完整的哲学体系。"如果俗界智人的儿子说,几何学、音乐、文法、论辩术和天文学是哲学的婢女,那么,关于哲学和神学的关系,我们可以说同样的话"。这应该是他的方法的直白表述。

奥古斯丁的哲学观点是什么?

奥古斯丁在新柏拉图主义的影响下,将哲学与神学结合起来,以神为核心,以信仰为前提,系统地论证了基督教的基本教义。他认为,物质世界只是暂时的,灵界才是真正永恒的,神是无限而永恒不变的超越存在。在神之中蕴含了万物的原型,灵魂只有与感官分离,才能认识真理,认识真理就是认识神。他的关于人性中的原罪、人的自由意志、神的恩典的理论,是以神与受造之物的关系为中心、以恩典为基督教世界观的体现,并且在以后成为了基督教哲学的统治思想。

奥古斯丁是如何为《圣经》的创世说辩解的？

上帝是否是从自身之中创造世界的？对于新柏拉图主义者普罗提诺提出来的认为万物都是从最高存在流溢而出因而都具有最高存在的本性的"流溢说"，奥古斯丁是坚决反对的。他认为，"除了你三位一体、一体三位的天主外，没有一物可供你创造天地。因此，你只能从空无所有中创造天地。"创世活动是否完成了？圣经之中描述上帝用了6天的时间完成了造物的工作，但是这个描述很明显和上帝是世界的永恒统治者的教义相矛盾，于是奥古斯丁就说："你的'逻各斯'既然常生常在，永远就没有尽头，那么也就无所谓逝去，也无所谓继续了。"

奥古斯丁哲学的重要意义是什么？

奥古斯丁用自己独特的思辨能力为基督教建立了第一个百科全书式的完整体系，对于中世纪哲学产生了极其重要的影响，一直到13世纪之前的经院哲学之中，奥古斯丁的哲学依然占据着统治地位。文艺复兴时期"回到奥古斯丁"也被一些人认为是教会改革的途径，即使是在现代的许多哲学流派中，依然能够看到奥古斯丁哲学的影子，所以他无愧于"西方的导师"的称号。

伪狄奥尼修斯的主要贡献是什么？

伪狄奥尼修斯最大的贡献就是第一个明确区分了肯定神学和否定神学。所谓的肯定神学，是一条由上而下，即由上帝下降到受造物的道路。它将上帝看成是一切存在的始基，一切存在都是从上帝产生的，所以上帝是无限完满的，是全名的。因为这种理由，所以人们称上帝是至善的、全能的等。在肯定神学之中，上帝被看成是形式的动力因，主要通过研究形式来探寻上帝的属性。所谓的否定神学，走的是完全相反的，自下而上、由受造物到上帝的道路。它从最低级的受造物开始，逐级否定上帝具有那些有限的规定，最终确定上帝以其超验性超越了一切。在否定神学之中，上帝被看成是一切事物的目的因，主要通过研究被造的可感和可知的象征性事物，去上升到神圣的实质。

伪狄奥尼修斯哲学包含什么样的神秘神学？

伪狄奥尼修斯的神学除了肯定神学与否定神学之外，还包含了神秘神学。肯定神学借助范畴或名称，只能指示上帝的属性；否定神学借助于被造的世界，只能象征性地体会上帝；神秘神学坚持的是上帝超越世界与本质，不是知识的对象。只有通过专一的爱和坚韧的苦修，才能产生神秘的洞见，进入与上帝合一的神秘体验。它反映了修士们的思辨与情感、玄想与苦行相结合的精神生活，是隐修制度的产物。

波斐利的三个关于共相的问题是什么？

种和属（共相）是真实存在的呢，还是纯粹理智的产物？如果它们是真实存在的，那么它们是有形体的呢，还是无形体的？它们是外在于感性事物，还是存在于感性事物之中？这三个问题是波斐利在给亚里士多德的《范畴篇》所写的引论之中的三个问题，他只给出了问题，没有给出答案，而波爱修的另一个重要贡献就是从本体论和认识论的角度对这个问题发表了自己的看法，而波斐利的这三个问题和波爱修的翻译则导致了中世纪持续数百年之久的共相之争。

爱留根纳如何看待理性与信仰的关系？

信仰高于理性、理性必须服从信仰这一点是所有教父的共识，但是爱留根纳却第一个在基督教内部明确提出信仰应当服从理性。"为了达到真正的、完善的知识，最勤奋、最可靠地探求万物的终极原因的途径就在于希腊人称为哲学的科学之中"。这句话表明了爱留根纳对哲学的态度。但是爱留根纳并不否认教父和《圣经》的权威性，可是《圣经》在他的眼里只能作讽喻的解释，比如将圣父理解为创造的实体，理解为一切事物的本质性，把圣子理解为上帝创造万物所遵从的理智，把圣灵理解为创造的生命或生命力，只有这样才能够将上帝理解成为三位一体。爱留根纳认为理性和启示都是真理的来源，两者具有同样的地位和权威，所以两者是不能互相矛盾的。对于教父哲学"真哲学就是真宗教，真宗教就是真哲学"的命题，爱留根纳重新进行了申述，认为"真正的哲学和真正的宗教是同一个东西"。但是他却将重心放在了理性与哲学的上面，认为如果哲学与宗教、理性与信仰之间出现了矛盾，我们就应当服从理性。"权威产生于真正的理性，而理性并不产生自权威。没有理性确证的权威是软弱的，而真正的理性依靠其内在的威力，不需要任何权威的支持。"这句话是他的观点的最直白的表述。当然作为一个基督徒，爱留根纳的目的并不是否定信仰，而是想要使信仰具有理性，

使信仰与理性取得一致。

爱留根纳认为上帝与自然是什么关系？

《论自然的区分》是爱留根纳的代表作，也是他全部哲学思想的核心。在书的一开始，爱留根纳就系统地阐述了他的"自然"观。"自然是一般名称，指的是全体存在的和不存在的"，是"心灵所能了解的或者超越心灵力量所能及的全部事物"。爱留根纳所指的自然是一切实在的总和，是一个最广泛的概念，为了进一步解释自然的区分，爱留根纳将自然分为了四个形式：创造而非被创造的自然，它包括存在和不存在的一切的原因，也就是上帝；被创造又能创造的自然，它是众多的创造的原因，也就是存在于上帝之中的所有理念，统一起来就是逻各斯；被创造而不能创造的自然，它是由于在时间和空间中产生出来而被认识的，也就是世界上的万事万物，是上帝理念的表现；不创造又不被创造的自然，作为一切事物的终极目的，仍然还是上帝。最后的结论就是万物产生于上帝，又复归于上帝，上帝创造万物就是说上帝存在于万物之中，是一切物质存在的本质。"如果我们了解到上帝创造了万物，我们肯定是将这理解为上帝现存于外物之中，也就是说，上帝是一切存在的本质"。

为什么安瑟伦会被视为"最后一个教父与第一个经院哲学家？"

在安瑟伦看来，经院哲学家的任务就是在坚决信仰教义的前提下，为教义提供可以理解的证明。但是，在为教义作理论上的论证过程之中，理性的结论是否

应当被接受，必须以是否和教权相符合做为标准；对于理性不能给予合理论证的教义，就应当虔诚地崇敬信仰，求助于"天启"。安瑟伦的理论不但维护了信仰的至高地位，而且保证了哲学思辨的权利，从而确立了早期经院哲学的基本原则和基本内容，所以他被称为"最后一个教父和第一个经院哲学家"。

贝伦伽里为什么会惹怒正统教会？

1049年，贝伦伽里在自己的代表作《论圣餐》之中，批评了教会和唯实论者关于圣餐仪式中"实体转化"的观点。他认为人们在圣餐中所吃的是面包，喝的是酒，并不是教会所说的那样是转化了的基督血肉的共相或实体。这个圣礼根本就是精神上的象征意义。因为基督早就已经升入了天国，那么他的身体怎么可能会降临在圣餐席上呢？即使是退一步说，基督能够降临，那么他的大如巨塔的身体，也一定早就被这么多人吃得一点都不剩了，所以实体转化是错误的。

贝伦伽里的观点从根本上惹恼了正统的教会人士，他被押进大教堂进行审判，教籍也被革除，著作也被烧毁，但是他的学说却在罗瑟林的手中进一步发展。

罗瑟林的个别与一般的观点是什么？

罗瑟林认为只有个别事物才是客观实在的东西，一般或共相只能够代表许多个别事物的空洞的"记号、词、名称"，根本就不是客观的存在。打个比方来说，存在的只是个别的人，而人类只不过是代表一般的名和词，甚至连真正的理性概念都不是。因为如果离开这个人、那个人或具体的动物，根本就不

能设想"人类"、"动物"。存在的只是具有一定属性的具体的实物，而不是作为独立本质的这些属性。罗瑟林认为共相只不过是"一阵风"，是"声音"，是"空气的振动"。对于罗瑟林的观点是否完全准确我们无法作出评判，但是可以确定的是他的基本思想就是一般没有客观实在性。罗瑟林本人也因为只承认个别的实在性而完全否认一般的实在性而被认为是极端唯名论。

阿伯拉尔的怀疑思想有什么重要意义？

作为一名经院哲学家，阿伯拉尔也是主观上试图通过"合理的论证"来巩固信仰，但是他反对盲目信仰，主张首先要用理性来检查信仰，以避免盲目性。"在教会的教父们的无数著作中有不少表面上的矛盾甚至难解之处。我们崇拜他们的权威不应该使自己追求真理的努力停滞不前"。他提出了"理解而后信仰"的观点，他反对盲目崇拜宗教权威，认为除了圣经的作者之外，包括使徒和教父在内都可能会犯错误，他认为我们应该经常怀疑，"在学问上最好的解决问题的方法就是坚持经常的怀疑。……由于怀疑，我们就验证，由于验证，我们就获得真理"。从怀疑权威出发，依据理性进行研究，最后达到真理，这开创了后来以笛卡尔等人为代表的近代法国怀疑精神的先河。

阿伯拉尔的辩证法思想是什么？

阿伯拉尔用理性、怀疑检查信仰的观点是和他在神学之中运用"辩证法"，也就是经院哲学的逻辑学的主张结合在一起的。他认为，除圣经外，

"辩证法"是通向真理的唯一道路；逻辑学是一门神圣的基督教科学。阿伯拉尔的《是与否》就是运用这种逻辑学方法检查信仰的典范著作。他首先将需要讨论的问题确定下来，然后摆出不同教父们对这同一问题的对立的观点，使之处于相互冲突的地位；但他自己并不解决矛盾，得出自己的结论，只是提出一些讨论和研究各种各样的"是与否"或"赞成与反对"的意见的一般原则，让读者自己去解决问题。他所提出来讨论的论题都是涉及天主教信仰的一些基本问题，如人类的信仰是否应当根据理智，上帝是否存在，上帝是否为实体等。对于这些问题，阿伯拉尔都没有给出结论，但是他对于人们大胆运用理性方面，起了明显的引导作用。

什么是概念论？

阿伯拉尔认为一般不是空洞的名称或记号，而是人类思维通过抽象而形成的许多个别事物的某种相似性或共同性的概念，而词则是用以表达或标志这类概念的。比如说"人类"作为一个一般或共相，在罗瑟林看来这是代表许多个别的人的词或名称，其他什么都不是；而在阿伯拉尔认为，"人类"不但是一个词，而且是人心中用以表示人的相似性或共同性的一般 概念。这就是阿伯拉尔的观点被称为概念论的原因。他不但批判了实在论者认为一般先于个别而独立存在的观点，而且也否定了老师罗瑟林的极端唯名论。

伊本·路西德的主要观点是什么？

以亚里士多德的学说为基点，伊本·路西德认为物质世界在时间上是无始无终的，但是在空间上却是有限的。他坚决反对世界是真主从"无"中创造出来的神学教条，极力从理论上排除可能导致这一公式的各种途径。在他的眼中，物质是永恒的，过去和将来都是这样，它是不可创造的和不可毁灭的，它所有能做的只是改变自己的形态。真主的神意不直接干涉事物，自然界没有奇迹，也不存在真主的启示，所以祷告是不需要的和无用的，人类应当依靠自己的积极性，正确地认识自然规律。伊本·路西德将理性分为普遍理性和个别理性，他认为普遍理性是永恒的，是人类生活得以延续的表现，但个别理性只是暂时的，与个体一同存在，从理性的观点出发，他否定了人灵魂不死、死后复活、来世报应等说法，斥责了奇迹和宗教暴政；认为人除了在这个世界上所能得到的幸福，没有任何别的幸福，而真正的幸福不是神秘的出神状态和死者复活后的赏赐，而是通过科学对真理的认识。

波纳文图拉的哲学是如何形成的？

波那文图拉承认亚里士多德和奥古斯丁是并驾齐驱的权威，但是他却只是吸取了亚里士多德哲学中的唯心主义成分，理论之中的更多的成分是奥古斯丁和神秘主义。他虽然吸取了亚里士多德哲学的一些观点，但取舍的标准却是不能与奥古斯丁主义发生矛盾。波纳文图拉从奥古斯丁主义立场出发，认为世界是上帝按照理念从无中创造的。他指责亚里士多德在形而上学中抛弃了柏拉图的理念，认为理念就是上帝的思想，是万物的范型，万物是理念的摹本。理念不仅仅是某种纯逻辑的东西，而且是能

动的、某种创造性的东西。波纳文图拉否认创造是永恒的、必然的流溢，认为这种说法在自身包含有矛盾。

波纳文图拉如何看待灵魂与肉体？

关于灵魂和肉体学说，波纳文图拉反对灵肉一体的学说，他认为认为灵魂也是质料与形式的结合，也具有自己的质料，所以也就存在有一种精神性的质料；而肉体也具有自己的形式。所以，灵魂是独立于肉体的，是不死的。万物是上帝的摹本，上帝是借着万物表现出来的，所以人们可以在万物中认识上帝。这是波纳文图拉进一步发挥自己的神秘主义思想而提出的结论。他区分了认识真理的三种方式，即象征的、本义的和神秘的方式。象征的方式是通过理性和心智认识万物。

阿尔伯特的主要贡献是什么？

在哲学史上，阿尔伯特的最主要的贡献就是第一个全面地向西欧人介绍了亚里士多德及其注释者的思想，但是有一点他却做得不够，那就是没有能够有效地利用自己所掌握的丰富资料建立起一个有机的思想体系。他的思想从某种程度上是来说混乱的，并且还掺杂了许多柏拉图主义的成分。这一体系的完成则是由他的学生——托马斯·阿奎那来进行的。

托马斯·阿奎那如何看待哲学与神学的问题？

理性与信仰、哲学与神学的关系问题一直是中世纪经院哲学中争论的问题。托马斯·阿奎那对此问题的观点在本质上同以往的实在论者是一样的，认为理性不能同信仰的真理发生矛盾，理性必须服从于信仰，神学应该高于哲学。但是在形式上，托马斯·阿奎那没有简单地否定理性、感性和世俗的生活等，而是运用亚里士多德的学说，巧妙地论证了信仰高于理性、神学高于哲学的观点。他从阿尔伯特的思想出发，既否定奥古斯丁主义把哲学混同于神学的做法，也否定拉丁阿威罗伊主义把哲学和神学分成两个毫不相干的领域的"双重真理论"，而是试图论证哲学与神学既相互独立又彼此统一的关系。

为什么托马斯·阿奎那认为哲学和神学不同？

托马斯认为哲学和神学是两门不同的科学，具体原因在于：

第一，两者的研究对象不同。

第二，两者研究问题的角度和方法不同。

值得注意的是，对于神学和哲学的关系，托马斯的理论之中有两个重要的前提，第一个就是"对事物，从不同的方面去认识，就可得出不同的学问"，所以我们也不应该禁止用上帝启示的学问去讨论哲学家用理智去认识的理论；第二个就是"虽然超出人类理智的事物，用理智不能求得，但若有上帝的启示，凭信仰就可取得"。

阿奎那是如何论证"神学高于哲学"思想的？

托马斯认为"神学高于哲学，哲学是神学的奴仆"。至于说神学高于哲学，是因为神学探究的对象高于理性探究的外部世界，而神学的目的在于永恒的幸福，并且只有天启的指示才能够不犯错误。启示不仅不和理性矛盾，而且能够使理性更加完善。他认为神圣的学说需要人类的理性来证明，但实际上不是证明信仰的真理，而只是把这个学说提出的其他问题分辨得更加清楚。至于说"哲学是神学的仆从"，托马斯认为，神学是"第一哲学"，"思辨科学的对象，本来就是对于物质和运动的抽象，或对此二者的理解活动。因此，思辨科学按照远离物质和运动的程度划分为不同的学科"。具体地说就是自然学、数学和神学，"第一哲学"是所有科学取得自己原则的基础，所以其他学科都必须跟从"第一哲学"。神学可以分为思辨的神学和实践的神学，神学高于哲学，所以神学能够凭借哲学来发挥，但是不一定非要它不可，而是借它来把自己的义理讲得更清楚些。"因为神学的原理不是从其他科学来的，而是凭启示直接从上帝来的。所以，它不是把其他科学作为它的上级长官而依赖，而是把它们看成它的下级和奴仆来使用：有如主要科学使用附属科学、政治学使用军事学一样"。所以其他科学都是神学的婢女。

理性与信仰之间是什么关系？

信仰和理性之间的关系不仅仅是相互一致，而且还是相辅相成、互相促进，信仰对于理性来说是必要的。信仰可以帮助理性开拓视野，补充和完善哲学真理。而由信仰为哲学和理性提供的服务，哲学又丰富地回报给神学。具体分析就是：

第一，理性可以保障信仰的基础，面对所有的攻击来捍卫神学，因为几乎所有对神学的攻击都是来自自然理性，为神学所作的辩护也必须从自然理性出发来进行。

第二，理性可以阐明信仰的合理性，证明某些它可以把握的信条。即便是纯粹关于自然事物的知识，对于神学也有很大的用处。

阿奎那如何看待质料与形式？

托马斯认为三种规定适用于一切的存在物，但是质料和形式的规定只适用于有形物体，一切有形物体都是形式与质料的结合。形式是事物的内在作用因，是构成事物性质的原则，而不是事物的外部形象。形式是统一的，每一个实体在一定的时刻只能具有一个形式。形式还是个别的，同一个类的所有个体可以具有同样的形式，绝对不是像柏拉图所说的那样，具有同一个形式。比如说彼得、保罗及约翰都具有人的形式，但并不是同一个形式，而是三个形式，而这三个形式又是同样的形式。纯粹的质料没有独立的存在，质料只有接受形式或曰借助形式才能取得现实的存在。任何由形式和质料结合而成的事物，当形式与质料分离时，就不再现实地存在了。对于精神性的存在具有质料的说法，托马斯极力反对，他认为像灵魂、天使一样的存在都是纯形式，而上帝则是整个世界的形式，是形式的形式。

阿奎那证明上帝存在的出发点是什么？

任何一个基督教徒都非常清楚，上帝的存在这条教义是基督教的基石，托马斯当然也不例外，他认为上帝的本质自身就已经包含了他的存在，所以上帝的存在是毫无疑问的事实，但是从理性的角度来说，这并不是一个不用证明就成立的真理。在托马斯的眼中，想要证明上帝的存在的方法只有两种：从原因推论出结果的

67

先天证明和从结果追溯到原因的后天证明。托马斯·阿奎那接受亚里士多德的观点，认为形而上学虽然也考虑这些问题，但是这些不是形而上学的主题，形而上学的主题应是一般存在。在运用亚里士多德哲学阐述基督教信仰的时候，托马斯·阿奎那把存在区分为一般含义的存在与"创在"，"创在"中包含着实现存在的作为或行动。形而上学者要从各种物上追溯那最完善的"创在"，它是其他一切存在（包括形式）的由来。"创在"即上帝，或称做神。这是托马斯·阿奎那的形而上学的基本出发点。

什么是通向上帝的"五路"？

对于安瑟伦的上帝存在的本体论的证明，托马斯·阿奎那认为这种先天的证明漏洞百出，这种证明试图证明上帝的本质与存在同一，也就是将"上帝是什么"问题的答案作为"上帝存在吗"问题的答案。但是因为上帝本身是我们无法认识的，所以，先天的证明是行不通的，因而我们只能够通过结果，也就是上帝的创造物来证明上帝的存在。他利用亚里士多德和其他哲学家、神学家的观点，提出了关于上帝存在的五个证明。托马斯·阿奎那从自然界和人类社会存在着"运动"、"因果关系"、"偶然事物"、"不完善的事物"以及"宇宙秩序的和谐结构"，推论出必有一位"第一推动者"、"第一原因"、"必然的实体"、"绝对完善的存在"以及"无限完善的创造者"。这就是后人简称的通向上帝的"五路"。

阿奎那如何看待灵魂存在的问题？

托马斯的观点就是灵魂的存在是一个不容置疑事实。他认为一些物体能够和另一些物体区别开的原因就是它们能够自己运动、营养、繁殖、感知及追求等。对于具有这些特性的物体，我们将其称为生物。生物所具有的这些特性只能从其自身的原则产生，但是又不可能从其物体的存在本身得到解释，否则一切物体都将拥有生命，所以生物必定比其他物体拥有更多的东西，而这个东西就是灵魂。托马斯继承了亚里士多德的观点，将灵魂区分为：营养能力，属于单纯的生命，例如植物；感觉能力，属于较高的生命，例如动物；追求能力，指的是动物本能的追求；运动能力，指的是动物任意的空间运动；理性能力，指的是仅仅为人所具有的思维和自由意欲的纯精神能力，总共五种能力。人是唯一同时具有这五种能力的生物，但是这并不是说，人同时具有五种形式，而只是人具有的理性灵魂作为高级的形式包含了其他低级的形式在自身之内，所以五种灵魂力量之中，最完美的就是理性。

什么是温和的唯实论？

托马斯·阿奎那从神学世界观的基础与形式和质料的学说出发，探讨了一般和个别事物的关系问题。他继承和发扬了阿尔伯特提出的共相有三种存在形式的学说。他认为共相的最高存在方式是作为上帝造物的原型而内在于上帝之中；共相的第二种存在方式是作为人对个别事物的抽象概念，存在于人的心灵之中。共相最低级的存在方式，是作为上帝所创造的个别事物的本质，存在于具体事物之中。所以，托马斯·阿奎那认为共相既独立存在于事物之前，又存在于事物之中和事物之后，这种观点就是他的温和唯实论。

阿奎那是如何区分德性的？

在上帝是最终目的的基础之上，托马斯进一步提出，将德性分为实践的德性、理智的德性和神性的德性，前两者统属于自然的、世俗的道德，后者属于超自然的、神学的道德。他认为，实践的德性和理智的德性相结合就能使人达到德性的完善，获得审慎、节制、刚毅和正义的美德。神性的德性就是对上帝的热爱、信仰和服从，它不能靠理性能力获得，而必须依靠上帝的启示和恩典。他认为自然的道德生活能够让人得到尘世的幸福，但这种幸福是暂时的、虚幻的，只有神性的德性生活，才能使人获得永恒的、真正的幸福，也就是来世的天国幸福。在他看来，幸福不是美德本身，而是美德的最终报酬，它在本质上是对人类本性能力以外的上帝抱有无限的希望。

阿奎那哲学在哲学史上占据着什么样的重要地位？

托马斯·阿奎那的整个庞大体系涉及了各个思想领域，它是西欧封建社会达到全盛条件下的产物，是正统经院哲学发展的最高成就和典型形式。托马斯·阿奎那以大胆创新的精神，弃用奥古斯丁采用的柏拉图主义同时吸收亚里士多德和其他非基督教思想，为基督教建立了一个百科全书式的哲学体系，确立了亚里士多德主义在教会神学中的地位，挽救了早期经院哲学的危机。实际上，在托马斯·阿奎那的哲学刚开始产生的时候，他的某些论点还因为得不到某些正统人士的理解而受到过谴责，但是没有多长时间，他的观点就受到教会最高当局的赏识，被推崇为天主教会唯一正统的哲学，成了教会维护正统信仰、对付各种异端思潮的最有力的思想武器。13世纪以后，托马斯·阿奎那的思想体系一直是封建社会思想领域占统治地位的官方哲学。

培根是如何指责托马斯·阿奎那的？

培根和托马斯是同一时代的人，他也是托马斯理论的坚决反对者，他的哲学矛头直指院哲学完全抛弃科学和经验、只是强调烦琐空洞的推理的思想方法。对于托马斯的指责主要有三个方面，第一，虽然托马斯写了许多关于亚里士多德的著作，但是他根本就看不懂希腊文，甚至他还认为包括圣经的翻译在内的过去的许多翻译都应该全部烧掉，所以哲学的首要任务不是讨论逻辑学和拉丁文法，而是学习希伯莱文、希腊文和阿拉伯文；第二，培根认为数学是一切科学的基础，是极其重要而且有用的，但是托马斯等人却根本就不够重视；第三，托马斯等人将一切问题都归结到权威，通过死板的逻辑演绎来解决，而完全忽视了作为一切科学之源泉的经验。

培根认为如何才能获得认识？

培根指出，"获得认识有两种方法，即通过推理和通过经验"。推理就是理性，而经验则被培根分成了两种：外部经验和内部经验。经由我们的外部感官获得的，包括直接的经验、借助人有目的地制造工具而获得的经验和来自他人的经验被称为"自然的经验"，也被称为外部经验。但是培根认为外部经验不足以充分的认识事物，因为外部经验没有涉及精神方面，所以还需要内部经验的搭配。内部经验主要来自内在的

启发，共分七个阶段：来自"纯粹和科学有关的启发"、"德行"、"圣灵的七种礼物"、"至福"、"精神的感官"、"效益"、"极乐"，这种经验他也将之称为"用艺术帮助自然"。

司各脱的哲学立场是什么？

因为托马斯主义日渐占据统治地位，坚守奥古斯丁主义的弗兰西斯教派一度遭受了严重的打击，因此在教派之中出现了排斥理性以纯洁信仰的观点，而司各脱用理论的形式将这种思想表述出来，所以以司各脱所代表的晚期弗兰西斯教派被称为司各脱主义。教会屡次打压阿威罗伊主义和罗吉尔·培根的思想，但是这没有能够削弱反教会正统思想的运动。从13世纪末期开始，经院哲学内部的反对派——唯名论思潮再次兴起，和托马斯派的正统经院哲学实在论展开了更加激烈的斗争。后期的唯名论有着自己的新特点：在政治上表现了鲜明的反对教权、拥护王权的市民倾向；在哲学上具有明确的唯物主义和经验论的倾向。司各脱和奥卡姆就是其中的代表人物。

邓斯·司各脱对托马斯的批判比较温和，但是他却为奥卡姆的激进批判奠定了基础，他虽然没有完全摆脱经院哲学，但在阐述和论证其理论体系的时候，却表现出唯物主义倾向，在不自觉之间动摇了传统的宗教信仰，为后来的哲学家们推翻经院哲学的体系奠定了基础。

奥卡姆是怎样反驳科学不是虚无的？

威廉·奥卡姆的观点和早期唯名论的观点不同的是，他认为一般不是思维的虚构或任意的创造，而是起源于感觉经验，作为代替许多相似点的一种记号，它在人的认识中有一定的意义。他认为，人类的全部知识都是从对个别事物的感性知觉开始，思维的头脑从个别事物中抽象出其共同的性质或相似的性质，把这些因素集中起来，从而形成概念或一般，并用某种"符号"来标志它。威廉·奥卡姆认为，科学是由句子组成的，句子中的记号代替具体的和个别的事物，所以不是空虚的东西。

奥卡姆关于教权与王权的理论有什么重要影响？

因为奥卡姆的哲学的出现，唯名论的思想得迅猛增长。14世纪之初，法国就成为唯名论思想的主要阵地。威廉·奥卡姆的追随者在巴黎大学建立了完整的学派，并且和托马斯派的实在论者展开了激烈的斗争，最后导致巴黎大学发布禁令，教皇颁发诏书以反对威廉·奥卡姆。但是所有的禁令都没有使唯名论思想被遏止，反而促使了它的影响与日俱增，进而加速了后期正统经院哲学的解体。

奥卡姆的思想否定了宗教信仰的理性基础，为哲学和科学的独立推开了崭新的门户；他否定了教权至上性，为近代独立的民族国家的形成提供了理论基础；他否定了王权的至上性，完全可以说是近代资产阶级民主革命的先声；他的唯名论不仅打击了实在论，而且动摇了整个经院哲学的基础。

什么是神人合一？

所谓的神人合一就是灵魂返回到自己的原型，返回到上帝，与上帝合一。

为了达到这个目的，灵魂的一个重要步骤就是摆脱一切被创造的东西，返回自身，在自身之中、在内心的最深处，达到自己的原型。艾克哈特称这一过程为"隐遁"。隐遁和佛家的遁入空门有点近似，只是隐遁并不是世俗生活的隐遁，而是心灵的隐遁，是灵魂不为尘世的万千景象所引诱。

艾克哈特关于神和灵魂的思辨思想深刻地影响了后世德国哲学的思辨精神。他将灵魂与上帝的契合纯粹看做个人的事情，看做是内在世界的一个过程，也为即将到来的宗教改革提供了理论基础。谢林、黑格尔及海德格尔等思想家都曾给予艾克哈特的思想以很高的评价。

基督教哲学在哲学史上占据着什么样的地位？

从教父哲学的兴起，到经院哲学的解体，基督教哲学走过了十多个世纪的历程。早期的基督教的排斥理性，但是建立神学体系和争取信徒却逼着基督教哲学家们不得不利用哲学的词句、形式甚至是内容。理性的引入破坏了信仰的"纯洁"，威胁着信仰的生存，这也导致了中世纪基督教哲学始终面临着理性与信仰之间的关系问题。因为试图用理性来保证信仰，进而在根本上承认了理性的优势。晚期经院学者主张理性不能保证信仰，企图纯洁信仰，但信仰和理性的分离又削弱了信仰，动摇了经院哲学的立身之本，最终造成了信仰的崩溃和理性的解放。虽然基督教哲学在本质上是为信仰服务的，但它说到底依然是理性的活动，基督教哲学在神学的框架下研究了无限与有限、绝对与相对、一般与个别等一系列哲学问题，深化了人们的认识，以曲折的、艰难的方式延续了人类理性思维的传统，填补了西方哲学发展史上的一段空白。

以基督教哲学为绝对主体的中世纪哲学，是西方文化发展的一个有机组成部分，它将欧洲各野蛮民族相继纳入西方文明的轨道，扩展了文明世界的领域，为近代西方的兴盛打下了基础。唯实论和唯名论的长期争辩是近代理性论和经验论的思想来源之一。经院哲学晚期出现的重视自然、重视实验的思想更是近代哲学、科学的直接先驱。对于基督教哲学家们的功劳，我们不能够否认，但是随着社会经济的发展和人们思维的拓展，经院哲学那种抽象烦琐空洞无物的理性主义越来越让人难以忍受，所以只要一遇到机会，就会有人从对立的角度去论证，晚期哲学唯名论的盛行和文艺复兴时期的人们诉诸于感性的哲学都是因为中世纪的人们内心孕育的对人、对自然的强烈兴趣。

后世如何评价马基雅维利与《君主论》？

也许在人类的思想史之上，绝对不会有像马基雅维利一样受到过那样尖锐的称赞与诋毁，近5个世纪的时间，马基雅维利这个名字一直都是和阴险狡诈、口是心非、背信弃义、残暴无情联系在一起。而导致这一切的原因就是他的伟大著作——《君主论》，马克思这样评价马基雅维利：马基雅维里使"政治的理论观点摆脱了道德"，而把"权力"作为法的基础。

《君主论》是马基雅维利对意大利几百年的政治实践与激烈革命的一个

总结，也是他从政十多年经验教训的理论结晶。面对意大利长期政治分裂造成的内忧外患，和许多爱国人士一样，马基雅维利认为只有建立起一个统一的集权政治，才能使国家真正的强大。虽然马基雅维利非常向往共和制，但是他同样崇尚君主集权的统治。马基雅维利认为，一切的事情，目的才是最为重要的，而手段只是独立于道德规范之外，可以独立研究的技术性问题。只要有利于目标的实现，那些强暴狡诈、背信弃义的卑劣手段都是可取的。

从《君主论》面世之后，整个世界的政治思想和学术领域都发生了极大的震动。它一直是政治家、谋略家及野心家关注的焦点，墨索里尼曾经公开称赞马基雅维利，拿破仑睡觉的时候会将《君主论》放在枕头下面，希特勒和斯大林也有着类似的故事。在饱受赞誉的同时，《君主论》也承受着猛烈的攻击，一直到20世纪后期，它才被公正、科学地对待，《君主论》被称赞为影响世界的十大名著之一，是人类有史以来对政治斗争技巧的最独到、最精辟、最诚实的"验尸报告"。

什么是"沉思"？

"沉思"是费奇诺哲学的一个基本概念，所谓的"沉思"就是一种直接的精神体验，在沉思之中，灵魂与肉体、与外界的一切事物脱离开来回到自身，深入到自己的内在本质。沉思不仅是形而上学思辨的基础，而且还是真正的道德生活的唯一源泉。当我们回到内在的精神生活之中的时候，我们就能够避开罪恶，避开命运的干扰，只是服从于纯粹的认识和良知。所以说沉思是一切人

追求的目标，是达到真善美统一的唯一道路。

什么是"因信称义"？

关于灵魂如何获救是基督教的中心教义，也是基督新教改革的核心问题。《圣经》之中说："义人必因信而得生。"根据这句话，路德在《基督徒的自由》这篇文章之中，全面、系统地论述了自己的"因信称义"学说。

所谓的"因信称义"就是指人的灵魂得救不在于教会，也不在于"事功"，只在于个人的内心信仰。只有信仰才是获救的必要条件，"事功"只是信仰的结果。路德认为"人有一个双重的本性：心灵的本性和肉体的本性"。如果从心灵的本性的角度看，人可以称作是属灵的、内心的人，是自由的，如果从肉体的本性的角度看，人应该被称作属血肉的、外在的人，是受约束的，所以说，外在的东西并不影响灵魂的属性。虽然路德认为灵魂的得救不在于事功，但是他并没有绝对地否认事功，他认为："我们凭借信仰基督所有除去的，并不是'事功'，而是对于'事功'的迷信，是那种想要凭借'事功'获得赎罪的愚蠢想法。"事功只需要做到足以抑制情欲的程度就行，至于童身和守贫等禁欲主义都是没有必要的存在。

在中世纪的欧洲，教会提出有罪之人只有通过教士的中介作用才能够获救，教皇是上帝在人间的代理人，以教皇为首的教会人士被称为"属灵等级"，他们比一般信徒组成的"世俗等级"要高。但是路德认为，只要诚心信仰，每个人都能够成为"属灵等级"。所以他认为，只有圣经才是永远都不会错误的。

加尔文的思想有什么重要意义？

加尔文在某些方面和路德宗有着相同的神学思想，比如圣经是基督教信仰的唯一根据和权威，认为人类在亚当堕落之后，完全败坏，失去意志自由；主张因信称义，不能靠行为得救等。但是加尔文却将宇宙中的一切都归之与上帝永远不更改的先定。上帝预先安排好了对人的拯救，谁将得到拯救谁将被遗弃，取决与上帝预先的拣选，这是上帝的恩典，是无条件的秘而不宣的，并且不以人的善恶功罪为转移，所以说个人得救是上帝预先的拣选，早已注定，个人的功德和教会的存在都不能改变上帝的先定。个人事业的成功只是表明实现了上帝所赋予的先定使命。加尔文的信条适合当时资产阶级中最勇敢的一批人的要求，他的先定说是在商业竞争之中，成功和失败不取决于个人的活动与才智，而是取决于不受他支配的情况在宗教之中的反映。对于宗教改革的本质，马克思给出了这样的评价：“路德战胜了信奉神的奴役制，因为他用信仰的奴役制取代了它，他破除了人们对权威的信仰，但是却为人们树立了对信仰的权威。僧侣被他变成俗人，俗人被他变成僧侣，他把肉体从锁链中解放，却又为人类套上心灵的枷锁。”这种评价同样使用于加尔文。

尼古拉的哲学观点是什么？

有限的人类理智如何认识和把握无限的真理即上帝是尼古拉哲学的核心问题，在这个问题之上，他继承了古希腊毕达哥拉斯主义、新柏拉图主义以及中世纪神秘主义的一些思想，发挥了人文主义精神，概括了当时数学和自然科学的研究成果，提出了一个具有泛神论色彩的哲学体系。其中最为重要的就是他关于上帝是“极大”、是“对立面的一致”，认识是“有学问的无知”的思想。

布罗诺哲学研究的课题是什么？

对于受到经院哲学歪曲的亚里士多德哲学，布鲁诺表现了极大的反感，他为最好的哲学派别下了定义：“它以最方便、最高尚的方式表现人类理智的完善，并最符合自然的真理，它尽可能地与自然合作，推测……或判明规律，并改造风尚；它进行治疗或进行认识是为了生活更加幸福、更加神圣。”从中可以看出，布鲁诺将关于自然事物的原因、本原和统一性的问题作为自己哲学研究的主要课题。

为什么说布鲁诺的哲学是比较彻底的泛神论？

作为原因的世界理智是作为形式本原的世界灵魂的一种能力，而作为形式的世界灵魂又内在于作为物质本原的宇宙之中。所以，作用因、形式因、质料因完美地结合在一起，这个作为囊括一切的统一体的宇宙也就是“太一”。这个“太一”，布鲁诺有时候将其称为“神”，但是这只是一种称呼，没有人格也不是宇宙的主宰，所以布鲁诺的哲学被视为是相对比较彻底的泛神论。

自然的真理与双重真理论有什么区别？

布鲁诺只承认人类理智所揭示的“自然的真理”，坚决反对“双重真理论”。自然下降而生育万物与理智上升而认识自然真理所遵循的是同一条道路。前

者是由统一性展开成为无限多的个体，后者则是由无限多的个体上升到统一。换句话说就是认识是从具体事物开始的。

培根的哲学观点是什么？

培根的哲学思想与他的社会地位有着密切的关系，他代表着资产阶级上升时期，主要主张发展生产，渴望探索自然，要求发展科学，对于阻碍科学发展的经院哲学，他极力反对，提出了"真理是时间的女儿而不是权威的女儿"。培根哲学的最终目的就是要实现科学的伟大复兴，推进知识的发展，使人们能够按照自然的本来面目去认识自然，并且支配和利用自然，为人类自身谋福利。他所提出的"知识就是力量"的口号，简练地概括了时代的精神，他提出的经验论对英国经验论的形成和发展奠定了基础。培根的科学方法观以实验定性和归纳为主。他从唯物论立场出发，指出科学的任务在于认识自然界及其规律，但是因为受到时代的局限，他的世界观还具有朴素唯物论和形而上学的特点。

什么是四假相说？

在对经院哲学否定的基础之上，培根深入地分析了传统科学观赖以生存的心理根源和社会根源，提出了著名的"四假相"说。所谓假相就是妨碍人们认识自然真理的幻想和偏见。他根据这些错误的不同来源将假相分为四类：

第一类，"族类的假相"。

族类的假相，就是指人性的缺陷，也就是人类在认识事物的时候，总是以自己的主观感觉为尺度，而不是以宇宙本身为尺度，从而陷入主观主义，歪曲事物的真相。

第二类，"洞穴的假相"。

洞穴的假相是指个体差别造成的缺陷，也就是因为个人的天性不同，每个人所受的教育不同，而形成的个人的偏见，它就好像每个人都有自己所处的"洞穴"，和坐井观天有些类似。

第三类，"市场的假相"。

市场的假相是指语言交往之中产生的误解，也就是人们在相互交往中，由于用词的错误和混乱而造成的假相。

第四类，"剧场的假相"。

剧场的迹象是指各种哲学体系以及流行理论造成的错误，也就是即人们盲目崇拜各种传统的哲学体系和错误的证明法则，并将其移入人的心中而造成的偏见。如果人们误将哲学家精心制造的理论体系当成了现实，就会陷入"剧场假相"。

培根的自然哲学有什么重要意义？

培根作为英国唯物主义的始祖，他认为，自然哲学才是真正的哲学，他一直都在试图恢复自然作为科学研究对象的合法地位，建立以"形式"为核心的唯物主义自然观。培根的自然哲学具有非常明显的过渡性质，因为时代的限制导致他缺乏足够的科学知识，尤其是当时最为新颖的数学和物理学知识，所以培根的自然哲学的思想主要来源于古希腊哲学。作为经院哲学最大的权威的亚里士多德是培根的主要批判对象，但是他的自然哲学从概念到内容都从亚里士多德的"四因说"之中汲取了许多营养。所有这些情况综合在一起导致了培根的自然哲学思想缺少机械论色彩而具有朴素辩证法的性质。

培根的自然哲学相对来说庞杂而且不成体系，在和旧哲学决裂的同时也不可避免地承袭了许多旧哲学的东西，并且具有神学上的不彻底性，这主要表现在他否定哥白尼的学说，不知道近代解剖学的先驱维萨留斯的成绩。

培根如何看待存在的真理与知识的真理？

培根是一个经验论者，这一点是毫无疑问的，因为他主张主张一切知识都起源于经验，"人们若非发狂，一切自然的知识都应当求之于感官"。但是同时他也意识到了感觉经验的局限性，主张将经验与理性结合起来。培根认为，科学认识的对象是自然，认识的目的在于发现自然事物的"形式"也就是规律，而人们对于自然事物及其规律的认识在实质上是对客观存在的"世界模型"的"模仿"。所以，"知识就是存在的表象"，存在的真理和知识的真理是一个东西，两者的不同只不过和实在的光线与反射的光线的不同一样。

什么是经验归纳法？

在培根看来，2500年以来科学几乎都没有什么进步的原因之一，就是因为缺少正确的方法。培根在批判经院哲学的逻辑和方法的时候，将亚里士多德的逻辑、中世纪逻辑和经院哲学全部都加以排斥，认为它们都已经陈旧，必须用新的逻辑和方法论取代，而这种方法就是经验归纳法。

笛卡尔是在什么样背景下形成自己的哲学的？

当笛卡尔开始接触哲学的时候，正好是经院哲学一片颓势，自然科学迅速发展的时期。在这种背景之下，笛卡尔选择了用怀疑的方式，去寻找不证自明、无可置疑的东西。他在近代哲学中第一个将几何学方法引入哲学，将"我思故我在"作为形而上学的第一原理，以主体性原则为近代哲学奠定了基础，确定了方向，所以笛卡尔的理论学说可以称得上是哲学的革命。如果学笛卡尔的哲学体系是一颗大树，那么它的树根就是形而上学，树干就是物理学，树枝就是其他的科学（主要是医学、机械学和伦理学）。我们将从三个方面来讨论笛卡尔哲学，它们分别是"方法论"、"形而上学"和"物理学"。

笛卡尔为什么会提出方法论原则？

与培根一样，笛卡尔也是从方法论方面开始创新的。在笛卡尔看来，哲学（形而上学）就应该是一切科学知识的基础，但是实际上这个基础却是极其不稳定的，所以笛卡尔就想要重建哲学的基础，而这个关键就在于科学的方法。经过反复考察，笛卡尔发现了数学。数学的特征是，当它确定了初始原理之后，从这一原理就可以演绎地系统地得出所有其他的原理，如果初始原理是真实可靠的，那么整个知识体系也一定是真实可靠的。于是笛卡尔就开始考虑创立一种包含几何学和形式逻辑这两门科学的优点同时又能够避免两者的缺点的新方法，也就是推理严密又能获得新的知识，于是他就首先确立了方法论的原则。

什么是理性演绎法？

笛卡尔认为，既然哲学是一切知识的基础，那么哲学就必须是从一个清楚明白、无可置疑的基本原理推演出来的严密的科学体系。所以，笛卡尔以几何学为模型，将演绎法看成是哲学的根本方法。

从整体上来说，笛卡尔的理性演绎法包括了两个部分：直观和演绎。所谓的"直观"就是"理智直观"，它既不是感性直观也不是神秘的直觉，而是一个清晰而周详的心灵的无可置疑的概念，只是由理性之光突然而出；它比演绎本身更确实可靠，因为它简单，虽然演绎也不可能被我们错误地使用。所谓的"演绎"就是从业已确知的基本原理出发而进行的带有必然性的推理。所以说，理智直观的作用就是为演绎提供进行推理的基本原理，演绎就从这些基本原理出发，形成一个具有普遍必然性的推理过程，最终形成科学知识的体系。

笛卡尔的天赋观念论是什么？

"天赋观念"是笛卡尔哲学甚至是唯理论哲学的基础。笛卡尔认为科学必须是从清楚明白、不容置疑的基本原理推演而来的科学体系，所以很明显，这些基本原理不可能来源于感觉经验，因此只能够是天生的天赋观念。笛卡尔认为感觉经验是靠不住的，比如用蜡烛做例子，蜡烛原本是圆柱形的，但是靠近火焰的时候颜色和形状却都发生了变化，同样的物体，前后感觉不一样，所以说只有理智才能够认识事物的本质。笛卡尔的"天赋观念论"包括天赋观念直接呈现说、天赋观念潜在发现说和天赋能力潜存说。

什么是天赋观念潜在发现说？

天赋观念潜在发现说认为天赋观念是潜存在我们心中的，需要学习和训练才能把它们从其他观念的掩蔽和混杂中发现出来。在笛卡尔看来，天赋观念实际上是一种潜存的能力，如果经验诱发它就能产生出这种观念。"产生观念的能力"、"思维的能力"并不是实在地存在而是潜在地存在着的。笛卡尔将这种潜在的能力、机能看做是某种倾向或禀赋。他在这里并不完全排除经验，承认经验给我们提供了一个偶因或机缘，使我们的精神根据这种天赋的思维能力形成这些观念。

笛卡尔的形而上学思想有什么重要意义？

笛卡尔在西方哲学史上的最伟大的贡献就是以"我思"也就是主体，作为形而上学的第一原理，并且从此出发来确立了上帝存在和物体存在的原理，所以笛卡尔的形而上学标志着西方哲学的一次重大转折，我们也可以看做是形而上学史上的一次革命。

笛卡尔对哲学的伟大贡献就在于他通过怀疑这种否定性的方式将思想的形式与思想的内容（对象）分开，并且确立了主体的独立地位，将主体作为一切思想或认识的基础。但是，他将这一认识论的反思转化成为本体论的结果，也就是认为我是一个思想实体，却是不合理的。可以说，笛卡尔虽然确立了主体性的原则，但是也造成了心灵与物体、心灵与身体之间的关系问题。

"我思故我在"是形而上学的第一原理，但是这一命题实际上仅仅确定了我在思维，并没有确定任何思维内容的真理性，而要确定思维内容的真理性，还需要关于对上帝存在的证明。

笛卡尔是如何解释"我思故我在"的？

对于"我思故我在"这句话，笛卡

尔这样解释："我们既然这样地排斥了稍可怀疑的一切事物，甚至想象它们是虚妄的，那么我们的确很容易假设，既没有上帝，也没有苍天，也没有物体；也很容易假设我们自己甚至没有手没有脚，最后竟没有身体。不过我们在怀疑这些事物的真实性时，我们却不能同样假设我们是不存在的，因为要想象一种有思想的东西是不存在的，那是一种矛盾。因此，我思故我在的这种知识，才是一个有条有理进行推理的人所体会到的首先的、最确定的知识。"

笛卡尔关于上帝存在的证明有什么特点？

笛卡尔认为，比较完满的东西不可能来自比较不完满的东西，所以说上帝这个代表了圆满的存在的观念，不可能来自于不完满的我，所以它只能来源于一个更加完满的本性。所以，我们只能这样说：有一个比我更加完满的存在将这个观念放进我的心灵之中，而这个完满的存在就是上帝。

笛卡尔关于上帝存在的证明与中世纪的安瑟伦有些类似，但是很明显的一点就是，二元论的立场不仅没有使笛卡尔解决心灵与物体之间的一致性问题，甚至无法确定物质世界及其规律的客观存在，以及我们对它们的认识可能性。

笛卡尔持有什么样的物理学观点？

物理学是笛卡尔哲学的主要组成部分，在"形而上学"之中，笛卡尔通过上帝来确定物质世界的存在，而在"物理学"之中，他这样来说明物质世界的客观实在性：我们的知觉都是由异于我的心灵的一种物象而来的，这个物象不

依我的心灵为转移，我们关于物体的观念就起因于我们心外存在的对象，而这个观念和那些对象在各方面都是相似的。笛卡尔在自然哲学的领域的观点也是一种机械唯物论的立场。

笛卡尔认为运动的特性是什么？

笛卡尔认为，"物质的全部花样，或其形式的多样性都依靠于运动"。在笛卡尔的眼中，所谓的运动就是"相对的位移"，换句话说就是，一个物质部分（或物体）由其紧相邻接的物体（或我们认为静止的物体）移近别的物体，而因为物体的本性是广延，所以物体的运动就只能是广延性的分解或组合的位置移动，所以运动永远存在于可动的物体之中，它是可动事物的一种样态，所以它是实体的一种存在方式，而不是实体本身，除了单一的机械运动形式之外没有其他的运动。运动和静止只是物体的两种不同形态，运动和静止不能与运动着和静止着的物体分开，而且产生运动所需要的力和产生静止或阻止运动、中止运动所需要的力是相等的。不过，运动是绝对的、静止是相对的，整个宇宙之中并没有真正静止的点，任何事物，除了在我们的思想中使之固定不变外，都没有固定的位置。

笛卡尔的哲学有什么重要意义？

笛卡尔是整个西方哲学史的一座划时代的丰碑，他用批判性的反思、科学方法和理性精神清理了经院哲学的废墟，重建了形而上学的基础，为近代哲学奠定了基石，开辟了一条不同以往的崭新的道路，缔造了以蓬勃向上的理性主义为核心的新的时代精神，也正是他

提出的天赋观念论为唯理论与经验论围绕认识论问题的争论拉开了序幕。

为什么霍布斯会成为培根的继承人？

霍布斯曾经在培根落难的时候做过他的秘书，所以他的思想深受培根思想的影响，但是他却将逻辑的思维看成是观念的加或减的机械运算，认为几何学和力学是科学思维的理想楷模。他试图用机械运动原理解释人的情感、欲望，并且从中寻求社会动乱和安宁的根源。他提出"自然状态"和国家起源说，认为国家是人们为了遵守"自然法"而订立契约所形成的，是一部人造的机器人，反对君权神授，主张君主专制。他把罗马教皇比作魔王，僧侣比作群鬼，但主张利用"国教"来约束人民，维护"秩序"。

霍布斯的哲学虽然是以经验论为主，但是他同时也吸纳了其他的因素，所以并不是典型的经验论。与培根不同，霍布斯具有丰富的科学知识，曾经和伽利略有多次交流的他依据并且概括了伽利略的机械力学成果，他也受到了笛卡尔哲学的影响，并且非常重视几何学的方法（通常这是唯理论的基本特征），建立了一个典型的机械唯物主义体系。因为经历了英国资产阶级革命时期，本人也在政治方面遭受了打击，所以霍布斯对于政治问题非常关注。他的哲学思想之中，政治哲学是对后世影响最大的。

霍布斯是如何划分理性认识的？

霍布斯属于比较重视理性认识的作用的一类。他将知识为什么存在的归于推理的工作。理性认识被霍布斯划分为三个步骤：第一步，给概念所表示的事物命名并恰当的使用名称；第二步，把一个名称和另一个名称连接起来组成断言和命题；第三步，把一个命题另一个命题连接起来，进行推论直到得出有关问题所属名词的全部结论，这就是科学知识。霍布斯所说的推理活动不是三段论和演绎法，而是计算，只要运用加减的计算活动就能够揭示事物的因果联系，求得科学的知识。霍布斯从推理出发，得出哲学的方法就是分析和综合的结论，"推理就在于组合，分开和分解。所以我们用来发现事物的原因的方法，除了组合法和分解法，或者部分组合法与部分分解法以外，没有什么别的方法。而分解法一般又称为分析方法、组合法又称为综合方法"。

在霍布斯的眼中什么是物体？

霍布斯认为，哲学研究的唯一对象就是物体。对于物体的定义，霍布斯这样说："物体是不依赖于我们思想的东西，与空间的某个部分相合或具有同样的广袤。"所以物体就是客观存在的、具有广延的东西。按照霍布斯的理论，物体就是不依赖于我们的思想而客观存在的东西；它占有空间，能够被人们的感官所感知，或被人们的理性所理解。这种关于物体的定义概括了当时的数学和力学的研究成果，克服了培根物质观的朴素性，是欧洲哲学史上第一个明确的、完整的机械唯物主义的物质概念。

什么是偶性？

偶性是霍布斯哲学的另一个重要范畴。这个范畴是他从亚里士多德的理论之中发展出来的。定于偶性的定义，霍布斯说："某个物体借以在我们心里造成它自身的概念的那种能力。"他认为，偶性不是事物可有可无的性质，而是指事物的一切性质。物体是主体，偶性则是物体的特性。

根据霍布斯的理论，偶性是存在于物体之中，为物体自身所具有；它能作用于我们的心灵，造成观念或概念；我们认识物体，只有通过偶性才能达到，认识了偶性，也就认识了物体。所以当我们说偶性存在于物体之中的时候，他们的关系不是全体与部分。从某种角度上来说，霍布斯的"偶性"概念是一个关系范畴，它标明认识和认识对象之间的关系。霍布斯认为，物体除了广延和形状以外，"其他一切不为一切物体所共有，只为某些物体所特有的偶性，像静、动、颜色、硬之类，则逐渐消灭，为别的偶性所代替"。关于这一点，霍布斯的观点无疑是唯物主义的思想，但是他却将这一特性夸大，偏离了培根关于物质的多样性的辩证法思想，使得培根的唯物论思想变得片面。

霍布斯认为偶性分为哪两类？

根据偶性与物体的关系，霍布斯将偶性划分为两类：

第一类是为一切物体所固有的根本特性，比如广延和形状。这类特性没有变化，也没有消灭，它同物体一样是永恒的。霍布斯将广延看成是同物体不可分割的特性，认为物质与空间是同一的，空间同物体一样，是真实的"存在于心灵之外的"。

第二类是只为某些物体所独有，是物体的非根本的特性，比如颜色、声音、滋味、冷热、动静等。它的特点是既可以产生，也可以消灭。比如说一件黄色物体，染成黑色的，那么黄色就消失了，而过去不存在的黑色则产生了。

什么是自然法？

自然法，就是理性建立起来的道德法则，是衡量善恶的一般标准，所以自然法的学说是真正的和唯一的道德哲学。霍布斯从自我保护的本性出发，推演了许多诸如正义、公道、谦让等自然法则，最终的目的就是"像我们愿意别人对待我们那样对待别人"。用一句话总结就是人类要想确保和平和安全，就必须用"自然法"来约束"自然权利"。

什么是社会契约？

社会契约是个人之间达成的协议，"就好像每个人都对别人说，我放弃我统治自己的权利而把它授予这个人，或者是这个人们的集合，在这种情况下，你也把你的权利授予他，并以类似的方式认可他的行为"。实际上，当人们用自然法来约束自然权利的时候，那已经是权利的互相转让了，我们可以称之为第一次契约行为。但是因为这一次契约行为还没有建立起公共权利，所以和平仍然没有保障，人们并未真正摆脱自然状态，但是现在的契约行为却不同，作为权利的第二次转让也就是第二次订约，每个人都放弃了管理自己的权利，把它授予一个人或一些人所组成的会议，于是就形成了一个统一的公共权利，这样联合在一个人格里的人群就叫做"国家"。

什么是国家？

霍布斯将"国家"定义为：国家的

产生是通过人们相互之间订立契约，把全部权利交付给一个人或一些人组成的会议而实现的。国家的实质就在于，它是担当起大家的人格的一个人格、集中了大家意志的一个意志，掌握了大家所交付的所有权利和力量的一个公共权利；它可以使用大家的力量和工具来谋求他们的和平和公共防御。在形容国家的时候，霍布斯借用了《圣经》之中的巨大海兽"利维坦"来比喻"国家"的威力无比，认为只有它才能保护我们，甚至称之为"有死的上帝"或"人间的上帝"。

霍布斯的政治学有什么重要意义？

霍布斯政治哲学最突出的特点就在于他用社会契约论为专制主义的必要性和合理性作论证。为了维护统治者的绝对权威，霍布斯主张统治者的权力一经建立就不可转让，人民也不能违背契约而收回权力，未经君主同意不得废除君主制，不得废除君主，将统治权转让他人。至于原因，霍布斯认为：契约是由人们相互之间订立的，统治者并不是订约的一方，所以对他来说不存在违约的问题，他不论做什么都是正义的和合法的，他的臣民不能以任何借口不服从统治。实际上，霍布斯的这种理论与当时英国的历史背景是密切相关的，他认为，英国内乱不止就是因为国家的统治权力不够强大。

霍布斯是近代西方哲学史上制定了第一个典型的机械唯物主义哲学体系，首先提出了鲜明的无神论的思想；同时，他也是近代资产阶级社会国家理论的创立者之一。

斯宾诺莎的哲学有什么重要意义？

斯宾诺莎的思想受到笛卡尔哲学的影响非常大，他不仅继承了笛卡尔的哲学精神与方法，还继承了笛卡尔的问题。斯宾诺莎的哲学体系具有浓郁的伦理学色彩，他的哲学的终极目的是达到人生最高的完满境界，也就是道德上的至善。本体论、认识论和伦理学三个部分组成了他的哲学，其中本体论是基础，认识论是手段，伦理学是最高的目的，而他的著作也被他称为"伦理学"。

斯宾诺莎哲学的基本特征是从宇宙整体出发，将实体确立为哲学的基础和核心，通过一元论克服笛卡尔的二元论，以几何学方法来建立完整严密的哲学体系。笛卡尔的机械自然观在斯宾诺莎手中呈现出更加系统的特征，以至于从严格的因果决定论走向了宿命论。

斯宾诺莎的本体论思想是什么？

本体论是所有唯理论哲学家哲学的重要组成部分，并且他们的本体论通常都是关于实体的学说。唯理论的开创者笛卡尔就曾经将实体定义为能自己存在而其存在并不需要别的事物的一种东西，但是他所说的实体——上帝、心灵和物体——与其定义是自相矛盾的，斯宾诺莎则在笛卡尔的基础之上将继续推动唯理论前进，以一元论来消解笛卡尔哲学的矛盾，提出了自己的实体学说。斯宾诺莎的实体学说包括出发点——实体、基础——属性及核心——样式三个方面。

什么是"属性"？

"属性，我理解为由知性看来是构成实体的本质的东西"。这是斯宾诺莎给属性下的定义。所谓"属性"就是实体的本质。如果从实体的本性的角度来看，它的属性是无限的，但是如果从人的认识限度的角度来看，我们只知道实体的两个属性：思维和广延，所以，思想与广延两者是既相互同一，又相互区别而独立存在。

从思想和广延的角度出发，斯宾诺莎认为心灵与身体是同一个体的两个方面，心灵不能决定身体，使之动或静，身体也不能决定心灵使之思想。但是它们是同一物的两面，所以总是一致的。

什么是样式？

"样式，我理解为实体的分殊，也就是在他物内通过他物而被认知的东西"。这是斯宾诺莎给样式所下的定义。他认为宇宙之中只有一个实体，万事万物都是这个实体的特殊表现形式，它们既相互区别又相互联系、互相制约，构成了一个千差万别的统一宇宙。

和实体的自因、无限的、不可分的、永恒的和唯一的相对应，样式是他因、有限的、可分的、暂时的和杂多的。一切都在实体之内，所谓的样式也就是实体的属性的"分殊"，也就是具体存在着的个别事物。所以实体与样式之间是一般与个别、原因与结果之间的关系。斯宾诺莎认为一般性是根本，个别性则是一般性的具体表现，但是两者又是不可分离的，一般性存在于个别性之中，个别性亦存在于一般性之内。对样式的认识方式可以分为两种：就事物本身去认识它；就其在实体之中，从更高的原因、更高的必然性去认识它。从实体的高度去认识事物才是真正的认识，才能认识事物的本质。

斯宾诺莎是如何对知识进行分类的？

知识被斯宾诺莎分成了四类：

"传闻知识"，即由传闻或者由某种任意提出的名称或符号得来的知识；

"泛泛的经验"，即尚未由理智所规定的经验知识；

"推论"，这是由于一件事物的本质从另一件事物推出而得来的知识，这种知识并不必然正确，因为推论有可能出错；

"直观"，即纯粹从一件事物的本质来考察一件事物。

四类知识被斯宾诺莎总结为哪三种？

在《伦理学》之中，他又将这四类知识归结为三种：

第一种是"意见或想象"，包括前两类知识在内。这种知识是没有确定性的，更不能使我们洞见事物的本质。

第二种是"理性知识"，即由推论而得来的知识，如数学知识。

第三种是"直观知识"，这是由神的某一属性的客观本质的正确观念出发，进而达到对事物本质的正确知识。这种知识能够直接把握事物的本质而不会陷入错误，因而是最高的认识。

第一种知识被斯宾诺莎认为是知识是错误的原因。至于后两种知识，他则在笛卡尔的天赋观念的基础之上提出了"真观念"的学说。

什么是真观念？

斯宾诺莎认为"真理本身、事物的客观本质（即思想中的本质）或事物的真观念"三者指的是同一个东西，因此，真观念就是关于事物的本质的真理性认识。至于真观念的特性有三点，分别是："真观念是简单的或由简单的观

念构成的；真观念能表示一物怎样和为什么存在或产生；真观念的客观效果在心灵中，与其对象的形式本身相符合。"斯宾诺莎的实体学说已经说过源于同一个实体的事物与观念是相互独立、同时发生的，所以认识活动是从观念到观念。斯宾诺莎认为："除了真观念外，还有什么更明白更确定的东西足以作真理的标准呢？正如光明之显示其自身并显示黑暗，所以真理即真理自身的标准，又是错误的标准。"

洛克的主要贡献是什么？

洛克是英国经验主义的开创者，他的哲学受到了笛卡尔很大的影响，他自己也说是笛卡尔第一个把他从经院哲学的莫名其妙的谈话方式中拯救了出来，使他对哲学产生了爱好。

洛克在西方哲学史之上的最大的贡献就是建立了近代哲学第一个完整、系统的经验主义认识论体系。但是，洛克的经验论是不彻底的，他承认心外有物的同时，受经验论立场的限制将知识局限在观念范围之内，所以无法证明知识与外部事物是符合一致的，进而陷入了困境。

什么是观念？

观念是感觉和反省在心灵上留下的痕迹。用以表示人的心灵所知觉、所思想的直接对象、材料、基本元素。观念被洛克分为简单观念和复杂观念。

简单观念可以分为由外部事物及其属性直接作用于感官而产生的感觉观念和心灵对自身心理活动的直接反省而产生的反省观念两种。"复杂观念"就是由几个简单观念所组成的观念。

简单观念是如何产生的？

简单观念的产生途径有四种：

第一，只通过一个感官而进入我们心中的，比如如颜色、声音和滋味；

第二，通过两个以上感官进入我们心中的，比如空间和广延、形象、静止及运动等观念；

第三，通过反省得来的，比如知觉观念和意欲观念；

第四，通过感觉和反省两种途径提供给心灵的，比如快乐和愉快，痛苦和不快，力量、存在及统一等。

洛克认为我们的大部分简单观念来源于外部事物及其属性对我们的感官的直接作用，这样就会产生"物体具有什么样的性质和能力可以引起我们的感觉？物体属性的种类和本质是什么？我们的感觉与产生它们的物体属性之间是一种什么样的关系？"之类的问题，为了解决这些问题，洛克提出了事物的两种性质的观念的学说。

复杂观念可以分为几种？

心灵能够以简单观念为材料和基础来构成复杂观念，而构成的能力和作用可以分为三种：

第一，组合作用。理智可以把若干个简单观念结合成为一个复合的观念，这就形成了一切复杂观念。比如美、感激、人、军队及宇宙等。

第二，比较作用。理智可以把两个观念（无论是简单观念和复杂观念）并列起来，同时考察，这就得到了关于它们的关系概念。例如父子、兄弟、上下及因果等。

第三，抽象作用。理智可以把一些观念与其他一切同时存在的观念分离开，就造成了一切概括的观念，由此形成了一般观念。

三种作用对应形成三类复杂观念：样式、实体和关系。

观念之间是什么关系？

洛克认为，观念之间的关系可以分为四种：

第一，同和异。理智在认识时的第一个活动就是知觉它的观念，并且在知觉的范围内来认识各个观念的同一性和差异性，也就是这一个不是那一个，比如方不是圆。

第二，关系。也就是理智对于任何两个观念之间关系的知觉。

第三，共存或必然联系。指的是我们在同一实体中知觉到的共存性或不共存性。

第四，实在的存在。也就是理智对于观念符合于现实的实在的认知，比如上帝是存在的。

洛克认为理智就是根据上述这四种关系来组合知识的。

知识被洛克分为哪三个等级？

观念的不同关系组合形成知识，观念之间的关系不同也导致了知识的清晰程度的不同，进而使知识形成了三个不同的等级，从低到高依次是感觉的知识、证明的知识和直观的知识。

第一，感觉的知识。直接从外界客观事物获得的知识就是感觉知识。

第二，证明的知识。证明的知识是不能直接认知而必须通过一系列中介观念进行推理证明和确认的观念。证明的知识在其推理的每一步中都必须以直观知识为基础。

第三，直观的知识。直观的知识就是理智对于两个观念是否一致的认识，不需要借助于其他的观念，直接就能够觉察到它们的符合不符合。直观知识具有最高的确定性和可靠性，是我们的全部知识的基础。

莱布尼茨的单子论是在什么样的背景下形成的？

莱布尼茨是17世纪末18世纪初德国著名的哲学家和科学家。那个时候的德国在政治经济等方面都要落后于其他西欧各国。作为宗教改革发源地之一德国受到了新教精神的广泛而深刻的影响，但是尖锐的宗教矛盾却导致了1618—1648年持续三十年之久的第一次欧洲战争。虽然欧洲主要国家基本上都参与了这次战争，但是战争却是在德国本土展开，直接导致德国不仅没有形成统一的宗教，却阻碍了德国的统一和经济的发展。

政治经济方面的落后，并没有阻止德国文化的发展，当时的德国和发达的英国、法国及荷兰都非常接近，并且有志之士也积极向先进国家学习，莱布尼茨就是继承和发展了笛卡尔的哲学，他的主要著作都是用法语和拉丁语写成的。

在莱布尼茨开始在哲学家崭露头角的时候，17世纪盛行的机械论自然观的局限性已经出现，经验论与唯理论各自的优缺点也愈加的明朗，他将哲学所面临的问题归结为自由与必然之间的矛盾和不可分的点与连续性之间的矛，并且认为需要重新对质的观念进行解释，在这个基础之上他形成了自己的"单子论"。

莱布尼茨的单子论是如何形成的？

莱布尼茨的单子论是在对以往的实

体论的批判的基础上建立的，他首先面对的是机械论的三大难题：机械论的实体观陷入"不可分的点"与"连续性"之间的矛盾；机械论的实体观无法解释许多经验事实，也不能说明生物的运动变化；机械论的实体观不仅难以说明物质世界的本质，更不能解释感觉现象和思想现象。鉴于机械论的这些难题，莱布尼茨认识到应当放弃单纯从量或广延的角度说明自然事物的观点，而应该从质的角度和能动性的角度，寻求一种单纯的、无形体的永恒实体作为万物的基础。于是他就区分了三种"点"："数学上的点"是不可分的，但是它没有广延，只是抽象思维的产物而没有现实的存在；"物理学的点"具有现实性，不过它是无限可分的，因而不是具有统一性的实体；"形而上学的点"是既现实存在又是真正不可分的实体。这种"形而上学的点"就是"单子"。

作为世界万物本质的实体必须是不可分的单纯性的并且具有统一性，还必须在其自身之内就具有能动性的原则，这样的实体就是"单子"。

为什么巴克莱会说观念的存在就在于被感知？

认识的对象——"观念"和认识的主体是认识之中的两个因素。认识的主体就是某种认识或感知观念的东西，也就是心灵、精神或灵魂。巴克莱和洛克一样认为人类知识的对象就是"观念"，根据来源上的区别，他将观念分为了三种：实实在在由感官印入的观念；由于人心的各种情感和作用而感知的观念；借助于记忆和想象——也就是混合、分解或简单地表现那些由上述方法而认识的原始观念——而形成的观念。这三种观念最后可以总结称为两类：包括前两种的感觉观念和心灵通过组合与分解感觉观念而形成的观念。

不管是哪种观念都只能够存在于能感知的能动实体也就是心灵之中。换句话说，就是认识的对象是观念，观念只存在于心灵之中，它们不可能离开心灵而独立存在，所以观念的存在就在于被感知。

巴克莱是如何论证物是观念的集合的？

巴克莱认为，人们通常认为的存在于心外的自然事物实际上根本只是观念的一个集合。因为人类想要知道事物的存在，只有通过感官而感知它们这一个途径，但是人们所感知的只有观念。实际上我们有两类观念：可以由人们自己的意志使之产生或消灭的想象的观念；由外部原因引起来的感觉的观念。感觉的观念有三个特点：感觉观念十分清晰、明确、固定，不随我们的意志而加以改变；感觉的观念通常形成了某种固定的集合，它们同时出现，同时消失；感觉的观念是稳定的和有秩序的。正因为感觉观念的这些特点，所以人们将它看成是和观念不同的东西，这就是所谓的"事物"。

对于可能出现的人们对自己的唯心主义的批判——如果物是观念的集合，那么就意味着我们吃的、穿的、用的全部都是观念，这样就会导致一切都是虚幻的存在，而没有客观的实在性，巴克莱解释说，他用"观念"而不用"事物"的原因是为了反对心外有物的唯物主义。如果你理解了这个道理，那么使用"事物"这个概念也是可以的，只是应当注意，它们不是独立的存在。巴克莱的真实目的是试图通过使现象客观化的方式来解决心物二元论的难题，由此来克服怀疑主义。

巴克莱如何看待科学与宗教？

巴克莱哲学的最鲜明的特点就是为宗教信仰而服务，最为特别的就是他从分析观念产生的原因来证明上帝的存在。

巴克莱生活的时期是理性和科学逐渐取代宗教占据统治地位时期，想要在在这种情况下维护宗教的权威，巴克莱就必须解决科学与宗教之间的尖锐矛盾，所以他就主动担负起了调和科学与宗教的工作，而他所采取的方法就是给科学划定范围，使科学不能干涉宗教。换句话说就是将科学纳入到唯心主义的范围之内，使之和宗教和平共处。

巴克莱是如何对观念进行分类的？

在之前已经提过，观念被巴克莱分成了两类：由心外的某种原因引起的感觉观念和由人心任意唤起的记忆或想象观念。感觉观念是不依赖于我们的意志，完全由心外的原因引起的，这类观念存在着某种心外的原因。这种观念不可能是由其他观念产生的，因为观念是被动的，它们的存在就在于被感知，所以观念不能成为其他观念的原因，而"物质"也是被动的、无活力的、无感觉的、无思维的，所以"物质"也不可能成为观念的原因。这也证明了观念的原因是一个无形体的、能动的实体或精神，也就是上帝。巴克莱对于上帝存在的这种证明方式非常独特，即使是在整个西方哲学史上都是非常少见的。

巴克莱的哲学有什么重要意义？

巴克莱哲学的突出特点就是从感觉经验出发来证明超感觉经验的上帝，所以如何为它"定性"就成了一个非常重要的问题。通常来说，感觉论的唯心主义应该是主观唯心主义，但是巴克莱哲学的目的从头到尾都是为上帝存在作论证，这就意味着他的唯心主义是一种客观唯心主义，因此人们通常将巴克莱的哲学称为主观唯心主义。

巴克莱认识到近代哲学机械论的局限，并且试图摆脱其二元论的困境的初衷是合理的，但是他从洛克的经验论出发，以非物质论的方式来消解其哲学的矛盾，通过将其中的主观主义因素客观化来贯彻一元论，甚至借此来证明上帝的存在的做法确是非常错误的。

休谟的哲学有什么重要意义？

休谟虽然属于18世纪的哲学家，但是他的著作之中所探讨的题材却和现代哲学的争论有着极大的关系，这一点主要表现在，他在洛克思想的基础之上，主张解决问题的关键在于对"人性"的研究。休谟认为哲学就是研究人性的科学，因为人性乃是一切科学的"首都或心脏"，所有的科学都或直接或间接地与人性有关，在不同程度上依赖于人，所以"在我们没有熟悉这门科学之前，任何问题都不能得到确实的解决"。对于如何研究人性，休谟明确提出："关于人的科学是其他科学的唯一牢固的基础，而我们对这个科学本身所能给予的唯一牢固的基础又必须建立在经验和观察之上"，简单一点说就是休谟贯彻的是经验主义的方法和原则。休谟的哲学是近代史上第一个不可知论的哲学体系，在近现代西方哲学发展中起了很重要的作用。休谟的哲学标志着英国古典经验论推进到极端从而走向了终结，也标志着近代哲学中经验论和唯理论的争论陷入了困境，从而

引发康德走向了批判哲学。休谟的哲学是19世纪广泛传播的实证主义的先驱，也是现代的逻辑经验主义、实用主义及分析哲学等许多流派的重要思想来源。

直觉可以进行什么样的分类？

休谟从洛克的经验论出发，可是却将洛克和巴克莱称之为"观念"的东西改称为"知觉"。休谟认为知觉是知识的基本要素，包括感觉、情感、情绪、思维等所有的意识活动。知觉可以分为"印象"和"观念"两类。两者的差别就是，当它们刺激心灵，进入我们的思想和意志之中的时候，它们的强烈程度和生动程度各不相同。

印象指的是一切比较生动的知觉，包括"听见、看见、触到、爱好、厌恶或欲求时的知觉"，也就是当下所产生的感觉、情感和情绪等生动活泼的知觉，它们是一切思想的来源和材料。印象可以分为感觉印象和反省印象两类，感觉印象是因为我们所不知道的原因产生于心中的，反省印象只是在它们相应的观念之前产生，但却出现在感觉印象之后，而且是由感觉印象得来的。在这一点之上，休谟消除了洛克的将反省与感觉并立为认识的两个来源的矛盾，强调一切知识都最终来源于感觉。

观念是印象在心中的摹本，在记忆和想象中的再现，换种说法就是当理智反省感觉运动的时候，我们所意识到的那些比较不生动、不活跃的知觉。印象最先产生，并且在心里留下一个复本，印象停止以后，复本仍然存在，我们就称这个复本为观念。

根据休谟的理论，除了印象和观念之外，我们的知觉（包括印象或是观念）还存在着简单与复合的区别。简单观念直接摹写简单印象，复合观念则是来自对复合印象的摹写，或者来自对简单观念的排列和组合。总起来就是一切观念或思想最终来源于印象也就是感觉经验。

休谟是如何对知识进行分类的？

人类理智的对象被休谟分成了"观念的关系"和"实际的事情"两类，知识也对应地被分成关于观念的知识和关于事实的知识两类。

关于观念的知识，包括几何、代数及三角等数学知识，是只需要凭借思想就能够发现，不以存在于宇宙中某处的任何事物为依据的。这类知识是只关系到观念自身的关系而与外部事物无关，它们只要和自身相符就是真理，所以是"必然的知识"。

关于事实的知识，包括自然科学、自然哲学及历史学等。这类知识也被称为"或然的知识"，"各种事实的反面仍然是可能产生的，因为它并不会包含任何矛盾，并且能够同样轻易明晰地被心灵设想到，就像那符合实际的情况一样"。比如说"月亮明天将会出来"和"月亮明天将不会出来"都是有可能的。

休谟认为因果知识的来源是什么？

关于因果的知识是从哪里来的，休谟认为因果关系的发现是不可能通过理性，而只能通过经验。比如，没有人能够想象出来，火药的爆炸能够用先验的论证来发现。

如果按照休谟的说法，那么经验是怎么样从过去推断未来、从已知推断未知、从个别推论一般呢？对于这个问题，休谟归纳为两个命题："我曾经见到这样一个表面上相似的事物经常有这样一个结果跟随着"；"我预见到别的表面上相似的事物也会有相似的结果跟随着"。前者是前提后者是结论，但是这两个命题之间没有直接的联系也不能从任何的推理推论出来。

所以说或然的归纳推理在逻辑上是得不到证明的，也就是说归纳推理如何从全体过渡到结论、从个别过渡到一般，也就是归纳的合理性问题，在逻辑上是得不到证明的，这就是休谟百思不得其解、不得不向公众提出来的著名的所谓"归纳问题"，现代西方哲学家称之为"休谟问题"。

休谟给因果关系下了什么样的定义？

根据自己对因果关系的考察，休谟给因果关系下了两个定义：

第一个是从对象方面，从自然界的"齐一律"出发的定义。原因是"先行于、接近于另一个对象的一个对象，而且在这里凡是和前一个对象类似的一切对象都和后一个对象类似的那些对象处在类似的先行关系和接近关系中"。

第二个是从认识方面的角度下的定义。"一个原因是先行于、接近于另一个对象的一个对象，它和另一个对象那样地结合起来，以致一个对象的观念就决定心灵去形成另一个对象的观念，一个对象的印象就决定心灵去形成另一个对象的较为生动的观念"。

总结起来就是，如果从经验的限度的角度来说，因果关系并不是具有客观性的必然联系，而是思想中的习惯性联想的结果。休谟的两种知识理论认为虽然确实存在普遍必然的知识，但是这类知识只局限在观念的范围之内，与广阔的外部世界没有关系，经过长期论证的经验论和唯理论就因为自己的片面性陷入了困境。

什么是三权分立思想？

孟德斯鸠认为："每个国家有三种权力：立法权力；有关国际法事项的行政权力；有关民政法规事项的行政权力。"实际上就是我们通常说的立法权、行政权和司法权。立法权具体体现为制定临时或永久的法律、修正或废止已制定的法律；行政权体现为对外宣战、派遣或接受使节、维护公共安全，防御侵略；司法权表现为惩罚犯罪或裁决私人诉讼。这三种权力必须分开，使它们相互独立，分掌于不同的人、不同的机关手中，使它们相互制约，保持平衡，这样才能建立起政治自由的国家。这实际上就是所谓的"三权分立"原则。在《论法的精神》之中，孟德斯鸠反复强调，以上三种权力必须分开，国家才有政治自由可言，否则君主政体就会蜕变为专制政体。孟德斯鸠的三权分立理论比洛克的思想更加的合理、详细，为法国大革命和资本主义政治制度提供了一份蓝图。

孟德斯鸠如何看待地理环境对于政治与法律的影响？

孟德斯鸠将一个国家的政体、气候、土壤、生活方式、风俗习惯及宗教等因素都纳入了"法的精神"这个概念之中，并且认为一个国家的法律必须与其特殊的法的精神相一致，不能机械地照搬他国的法律。不同的民族的气候、宗教、法律、施政的准则、先例、风俗

及习惯等因素的影响是不同的，这些综合起来产生的结果就是"民族精神"。孟德斯鸠从文化等诸多综合因素入手来考察社会政治制度，尤其强调了地理环境的重要意义。

孟德斯鸠认为，地理环境对于一个民族的性格、风俗、道德和精神面貌及其法律性质和政治制度起着决定性的作用，在所有的地理环境因素之中，孟德斯鸠又特别重视气候的影响作用。通常来说居住在寒带地区的北方人体格健壮，但不大活泼，比较迟钝，对快乐的感受性很低；居住在热带地区的南方人体格纤细，但对快乐的感受性比较敏感，寒带的北方人和热带的南方人的思想情感也有很大的不同。孟德斯鸠的这些思想被统称为"地理环境决定论"。虽然他的观点在当时看来是有很大的积极作用，但是终究是错误的，因为地理环境虽然是人类社会不可缺少的和经常的物质条件之一，但是它既不能决定社会制度的性质，也不能决定社会发展的方向。

伏尔泰的经验论是如何建立的？

伏尔泰对于经验论者洛克非常推崇，甚至认为洛克的哲学已经穷尽了真理，是无法超越的，所以他自己的哲学只是对洛克哲学的阐释和具体发挥。

伏尔泰的经验论是在批判以笛卡尔为代表的形而上学的过程之中建立起来的。他首先批判的就是笛卡尔哲学的核心——"天赋观念论"。他站在经验论的角度，认为最初的观念是我们的感觉，复杂的观念也是从刺激我们感官的东西得来的，观念保存在我们的记忆之中，由我们的大脑对这些观念和知觉再进行加工、组合、整理，进而产生出全部的知识。对于笛卡尔的心身二元论和灵魂不朽的观点，伏尔泰也提出了不同的意见，他认为认为灵魂和肉体是统一的，人们的"感觉和思想的能力与他们的器官一同成长、一同衰退、一同消灭"。

在感觉论的基础之上，伏尔泰提出了一种朴素的唯物主义思想。他认为感觉最基本的含义是接触，而接触的本义就是处决，我们只靠着触觉就能知道物质的观念。很明显，他将触觉作为证明物质世界存在的根本手段，根本不可能合理地说明世界的物质统一性的。

伏尔泰如何看待自然法？

自然法被伏尔泰看成是人为法的基础和根据，认为自然法就蕴含在人性之中。即使是国家不同、历史时期不同、约定的法律、习惯和风尚都在不断变化，但是基于人性的东西是永远都不会改变的。遵守法律的人在任何社会都被称为"君子"，而违背法律的人则被称为"罪犯"，所以说，无论是哪个历史时期、哪个地方，善与恶都对社会有利或者有害，因此必定存在一些自然法则是社会的永恒联系和根本的法律，换句话说就是法律是从自然来的。

伏尔泰的政体思想是什么？

在关于国家政体的问题之上，伏尔泰认为"开明君主制度"是最好的政治制度，他和孟德斯鸠一样将英国的君主立宪制理想化，将其视为一种政治制度的典范。他认为开明君主制度保存了专制政体中有用的部分和一个共和国所必需的部分，制定有完善的宪法和法律，也实行权力分立的制度，能够给予自由和平等以根本的保证。

伏尔泰是整个18世纪法国启蒙运动的泰斗和灵魂，被启蒙思想家们尊称为导师，他漫长的一生几乎跨越了整个启蒙时代，利用他崇高的威望、广泛的社会影响和大无畏的斗争精神，推动着法国启蒙运动的发展并使其影响扩展到整个欧洲。

卢梭的哲学有什么重要意义？

在哲学的发展史之上，卢梭留下的最浓重的一笔就是他的社会政治学说，两个最突出的主题就是"社会不平等的起源和基础"与"克服社会不平等的途径"，从某个角度来说，卢梭是对启蒙运动的自我反思和批判。

卢梭虽然被认为是18世纪法国启蒙运动的重要思想家，但是实际上他和其他的思想家有着极大的不同，他将自然状态与社会状态对立起来，揭示了自然与文明之间、道德与理性之间的深刻矛盾，他的这一思想深深地启发了康德，对于今天也有着同样重要的现实意义。

社会不平等的三个阶段是什么？

卢梭认为人类之中存在的着两种不平等：自然不平等也就是生理上的不平等和社会不平等也就是即精神上或政治上的不平等。社会不平等的发展可以分为三个阶段：第一阶段是法律和私有财产权的设定；第二阶段是官职的设置；第三阶段是合法的权力变成专制的权力。

第一个阶段实际上就是私有制的产生。私有财产的出现导致原来在自然状态下微不足道的自然差异产生了不同的结果，有些人变成了富人，有些人则无法维持生活，穷人和富人的分化就越来越严重，性格的差异也越来越大，富

人想的是保护自己的财产、掠夺和奴役穷人，而穷人则被迫要么接受掠夺要么掠夺富人的命运。于是就产生了暴力和掠夺的关系，而少数的富人认为自己不占据优势，于是就和穷人商量订立了契约，国家由此成立，官职也由此出现，富人对穷人的统治被合法化，不平等由此进入了第三个阶段。穷人和富人订立契约的初始目的是保障社会的安定，但是因为法律使富人的豪夺变成了合法的权利，结果富人获得了新的统治力量。随着政治和法律制度的发展，私人开始拥有了部分的公共权力，合法的权利也慢慢地变成了专制权利，统治者将自己看成是主人，将臣民看成是奴隶，这就是不平等发展的第三阶段。

拉美特利的哲学有什么重要意义？

拉美特利的英年早逝是唯物主义的极大损失，他死后遭受了论敌的攻击和中伤，唯物主义就也被他们污蔑为追求物质享受，以至于后来有许多唯物主义哲学家拒绝接受唯物主义的称号。拉美特利是一位立场非常明确的哲学家，他明确表示哲学存在两大对立的阵营：唯物论和唯灵论，而自己则是坚定的唯物主义。在宗教问题之上，拉美特利激烈地批判宗教神学，为自然神论和无神论辩护。拉美特利从医学和生理学的角度来论证意识与物质的统一性，提出了机械唯物论和无神论的思想，对于法国唯物主义的发展有重要的影响。但是拉美特利的哲学具有明显的18世纪法国唯物主义所固有的机械论的局限。

拉美特利持有什么样的心身观？

拉美特利认为，心身关系的问题是

哲学的根本问题，他围绕着这个根本问题将哲学分成唯物论体系和唯心论体系两大类。唯心论采取的是先天的方法，笛卡尔等人从上帝和精神出发的玄想和空谈，对我们没有任何的好处。唯物论采用的是后天的方法，也就是通过经验和观察从人体的器官中把心灵解剖分析出来。既是医生又是哲学家的拉美特利试图用当时的先进医学知识来论证唯物主义，用生理心理学来说明心灵和身体的关系。他试图通过经验的观察表明心灵的特性明显地依赖于身体的状况。他认为每个人个性特征的不同是因为每个人的体质不同。他还考察了食物对于人的精神和性格的影响。每当用各种富有活力的养料、各种烈酒去喂一喂躯体，就会使心灵勇气倍增。年龄对于心灵也存在必然的影响，因为身体随着年龄变化而变化，心灵随着肉体的进展而进展，年老体衰的时候，心灵也随之衰弱。气候同样能够影响人的精神状态，气候环境的改变会使人感到水土不服。拉美特利的所有证明都是为了说明心灵对于身体的依赖，进而证明心身统一的观点，他的结论是"各式各样的心理状态，是和各种身体状态永远紧密地关联着的"。

拉美特利的无神论思想是什么？

在拉美特利的眼里，"自然界只有一个唯一的物体"，那就是物质。他将物质元素称为"面粉团子"，宣称植物、动物和人都是由它构成的，区别只在于它们是"面粉团子"以不同方式变化而成的。他利用力学解释了物质的特性，认为广延和运动力是物质的根本属性，在这个基础之上，拉美特利强烈的批判了宗教神学。

拉美特利批判了宗教神学强加给唯物主义和无神论的各种罪责，认为哲学是听从自然的，唯物主义作为对自然进行观察和实验的结果，是唯一的真理。历史上没有一个唯物主义者和无神论者是侮辱他人、背叛祖国、煽动战争的坏人。祭司们却盲目地宣称自己的观点是真实可靠的，并且逼迫人们相信它，皈依上帝。一旦到用理性来思考他们的观点的人，卫道士们就使用各种各样的残酷方法来进行迫害。

孔狄亚克持有什么样的感觉论思想？

在感觉论方面，孔狄亚克继承了洛克的思想，认为我们的一切只是和能力都来自感觉，但是与洛克不同的是，孔狄亚克认为观念只有一个来源，至于洛克分别出来的感觉和反省本身就是一种，至于原因，孔狄亚克总结了两点：第一点，反省在原则上只是感觉本身，第二点，反省只是观念借以从感觉导出的途径。

观念被孔狄亚克分为单纯观念和复合观念两种，单纯观念是像"白色"这个观念一样由某一感觉产生的观念。复合观念就是由几个感觉组合而成的观念。一切的观念都是通过感觉形成的，但是第一次得到的感觉却不是观念，因为观念是由心灵通过反省活动而获得的现实的知觉或者是由记忆保存下来的过去的知觉。现实的直觉被称为感性观念，过去的知觉则被称为理性观念。感性观念是知识的来源，理性观念是知识的基础。

孔狄亚克根据机械论的观点认为广延是物体的根本属性，我们只要能够，明确地知道广延，就可以证明外物的存在。但是，我们虽然可以通过感觉确认有外物的存在，但是却不可能认识事物本身：感觉观念"并不能使我们认识事物本身是什么，它们只是就事物与我们的关系来描绘事物，只此一件事情，就可以证明哲学家们试图探究事物的本性实在完全是多余的举止"。孔狄亚克最终还是和洛克一样陷入既承认心外有物，同时又坚持心中只有观念的矛盾之中，走向了不可知论。

爱尔维修的哲学有什么重要意义？

爱尔维修的哲学思想受到的最大的影响是法国启蒙思想家伏尔泰，伏尔泰既是他的老师，也是他的好友。在伏尔泰的指导之下，爱尔维修进一步理解并批判地接受了洛克的经验论。在抨击天主教的教权统治和封建专制制度，建立一个合理的社会的道路之上，爱尔维修的特殊贡献就是：他运用唯物主义的经验论去证明自然，也运用它来说明社会现象，试图建立以人性论为基础的道德学，进而达到打击教会和封建制度的目的。爱尔维修的哲学推动了18世纪法国资产阶级革命运动，也是造成法国19世纪的空想社会主义出现的原因。

什么是肉体感觉论？

和伏尔泰一样，爱尔维修继承和发展的是洛克的唯物主义经验论，但是他却认为不存在笛卡尔所谓的"天赋观念"，也没有洛克所谓的"内省"经验，.所有的知识都是由外部经验引起的；经验首先是通过身体的各个感官产生感觉，所以感觉是一切知识最根本的源泉。他甚至将唯物主义经验论的原则推向了极致，认为一切认识来源于感觉，一切精神能力也应该归结为感觉能力。他点明，精神的全部活动在于我们具有一种可以觉察到不同对象之间的相似之处或相异之处、相合之处或相违之处的能力，这种能力就是肉体的感受性本身。

狄德罗的认识论与方法论思想是什么？

在认识论和方法论的思想方面，狄德罗继承和发展的是培根和洛克的经验论。

狄德罗坚持感官是观念的来源、感觉是对外部世界的反映的唯物论原则。外部对象作用于感官，然后我们形成了感觉、记忆和理智的注意，在我们心灵之中形成观念，而观念是相互联系的，一个观念能够唤醒另一个观念，在此基础上就形成了人的认识和思维活动。狄德罗将巴克莱否认感觉是对外部物质世界的反映的唯心主义比喻成"一架发疯的钢琴，因为它不要人弹奏会自己响"。狄德罗认为，认识不可能是主观自生的，钢琴没有人弹是不会自己响的，认识只能是对客观世界的反映。

霍尔巴赫如何看待自然的整体性？

"自然，从它最广泛的意义来说就是由不同的物质、不同的配合，以及我们在宇宙中所看到的不同的运动的集合而产生的一个大整体"。人因为也是由某些物质配合而成的，按照区别于其他存在物的方式而活动的，所以人也是整体。个别的事物和自然的关系就是部分与整体之间的关系，个别存在于整体之中，依赖于整体，不能离开整体而独立。

自然是一个整体，那么构成自然的物质又是什么呢？霍尔巴赫由此提出了一个有史以来最完善的"物质"定义，

这也是他的伟大功绩之一。他从可知论的原则出发，提出物质就是作用于我们的感官，可以被我们所认识的东西。对于霍尔巴赫提出物质定义的基本思路可以分为两种：从物质的特性来了解物质；从物质作用于我们的感官、在我们身上产生的后果来了解物质。但是实际上，霍尔巴赫对于物质特性的了解仍然停留在机械力学的基础之上，虽然他的理论比17世纪的唯物主义有进步。

霍尔巴赫的哲学思想有什么重要意义？

霍尔巴赫的思想是西方哲学史上的独特章节，他的无神论思想是启蒙运动对宗教批判的巅峰，但是这种批判也存在着理论上的局限性。他们只是意识到了宗教的不良的社会后果，但是却没有认识到宗教的产生具有深刻的社会和历史根源。对于自然存在的诸如地震、火山、海啸等自然异常现象，霍尔巴赫并没有否认，但是却认为这些被人们看成是混乱的东西其实也是必然的，都是自然原因按照一些固定的、自然的普遍本质所规定的法则而活动的。而他没有将这些思想归结到上帝的身上，体现了他的无神论思想。

对于自己的哲学体系，霍尔巴赫将之命名为"宿命论的体系"，并且竭尽全力地为宿命论辩护，认为人的活动都是他固有机械的本质和特性的必然产物以及客观环境作用的必然结果，他的这种思想的后果就是在道德领域彻底否定了人的意志自由。

康德哲学是在什么样的背景下形成的？

康德是在以启蒙主义为主导精神

的近代哲学陷入困境之时登上哲学舞台的，西方哲学从古希腊哲学开始就形成了理性主义，认为只有理性认识才能够真正地知道事实的真相，这种观念在近代哲学时期因为科技的进步而演变成了一种科学主义精神，并且极大地推动了认识论的发展。认识论的关键问题是关于事物的认识究竟是如何产生的，由此形成的知识的普遍必然性或真理性是哪里而来，以及它所适用的范围等。这些问题也是近代哲学的主题之一，围绕着这一主题早期的近代哲学分成了英国经验论和大陆唯理论两大派别。经验论和唯理论因为其本身的片面性导致两者都不能够真正地解决问题，最终在休谟那里走向了怀疑论，哲学在认识论的认识也彻底地走进了死胡同，这也意味着如果不能解决认识论的问题，证明科学知识的必然性，那么作为科学知识基础的理性也会被动摇，理性本身将也会成为问题。除了认识论的问题之外，近代哲学还遭遇了理性与自由之间的矛盾问题，这个问题比认识论的问题更加的严重，近代哲学在自然科学的影响之下形成的是一种机械决定论的自然观，认为人和自然万物一样都必须服从自然法则，唯一的不同就是人更加的精密而已，这也导致了人本身的价值和尊严都成为了重大的问题，于是就有了卢梭对启蒙主义的深刻反思，也为康德哲学的形成起到了促进的作用。

为什么说康德掀起了哲学史上的革命？

康德在批判性地基础之上继承了启蒙主义的基本精神，并且将启蒙主义推向了一个崭新的阶段，康德哲学在哲学史上掀起了一场巨大的革命——哥白尼式的革命。为什么会被称为革命，因为康德扭转了哲学的方向。康德认为，无论是知识问题还是自由问题，两者都与更加重要的形而上学有关，因此这个问题贯穿了他的整个哲学。

为什么康德会从知识的角度开始解决哲学问题？

形而上学是古典哲学的核心，它的中心问题是宇宙万物统一的基础、本质和根据，所以它也被看成是解决一切哲学问题的基础和前提，甚至被视为是"科学的科学"，但是在理性主义占据着绝对优势的近代哲学时期，哲学家们却无法从形而上学之中找到半点的科学知识的特征，并且形而上学形成的科学世界观在促进自然科学的进步和发展的同时也将我们带进了随时可能失去自由和泯灭人性的困境之中。罗素将这个问题总结为"在一个严格遵守自然法则的世界上，人究竟有没有自由，有没有独立的价值和尊严"，而因为这些问题都和知识有关，所以康德就从知识的角度来着手。

康德是如何划分理性的认识能力的？

康德在《纯粹理性批判》一书之中将考察理性认识能力的部分分为研究感性的先天认识形式的"先验感性论"与可以分为"先验分析论"和"先验辩证论"的"先验逻辑"。"先验分析论"，讨论的是"真理的逻辑"，研究知性范畴对于经验的立法作用；"先验辩证论"，讨论的是"幻相的逻辑"，研究理性之理念超越经验的界限所造成的先验幻相。

什么是先验分析论？

"先验分析论"也就是研究知性的先天认识形式的理论。

对于知识来说，只有感性直观形式是不足的，还必须有知性的参与才能构成知识。感性的作用是接受经验质料，知性的作用则是对这些经验质料进行综合统一以构成知识，所以感性的特点是接受性，而知性的特点则是构成性。感性的先天认识形式是空间与时间，知性的先天认识形式就是知性纯概念，也就是"范畴"。

知性的功能有逻辑功能和认识功能两方面。逻辑功能在知识的基础上规定着思维的判断形式，这是形式逻辑的范围；认识功能则为我们提供新的知识，这属于"先验逻辑"的领域。因为形式逻辑和先验逻辑是对应的，在形式逻辑的判断形式规范我们已经存在的知识之前，必须先由先验逻辑的范畴综合统一感性杂多表象而构成知识。康德将形式逻辑的判断形式整理出来，建立了一个由量、质、关系和样式四组十二个判断形式所组成的判断表，并且对应地建立了先验逻辑的范畴表。

康德如何看待"演绎"？

康德将范畴的证明称为"演绎"，而演绎则是指法律上人们要区分事实问题与权利问题的时候关于权利问题的证明，原因就是我事实上占有某物并不意味着我有合法的权利占有某物。我们每时每刻都在使用范畴，但是这并不意味着我们对范畴的使用都是合法的，所以范畴需要"演绎"。康德认为，证明范畴的"形而上

学演绎"真正的困难在于说明主观的范畴如何是经验的先天条件，也就是"先验演绎"。所以他将研究的重心放在了"先验演绎"上，努力证明范畴用于经验的客观有效性。先验演绎可以分为"主观演绎"和"客观演绎"。

康德是如何达到先验哲学的巅峰的？

在经过了主观演绎和客观演绎之后，问题还没有得到彻底的解决，感性杂多是如何进入知性的，知性范畴是如何运用于感性经验的？很明显，两者之间缺少了一个中介，而这个中介康德认为是被他称为"先验图型"的"时间"。无论感性经验还是知性概念都以"时间"为存在的条件，范畴是通过一定的时间图型而作用于直观杂多的。

纯粹知性的四条先验原理是：1.直观的公理；2.知觉的预测；3.经验的类比；4.一般经验思维的准则。通过这四条原理我们就能达到先验哲学的最高峰："知性为自然立法。"康德认为"自然"并不是自然本身而是一切可能经验之表象的总和，这个表象的领域就构成了"现象界"，而连接表象的法则就是知性的法则，也就是范畴。

康德从哪些方面批判传统的形而上学？

当理性要求认识现象背后的统一根据的时候，它就不可避免地逼迫范畴作超验的使用，而我们实际上对超验是没有任何经验的，所以就无法形成科学的知识，这也是形而上学家的错误根源。康德将自己对理性的理念的考察称为"关于幻相的逻辑"，目的就是揭示以往形而上学会各

持一说的困境的原因，而"先验辩证论"中所讲的"辩证法"指的就是自相矛盾，所以就是"消极的辩证法"。康德对形而上学根据三个理念而形成的"理性心理学"、"理性宇宙论"和"理性神学"进行了全面系统的批判，给了传统形而上学以毁灭性的打击。

道德法则与自然法则有什么区别？

意志可以按照主观准则和客观法则来决定自己的行动，当意志对自己的规定仅仅对其个人是有效的时候，这种规定就是主观准则；而当意志的规定不仅对其个人有效，而且对一切有理性的存在都普遍有效的时候，这种普遍的规定就是客观法则。一种实践的法则一定是普遍必然的，它是对一切有理性的存在者的意志都有效的客观法则，而依据经验不能提供给我们任何实践的法则，建立在经验基础上的实践原则只是个人的幸福原则，没有普遍必然性；所以一个有理性的存在必须把他的准则思想为不是根据经验质料而是根据形式而决定其意志的原理；这样一个完全以理性自身的纯粹形式作为自己法则的意志是一个自由意志，因为它意味着理性所遵守的是自己为自己确立的法则。所以，意志的"自律"是一切道德法则所依据的唯一原理，而纯粹实践理性的基本法则就是：你意志的准则始终能够同时用作普遍立法的原则。康德通过这种方式发现了自由的积极意义——自由就是自律，也由此得出自由和道德法则是一体的结论。道德法则就是理性自己为自己所确立的法则，理性自己立法自己遵守。道德法则对人类理性表现为"应该"做什么的"命令"。作为法则，这种命令无疑具有普遍约束性和强制

性，只不过这种普遍约束性仅对理性有效，而其强制性则是"自我强制性"。所以说虽然道德法则和自然法则都是法则，但是两者有着根本上的区别。

定言命令有哪些特点？

康德认为，所有的我们能够将其称为道德法则的定言命令都具有以下的特征：

第一，"普遍性公式"。这个"普遍性公式"是定言命令的最重要的公式，康德有时甚至将其称为"唯一的定言命令"。这个公式所强调的是定言命令是对一切有理性者都普遍有效的道德法则。

第二，"质料公式"。因为定言命令中包括三个因素——意志、准则和法则，所以定言命令只有成为意志的准则时才能起作用。"质料公式"规定的就是究竟什么样的意志准则能够成为对一切有理性者普遍有效的客观法则。

第三，"自律性公式"。因为定言命令对一切有理性者普遍有效而且出于纯粹理性自身的目的，所以当我们按照定言命令而行动的时候，我们就是在按照自己制订的法则而行动，我们自己守法者也是立法者。

这三个公式是定言命令必须满足的公式。

康德的意志自律思想有什么重要意义？

康德关于意志自律的思想不仅在一定程度上解决了伦理思想史上自由与道德法则之间的矛盾，而且突出了实践理性的"优先地位"，论证了人之为人不同于任何自然存在的价值和尊严。康德将道德法则与自然法则区别开，以意志

自律将自由与道德法则结合为一的举止真正地使伦理学成了一门独立的学问。但是当康德将理论理性与实践理性从功能上划分清楚之后，他就必须面临着理性的统一性问题，为了解决这个问题，他确立了实践理性的"优先地位"。从这也可以看出，康德哲学的主要目的是为了维护人类理性的自由，而不是为了论证科学知识的普遍必然性。

什么是实践理性的公设？

康德通过使意志的动机与行为的效果"划清界限"的方式来维护道德的纯洁性，但是这样就会产生另一个问题：如果一个人的意志可以遵从理性自身的法则行事，这种道德法和经验无关也和行为的结果无关，它属于纯粹理性的理智世界，而行为则不可避免地要落入由必然的自然法则所统治的现象世界，那就意味着动机与效果是完全分离的，它们分别属于两个不同的世界。如果是这样，道德法则是怎么样产生与之相应的行为效果呢。而康德想要解释清楚就必须说明理智世界与感觉世界之间的关系，于是他就提出了实践理性的"公设"。"公设"是道德法则而成立的"至善"所必不可少的理论假设。

实践理性的"公设"可以分为几种？

实践理性的"公设"分为"意志自由"、"灵魂不朽"和"上帝存在"三种。我们必须假设有一种摆脱了感觉世界的限制而依据理智世界的道德法则决定自己意志的能力也就是自由，否则实践理性就不能以"至善"作为它的最高理想；因为人类理性的有限性，我们

在今生今世无论如何也不可能达到"至善"这一无限完满的境界，所以必须假设灵魂不朽，"至善"才有其实践上的可能性；为了保证理智世界中的德性在感觉世界之中有其相应的效果，为了保证德性与幸福都能够得到实现，我们必须假设有一个上帝使这两个世界能够协调一致。

为什么判断力被分为两大部分？

在康德哲学之中，目的概念首先是实践理性的概念。在前康德哲学时期，他发现单纯运用机械运动规律是无法解释有机界的起源和发展的，一直到《判断力批判》他才找到了一种比较合理的"内在目的论"。目的就是一事物的概念（本质）之中包含着它自己的内在可能性的根据，所以它的形成与发展不取决于任何外在的因素而是凭其内在必然性实现的。自然的合目的性包括"形式的合目的性"和"质料的合目的性"两种，这两种目的性实际上就是主观的合目的性和客观的合目的性，前者是自然合目的性的美学表象，后者是自然合目的性的逻辑表象。所以《判断力批判》也相应地分为两大部分："审美判断力批判"和"目的论判断力批判"。

康德从哪些方面对美进行分析？

事物究竟怎么样才能够算是美呢？康德从质、量、关系和样式四个方面对美感进行了分析：

从质的方面分析。从"质"的方面看，美是无利害无功利的。美感不受对象性质的限制，完全是主观形式上的满足，是一种"自由的愉快"。

从量的方面分析。从"量"的方面看，美是一种没有概念的普遍性。这种普遍性并不是来自概念，而是源于人人共通的"心意状态"。

从关系的方面分析。从"关系"的方面看，美是没有目的的目的性。审美判断在内容上是无目的的，而在形式上却是符合目的的。所以美是单纯形式上的合目的性——无目的的合目的性。

从样式的方面分析。从"样式"的方面看，美是没有概念的必然性。这种美感的必然性是来自某种"共通感"的形式上的必然性。

从康德对美的分析之中可以看出，美是纯粹形式的所以是先天的主观合目的性。一个对象既可以是认识的对象，同时也可以是审美的对象。但是审美判断说到底也是主观的合目的性，而我们要达到真正统一的目的还需要说明自然不仅在形式上符合主观的形式，而且在"质料"上其自身就具有客观的合目的性。

康德的哲学有什么重要意义？

虽然康德在体系问题之上费了很大的功夫，但是实际上他的哲学体系并没有得到最终的完成。这个体系以批判为前提、以自由为"拱顶石"和基础、以道德作为"终极目的"、以目的论为形式的哲学体系。但是康德却只是分别完成了有关的证明，而没有将它们作为一个统一的体系来加以论证，这个工作将由他的继承者来完成。

康德对哲学的最重要的贡献之一就是使哲学深入到了理性批判的维度，他要求我们在以理性进行哲学思考乃至建立哲学体系之前，先将理性本身考察清楚，以免陷入独断论的困境。康德在对理性的批判过程中所使用的方法是排除一切经验的东西，寻找某种先验的因素。他通过批判为理性的诸功能"划界"，他以限制科学知识的方式为自由、道德和形而上学留地盘，以此来解决人类理性如何在严格服从必然的自然法则的同时仍然能够保持其自由的问题。

为什么费希特想要解决康德哲学的难题？

虽然费希特是康德哲学的继承者，但是他却为批判哲学二元论的不彻底性而不满。他认为康德哲学的正确性只是在它的结论之中，而不是在它的根据之中。批判哲学是不完善的，理论理性和实践理性分别属于两个领域，各个知性范畴也是并行排列，没有构成一个统一的有机体系。康德不仅在自我之外设定了一个不可知的物自体，而且在自我的背后也设定了一个不可知的"我自体"，这也说明康德的批判不彻底的。在费希特看来，我们根本没有必要假设物自体的存在，知识的形式源于自我，知识的质料也同样可以从自我之中产生出来。一个严密的科学体系必须是以一个明确无误、不证自明的最高原理，按其内在的必然性而推演出来的有机系统。因此，费希特就在康德关于实践理性优先地位的原则指导之下，开始来解决康德哲学的难题。

为什么费希特将自己的哲学称为"知识学"？

费希特认为哲学的任务就是说明一切经验的根据，所以哲学就是认识论，他也因此而将自己的哲学称为"知识学"。在认识中有物和理智两个因素。如果去掉物，就只剩下了一个理智

自身。如果去掉了理智，就只剩下了一个物自身。所以只有独断论（它的极端形式是唯物论）与唯心论这两种哲学是可能的，而真正合理的唯心论应该是从康德哲学出发的批判的唯心论或先验唯心论。费希特就将康德的理论理性和实践理性合为一体，形成了"绝对自我"的概念。"绝对自我"既不是经验的自我，也不是超验的自我，而是所有的自我意识中的先验要素，也就是自我意识一般。这个"绝对自我"是一切知识和经验的实在性的根据和先验的源泉，所以也是知识学的最高根据和出发点。

什么是"本原行动"？

从某种程度上来说，费希特将康德的理论理性和实践理性融为一体，并且赋予了自我以行动的功能，而这种行动被他成为"本原行动"。

费希特认为，知识学是所有具体科学成为科学的最高原理的原因，是给人类的所有知识赋予必须共同遵守的法则，所以它自身不可能从具体科学中得到证明，而只能通过自身成为不证自明、绝对可靠的思维的起点。这一起点不可能从存在或经验出发，因为经验不能给予知识以普遍必然的有效性，否则就会沦为独断论，所以知识学的出发点只能从自我意识之中去寻找，也就是说必须把出现在意识中的唯一确定的东西作为出发点。费希特将"在完成抽象、撇开能加以抽象的一切所留下的东西"，也就是抽象者本身称为"自我"。在自我意识之中出现的自我，本质上不是意识的事实，而是使意识及其对象得以可能的东西，是造成意识事实的行动，所以，费希特又将自我看成是

某种"本原行动"："它同时既是行动者，又是行动的产物；既是活动着的东西，又是由活动制造出来的东西；行动与事实，两者是一个东西，而且完全是同一个东西；因此，'自我存在'是对一种本原行动的表述，但也是对整个知识学里必定出现的那唯一可能的本原行动的表述。"

费希特的历史哲学思想是什么？

"人类的世俗生活的目的，就是人类在这种生活中自由地、合乎理性地建立自己的一切关系"。这句话是费希特历史哲学的基础，在这个基础之上，他将人类历史的发展划分为五个时期：

第一，人类无辜的状态。在这个时期，理性是通过自然规律和力量发挥作用的，人类按照这种不自觉的理性本能安排自己的内部关系，过着无忧无虑的生活。

第二，恶行开始的状态。少数强者的理性本能变成了外在的权威，他们制定各种思想体系，建立外在的强制机关，命令人们盲目信仰和服从。

第三，恶贯满盈的状态。每个人都从自身出发，摆脱专制的权威，也摆脱理性的本能。在这一时期，自私自利被视为美德，理性开始以自觉的形式出现。

第四，说理开始的状态。理性以科学的形态流行，真理作为至高无上的东西得到承认和喜爱。

第五，说理完善和圣洁完满的状态。这一时期，人类掌握了理性科学提供的规律，而且发展出一套以理性为准则建立人类一切关系的技艺，国家自觉地、有计划地致力于完成理性提出的任务。

费希特所勾划的历史发展逻辑是——人类文明的历史是从本能、盲目地运用理性到自由、自觉地运用理性的历史，也是理性由盛而衰、又由衰而盛的历史，而费希特则将自己所处的时代归属于介于黑暗与光明、强制与自由之间的第三个时期。

谢林的哲学有什么重要意义？

谢林的哲学可以分成两个鲜明的时期——充满理性的青春时期和宗教神秘主义哲学的晚年。早期哲学被谢林自己概括为同一哲学，它包括阐释绝对从客观到主观的自然哲学和阐释绝对从主观到客观的先验哲学两部分，晚年主要讲授神话哲学与启示哲学。

谢林哲学的巨大转变和当时欧洲时局的动荡、文化氛围的变迁以及妻子早逝等诸多因素有关。在谢林为绝对与世界之间的关系而烦恼，选择了从哲学走向了神学的时候，古典哲学的大成者黑格尔却从神学走向了哲学。

谢林是如何形成自己的哲学的？

在最刚开始的时候，谢林同意费希特的哲学应该是从最高的统一原则出发按照逻辑必然性推演出来的科学体系的观点，但是同时他也意识到了费希特哲学的局限性，于是谢林就改造了斯宾诺莎的实体学说，以自然哲学来弥补费希特知识学的缺陷，建立了一个客观唯心主义的哲学体系。他认为哲学的最高原则既不是自我也不是非我，既不是主体也不是客体，而是超越于自我与非我、主体与客体之上的"绝对"。

有机自然是如何形成的？

在质料阶段，天体起源和物质运

动的动力是由引力和斥力构成的。引力表现为客观、物质或自然的方面，斥力表现为主观、自我或精神的方面，两者既是物质和精神的共同基础，还制约着人类精神活动的过程。引力将外在世界的运动变化凝聚到内在的感觉世界，构成内部经验，是时间的先天基础；斥力向外在世界运动，构成外部经验，是空间的先天基础。二元对立推动着无机界向有机界运动和转化。"正是普遍的二元对立，从磁的两极性开始，经过电的现象，变为化学的异质性，最后在有机自然界表现出来"。谢林认为无机物的特点是机械性，它受直线因果序列的支配；有机体的特点则是兼具机械性和目的性，是机械性和目的性的统一。康德在反思判断力中视为调整性原则的机械性与目的性的和谐一致，由谢林在自然界本身中找到了根据。

谢林认为自然哲学的目的是什么？

谢林认为自然哲学的真正目的是赋予自然规律以精神的意义，使其成为直观和思维的规律。他将整个自然看成是一个巨大的生命有机体，贯穿其中的是一种统一的创造性力量，也就是"世界灵魂"，自然产物的持续进化正是"世界灵魂"从不自觉到自觉的表现。自然界的发展本身就是一个从客观向主观过渡和运动的精神化过程，从自然出发达到心智是自然哲学的必然趋势。物质只是自然实现自己过程中的低级阶段，它是死寂的、无意识的，是一种尚不成熟的理智；意识则是自由的、有意识地产生的理智，自然本身就孕育着生命与精神，生命与精神是自然界运动和发展的产物，并且自然借助理性或精神才第一

次回去复到它自身。

谢林的先验哲学思想是什么？

自然哲学是从客观出发，描绘的是从自然到精神的历程，而先验哲学则是从主观出发，研究的是精神生活的发展，也就是从主体到客体、从精神到自然的创造过程。先验哲学被谢林称为"关于知识的知识"，而"一切知识都以客观的东西与主观的东西的一致为基础"，这也就是说在先验哲学之中，主观的东西与客观的东西是统一的，二者同时存在，是一个东西。对先验哲学来说，"主观的东西是第一位的东西，而且是一切实在的唯一根据，是解释其他一切的唯一原理"。谢林认为先验哲学的根据只能是这样一个"点"——在这个"点"之中，同一的东西与差别的东西是同一个东西，如果知识中没有这样一个"点"，表象与对象就不可能符合一致。他所采取的证明方式和费希特一样，都是从同一命题"X＝X"入手来寻找同一与差别同一的"点"。

理论哲学的任务是什么？

理论哲学的任务是说明"表象何以能够与完全独立于它们而存在的对象绝对一致"，在自我意识的纯粹活动中存在着两种对立的活动——起限制作用的和被限制的，前者构成了主体意识，后者构成了客体意识，两者在自我意识的综合活动中联系和统一起来。谢林认为主体与客体的对立是推动认识活动前进的动力，并且这种对立是绝对的，只有借助于第三种活动才能实现对立的统一，而认识正是主客对立不断发生又不断解决的无穷序列。对于这个序列之中

主体返回客体的过程，谢林将其划分为三个阶段——从原始感觉到创造性直观，从创造性直观到反思，从反思到绝对意志活动。原始感觉、创造性直观和反思构成了认识的主要发展阶段。认识的最高目标只能通过实践活动才能实现，先验哲学也对应地从理论哲学进入实践哲学。

谢林的历史哲学思想是什么？

"在我们心里不是必然地而是自由地产生的那些表象，能够从思想世界过渡到现实世界，并能得到客观实在性"，这句话是实践哲学的原始出发点。实践哲学想要说明的是按照主体的表象来改造和塑造客观世界。谢林继承了费希特的认为理智活动是必然的和有限的，意志活动是自由的和无限的，介于二者之间、构成从理论到实践的桥梁的是想象力的观点。想象力所想象的对象总是有限的，但是想象活动本身却是无限的，所以就产生了理想与现实的冲突。理想与现实的对立直接产生了将实际存在的客体转化为应该存在的客体的冲动，所以，实践活动就是自我永远不断地谋求理想与现实相一致的活动，这一活动表现在时间中就是人类的历史。

谢林的历史哲学将人类历史理解为客观的自然过程，揭示了个人作用与历史规律、自由与必然、主观动机与客观效果的辩证法，既是对德国古典哲学的巨大贡献，也构成了唯物史观的理论来源。谢林在将人类历史的发展看成是自由与必然的统一的同时，又以神学化的方式来完成所谓的最高的综合，将历史当成是启示的不断显现，进而得出结论说："人通过自己的历史，不断地作出

上帝存在的证明，而这种证明也只能由全部历史来完成。"这种神学的萌芽最后终于形成了启示哲学的大树。

谢林的绝对者启示自身的历史分为哪三个时期？

谢林理论之中的绝对者启示自身的历史包括三个时期：

第一个时期是指罗马共和国扩张版图之前的古代世界，无意识的理智作为一种完全盲目的必然性的力量支配着这一时期，冷酷地毁灭着最宏伟壮丽的事物，人在这一时期没有任何的自由，只能听任命运的摆布。这个时期被谢林称为"悲剧时期"。

第二个时期是指从罗马共和国扩张版图开始直到今天的现代社会，自发的任性占据主导地位，隐蔽的规律变成了明显的自然规律。人的自由在这一时期虽然得到了相当程度的发挥，但是即使是企图征服与奴役他人的最放荡不羁的任性也被迫服务于合规律的自然计划。

第三个时期是未来的时代，曾经表现为命运和自然规律的东西将会被作为"天启"而得到发展和显示。"这个时期将从什么时候开始，我们无法回答。但是，当将来存在这个时期时，上帝也将存在"。

谢林的艺术哲学有什么重要意义？

理论哲学展示了怎么样以对象为准认识世界，实践哲学展示了怎么样以自我为准改造世界，而两者的综合统一是通过目的论以及艺术哲学来完成的。谢林认为，要设想现实世界与观念世界之间存在着一种预定的和谐，就必须假定创造客观世界的无意识的活动与表现

在人们自由行动中的有意识的创造性活动本来就是同一个活动。自然虽然不能用合目的性的观点加以解释，但又的确是合乎目的的，谢林因此将目的论当做理论哲学与实践哲学的联结点。但是目的论虽然肯定了创造自然的无意识活动与表现在意志中的有意识的创造性活动是同一的，但它并没有说明这种同一性究竟是属于自然还是属于人的有意识的活动。谢林的艺术哲学既为浪漫派的艺术崇拜和天才崇拜提供了哲学的论证，而且为黑格尔的美学观念提供了思想资源。黑格尔称谢林的艺术哲学达到了绝对的观点。

黑格尔的哲学有什么重要意义？

黑格尔从哲学的立场出发对德国古典哲学进行概括和总结，他将古典哲学的基本思路发挥到了极致。黑格尔足以堪称是百科全书式的哲学家，他精通当时的各门学科，并且将它们纳入自己的哲学之中。黑格尔的哲学的最为与众不同的就是它的思辨性、辩证性和体系性，他站在哲学史的高度之上看待哲学和自己的思想，他的哲学也标志着古典哲学的终结，他用最为独特的方式实现了形而上学成为科学之科学的最高理想，也导致曾经统治西方哲学长达2000多年之久的形而上学走向了终结。在黑格尔之后，人们发现，除非超越黑格尔或者扭转哲学的方向，否则根本就没有办法进一步推进哲学的发展。

毫无疑问，黑格尔是有史以来最伟大的形而上学哲学家，因为他实现了从亚里士多德创立形而上学以来的让哲学称为科学的理想，但是他也是形而上学这一传承2000多年的哲学的葬送者。所

以黑格尔哲学标志着形而上学的完成，同时也标志着形而上学的终结。黑格尔逝世之后，随着黑格尔学派的解体，哲学陷入了"混乱"的局面，哲学家们都在探索新的方向，哲学史也由此进入了新的时期。

《精神现象学》是什么性质的著作？

《精神现象学》是黑格尔发表的第一部成熟的著作，在这本书之中，黑格尔第一次使用一种辩证的方法来阐述他的哲学思想，但是黑格尔用"精神"这个概念取代了"理性"来表示人的本性。黑格尔认为"精神"和理性或意识不同，它不是单纯的认识能力，也不只是自我意识或个体主体，而是能够包容一切的具有实体性、历史性、社会性的能动性主体。在黑格尔的眼中，"精神"超出自身的过程实际上也是"精神"成为它自己的过程，最后的结果就是"精神"将包含一切而成为"绝对精神"。《精神现象学》所描述的是人类精神经过艰苦漫长的认识活动从关于现象的知识而通达关于本质的知识的过程，所以这本书也可以看成是绝对精神形成的成长史，黑格尔晚年也曾将这本书称为自己哲学的"探险之旅"，马克思也将这本书看成是"黑格尔哲学的真正诞生地和秘密"。

"理性"的主要内容是什么？

"理性"分为"理性"、"精神"、"宗教"和"绝对知识"四个阶段。第一个阶段"理性"既不是单纯主观性的态度，也不是单纯客观性的立场，而是两者的统一。黑格尔通过"观

察的理性"、理性的自我意识也就是实践理性和自在自为的理性也就是前两者的统一，描述了理性意识到它自己就是一切实在的过程。当"理性"意识到它自身就是它的世界、它的世界就是它自身的时候，"理性"就变成了"精神"。"精神"这一阶段所讨论的是人类社会的发展史。黑格尔将社会看成是主体与客体的统一体，这个统一体是一个从潜在的统一到分化而展开，最后又重新回到自身统一的发展过程。"精神"对应地分为三个阶段——"真实的精神（伦理）"、"自身异化了的精神（教化）"和"对自身具有确定性的精神（道德）"。在"宗教"这一阶段，黑格尔通过"自然宗教"、"艺术宗教"和"天启宗教"讨论了人类精神实现主体与客体之间的真正的统一，实现个人与普遍的社会的统一的过程。但是他认为，所有的一切都必须在哲学之中通过对"绝对"的概念式的把握才能最终得到实现。

什么是"实体即主体"思想？

在《精神现象学》之中，绝对在人类精神的认识活动中获得了自我认识，从而成为了现实的绝对亦就是"绝对精神"。简单地说，就是黑格尔证明了自己的哲学的最高也是最基本的原则——"实体即主体"。

"实体即主体"的基本原则就是将真实的东西或真理理解和表述为实体。黑格尔考虑的是实体本身的能动性，他认为，实体不仅是客观的，而且自身也是能动的，这样的实体就是"活的实体"。

黑格尔将康德关于知性为自然立法的思想推到了极致：不是知性为一切

可能经验的自然立法，实际上自然法则根本上就是精神的法则，因为"实体即主体"、"绝对即精神"、"存在即思维"，这就是黑格尔用来解决近代哲学问题的辩证的客观唯心主义。

黑格尔的逻辑学有什么重要地位？

在《逻辑学》的序言之中，黑格尔这样写道："学习这门科学，在这个阴影的王国中居留和工作，是远离感性直观和目的、远离感情、远离仅仅是意见的观念世界的。"这句话表明了他在辩证法思想观念上的成熟。《逻辑学》将《精神现象学》作为前提。《精神现象学》是"纯科学概念的演绎"，而《逻辑学》就是以这些"纯科学概念"作为它的研究对象。

在黑格尔的哲学之中，逻辑学就是本体论。虽然这个观点从表面看起来与通常的观点大不相同，但是实际上他的思想却完全符合形而上学的内在精神。亚里士多德这个形而上学的创始人从范畴入手来解决存在问题，通过以实体为中心的十个范畴确立了世界的逻辑结构，经过中世纪基督教哲学的改造传到近代哲学的时候，实体才从范畴体系之中独立出来，称为本体论所研究的最高对象。德国古典哲学的奠基者康德提出四组十二个范畴作为知性为自然立法的根据，以将范畴主观化、内在化的方式，有条件地确立了世界的逻辑结构，而黑格尔现在要做的工作就是重新赋予范畴以客观性的意义。在黑格尔的哲学之中，逻辑学与本体论、认识论、辩证法全部都是同一的。逻辑学讨论的是思维规律和纯粹的思想规定，所以可以说就是认识论，而在黑格尔的眼中，思维规律或者纯粹的思想规定既是主观范围内的事情，也是事物的客观规律和本质规定，加上逻辑学和认识论都是以辩证法为基本形式，这就是黑格尔将所有的哲学部门熔为一炉的独特方式。

《逻辑学》是黑格尔建立世界的逻辑结构，对纯粹本质性的因素进行深入的研究的记载。当人类精神达到了"绝对知识"之后，整个认识过程就会纯化成范畴，它也就成为了《逻辑学》的对象。黑格尔认为在哲学史之中，每个哲学体系都有它自己独特的哲学原则，它们都代表着人类精神认识绝对的一个阶段，所以表面上看起来杂乱无章的哲学史实质上确是"一个"哲学的发展历程，这也是黑格尔所主张的历史与逻辑同一的原因。

"客观逻辑"和"主观逻辑"有什么区别？

黑格尔认为，客观逻辑部分地与康德的先验逻辑相一致，但是它更重要的是取代了传统的形而上学或本体论的位置。主观逻辑所讨论的是传统的形式逻辑的内容。对于形式逻辑，黑格尔认为它是有局限的，所以只能停留在不可能把握的事物之中。根据前面所说的逻辑学的划分，逻辑学的具体内容分为三部分。

存在论研究的是直接性的认识阶段，在这一部分之中范畴推演的特点是过渡。在这个阶段，概念还处在自在的或潜在的阶段，它的内容是还没展开的。存在论分为规定性（质）、大小（量）和尺度三个阶段。

本质论研究的是间接性的认识阶段，在这一部分中范畴推演的特点是反映，这是自为的或处于展开过程中的阶段。本质论包括作为反思自身的本质、

现象和现实三大阶段。

概念论研究的是直接性与间接性的统一、自在与自为的统一，相互对立的概念现在消融为一个概念，在这一部分中范畴推演的特点是发展，这是逻辑学的最后、也是最高的阶段。概念论包括主观性、客观性和理念三大阶段。

黑格尔认为什么是自然？

自然在德国古典哲学之中被看成是一个有机的整体，古典哲学家以渗透于自然之中的内在的精神活动来解释自然的运动，将自然理解为历史性的运动发展的过程。黑格尔认为，绝对外化它自己而成为自然，自然只是绝对的表现，但是也正是因为这样，绝对还不是绝对精神。所以，黑格尔将考察自然的方式规定为概念的认识活动，它是理论态度与实践态度的统一，目的是将握事物的内在本质。自然界被黑格尔划分为三个领域——力学、物理学和有机学。力学考察的是空间和时间、物质和运动以及天体的运动。物理学考察的是表现为必然性纽带的隐蔽概念，在差别和对立中相互反映的个体性，分为普遍个体性、特殊个体性和总体个体性。有机学考察的是达到了其实在性的概念，作为充实的、自我性的、主观的总体，这就是生命。生命有机体划分为地质有机体、植物有机体和动物有机体，其终点就是精神的诞生。

黑格尔的哲学体系是什么？

按照一般的理解，黑格尔哲学体系的顺序为逻辑学、自然哲学和精神哲学，黑格尔分别以逻辑、自然和精神为"中项"提出了三个推论：第一个推

论：逻辑理念——自然——精神。自然作为逻辑理念与精神的"中项"展开于这两个极端之间，它是直接性的存在，在时间上在先的东西；第二个推论：自然——精神——逻辑理念。精神作为自然与逻辑理念的"中项"，是自然的预定目标，所以是先于自然的，它能够在自然中认识到逻辑理念，进而使自然得到提升而返回自己的本质；第三个推论：精神——逻辑理念——自然。逻辑理念作为精神与自然的"中项"，是这两者的绝对实体，它把自己区分为自然与精神，将它们规定为自己的显现，所以逻辑理念在逻辑上是真正在先的。

"永恒的自在自为地存在着的理念，作为绝对精神，永恒地实现自己、产生自己、享受自己"。这句话是《哲学全书》的最后一句话，它表明了，哲学并不会因为认识了绝对精神就停止，它一直都在运动着，只不过这种运动与以往不同，它是一种永恒的、无限的运动。

什么是辩证的否定？

在黑格尔看来，事物本身就是一个结合了诸多有差别的属性在自身之内的统一体，这种差别既不是只存在于我们的认识之中的主观差别，也不是事物之外在的差别，而是内在的差别，所以事物之中的差别是对立面的统一。

从知性思维的角度来看，事物之中包含着差别意味着事物自身的瓦解，所以差别和否定性就是死亡的因素。但是黑格尔认为，否定性不仅不是死亡的因素，反而是真正的生命的力量和原则，因为正是否定性构成了推动事物运动发展的内在动力。事物之中存在着差别，所以事物之中包含着否定性的因素。黑格尔认为自相矛盾的东西并不消解为抽象的虚无，而是消解为它的特殊内容的否定，但是这样的否定并不是全盘否定，而是自行消解的"被规定的事情的否定"，所以是"规定了的否定"。否定的结果实际上是从否定之中而产生的有内容的东西，因为它在否定了先前内容的同时也将其内容以新的形式包含于自身之内，这就使事物发展为更高、更新、更丰富的阶段，这种辩证的否定被黑格尔称为扬弃。

什么是圆圈哲学？

黑格尔辩证法的独特地方就是他将宇宙万物看成是一个因为其内在矛盾而自我运动的过程，进而将真理理解为过程、结果和全体，理解为一个自己完成自己的"圆圈"。黑格尔将绝对精神看成是一个自我生成自我发展的过程。在这个过程中，越是靠后的阶段或环节越具有现实性和真理性，它们也被黑格尔称为是在先的东西的"真理"或"本质"，最后的结果就是一个把前此一切阶段和环节都包容于自身之内的整体之大全。这个过程被黑格尔看成是"前进—回溯"的辩证运动，于是哲学之整体就是一个圆圈，在它里面，开端与终结、起点与终点是目的与目的的实现这样一个自我完成、自我实现的关系。

什么是"三一式"？

黑格尔的辩证法以"三一式"作为形式，所谓的"三一式"就是正题、反题与合题。正题是肯定的环节，它说明矛盾此时还处于潜在的阶段，被黑格尔称为"自在的"阶段；反题是否定的环节，此时矛盾的双方得到了展开，被黑格尔称为"自为的"阶段；合题则是"否定之否定"的环节，它是正题与反题的对立统一，被黑格尔称为"自在而自为的"阶段。

施特劳斯的哲学有什么特点？

施特劳斯用因果关系（自然律）来检查福音故事，同时指出福音故事的逻辑矛盾，将历史上的耶稣与基督教信仰中的耶稣基督区别开。至于基督教的开创者耶稣，在施特劳斯的眼中不过是一个在拿撒勒长大，受过洗礼，聚集过一些门徒，曾在犹太各地巡视训众的历史人物。耶稣的伟大和基督教的伟大被混为一体完全是因为宗教团体的无意识创造或捏造。

《耶稣传》的出版，是青年黑格尔派的第一炮，也暴露了黑格尔思想中保守的和革命的双重因素。但是施特劳斯也因为这本书而遭到了基督教徒的讨伐，并且失去了在苏黎世大学任教的机会。施特劳斯对宗教史的批判实质上是对当时德国封建专制政权意识形态基础的冲击，在意识形态领域里为德国资产阶级革命开辟了道路。但是他在政治上却表现得十分保守，也没有能够真正地解释基督教产生的根源，没有能够突破唯心主义的局限，所以恩格斯认为施特劳斯的理论是含混不清的神话理论。

什么是人本哲学？

费尔巴哈曾经将自己的学说概括为人和自然两个词。他认为，"自然界这个无意识的实体，是非发生的永恒的实体，是第一性的实体"。空间和时间是自然界一切感性事物的存在形式，空间是现实实体的第一个标记，因为任何一个感性实体、自然事物总是首先据有一定的空间位置；而时间则是现实事物变化、发展和连续的标记。自然只是在时间上是第一性的实体，但是在地位上却不是第一性的。人作为自然界发展到一定阶段的产物，在时间上是第二性的实体，但在地位上却是第一性的。人既是哲学的对象，也是历史的、国家的、法律的、宗教的和艺术的本质。所以，人本学才是费尔巴哈哲学体系的核心。

人本学的基点是人是现实存在的感性实体。人不是抽象的思辨的精神实体，也不是一架比较复杂的机器，而是有生命的实体，达到了物质的东西和精神的东西的真实的、非臆造的、现实存在的统一。虽然自然是人类的母亲，但是直接从自然中产生的人，只是单纯的自然人，还不是人，人是人的作品，是文化和历史的产物。于是费尔巴哈就将认识论意义的感性提升到本体论意义的感性存在，赋予了感性以真和现实性的意义，进而将自然界当作一切感性的实在事物的总和，建立了人本学的感性哲学。人本学是以人为研究对象的唯物主义，它首先批判了唯灵主义，肯定了人是灵魂与肉体的相统一的实体，人的精神、意志、思想和情感等属于灵魂的东西，是依赖于肉体存在的。费尔巴哈认为作为精神活动中枢的大脑是物质的东西，是自然发展到高级阶段的产物，所以大脑只有与人的整个身体联系在一起，才是思维器官。大脑的活动被费尔巴哈分为生理活动和认识活动两种，从生理活动来说，人可以成为别人的对象，但是永远都不能成为自己观察的生理学和解剖学的对象；从认识活动的角度来说，人只是我的对象而不是别人的对象，思维的对象就是思维活动本身，

所以精神活动是一种隐蔽的、非感性的、甚至是"非对象性"的活动，是纯精神的、非物质的活动。

孔德的社会实证主义是什么？

孔德以秩序、进步的原则为起点提出了他的社会学构想。他反对一切空想的、批判的学说，将重整法国大革命之后社会动荡的希望寄托在工业社会自身的秩序之上，将建立一种普遍人性的新宗教作为自己的社会学任务。他掀开了社会实证主义的崭新篇章，他的一些思想是西方社会发展史上的主流，但是因为阶级和历史的局限，他的思想之中依然有许多不切实际的成分。

孔德认为应该如何获得实证知识？

孔德认为，为了获得实证知识，要采用四种方法——观察法、实验法、比较法和历史法。孔德按照物理学的换分方法，将社会学分为社会动力学和社会静力学两种。社会动力学是从社会变迁的连续阶段和相互关系的过程来研究社会发展和进步的规律；社会静力学目的是研究社会各个不同部分的结构关系，以及彼此间持久不断的相互作用和反作用，也就是研究个人生活、家庭生活和社会生活几个不同层次的结构和相互关系的各个方面。

斯宾塞的哲学有什么特点？

斯宾塞生活的时代，是社会改革的思想浪潮逐渐形成发展的年代，更是科学知识具体应用于人类生活方式而大大改变了人们的生活的时代，汽船、蒸汽机、电报、缝纫机、电话等的发明，都大大地改变了人们的生活，这也直接导致斯宾塞对于科学知识极度的偏爱。

斯宾塞在《社会学原理》第一卷之中，将社会与生物有机体进行了六项类比，得出了三个结论：社会是一个体系，一个由相互联系的各个部分构成的紧密整体；这个体系只能从其结构运转的意义上去理解；体系要存在下去，它的需求就必须得到满足。斯宾塞的这些观点开启了结构功能理论的先河，并且对社会学、人类学、哲学的发展产生了深远的影响。

在斯宾塞的眼中什么是社会学？

斯宾塞认为社会学是研究人类社会的产生、发展、结构和功能的学问。他的社会学理论的突出特点就是将社会和生物有机体进行类比。他的社会有机体论采用进化论来解释社会现象，使社会学生物学化，认为社会有机体具有与动物的营养、循环分配和调节相应的三个系统，也就是劳动阶级、商人阶级和管理者阶级。但是它与动物有机体的最重要的区别就是动物的不同器官是为了整体的生存而生存的，但是在社会有机体之中，整体是为了它的各个部分的存在而存在，社会本身不应当成为目的，维护公民的个人自由（个体性）是社会的根本职责。国家的调节作用应该是消除个人之间的冲突，以及一切对个人自由的侵犯。

马赫的主要观点是什么？

马赫一生的主要精力都放在实验物理学和哲学的研究之上，先后发表了一百多篇关于力学、声学和光学的研究论文和报告，提出了许多具有重要突破性进展的理论和发现。马赫通过对科学的历史的考察和科学方法论的分析，撰写了富有浓厚认识论色彩和历史观点的著作，其中最为著名的应当是1883年发表的《力学及其发展的批判历史概论》。马赫在书中对牛顿的绝对时间和绝对空间提出批判，推动了广义相对论的建立。

马克思认为应该如何走向社会主义？

马克思认为世界上大部分的人活在恩格斯所说的假性意识之中，这种意识只是由家庭、文化、民族等外在物质因素交错成型的产品。时间长了就成为社会意识，制约着人的活动的客观力量。但是意识会随着外在因素的演变而改变，人类社会就是在这种精神生产随着物质生产的改造而改造的变化中持续的演化着。马克思将黑格尔的辩证论与自己的唯物论融合成就了独出一格的历史唯物论——总有一天，经过演变，人类将因为无产阶级的解放而彻底解放，完成对人的本质的真正占有，完成从必然王国到自由王国的飞越，而人类的生产模式也随之改变，全人类进入"各尽所能、各取所需"的共产主义社会。马克思认为，无产阶级的阶级斗争需要由无产阶级的政党来领导，而无产阶级政党则是无产阶级的先锋队。这个党代表着组织、领导和宣传作用。从阶级及阶级斗争的理论出发，马克思认为私有制社会中对立阶级之间的斗争具有不可调和的特点，统治阶级需要以强制性的方法来统治被统治阶级，以便维持自身的生存。而这些强制性的方法逐渐演变成为统治阶级对被统治阶级的榨取和剥夺之工具。无产阶级要想获得自由的解放，就必须团结起来，进行思想革命，以革新包括无产阶级和资产阶级的旧有价值，消灭阶级，也就是消灭敌人的同时

消灭自身，最终消灭剥削，迈入无阶级的共产主义社会。

恩格斯的主要成就是什么？

恩格斯不仅是一个文学斗士、哲学家、军事家，还是一名伟大的战士，在几次大革命的成果保卫战之中都能看到他的身影。

恩格斯在最开始的时候是青年黑格尔派的成员，后来因为意见分歧并且受到费尔巴哈《基督教的本质》的影响，开始转向唯物主义，1844年3月，恩格斯在《德法年鉴》上发表的《政治经济学批判大纲》和《英国状况——评托马斯·卡莱尔的〈过去和现在〉》两篇文章，表明恩格斯已经完成由唯心主义向唯物主义、由民主主义向共产主义的转变。恩格斯对于推动马克思主义的发展有着不可忽视的巨大作用，1847年12月—1848年1月，马克思和恩格斯合著的《共产党宣言》，第一次公开树起共产主义运动的旗帜，是一个周详的理论和实践的党纲，标志着马克思主义的诞生。1880年，恩格斯将《反杜林论》一书理论部分中最重要的内容改编成《社会主义从空想到科学的发展》小册子，在法国和其他国家的工人中广为传播，马克思将其称为科学社会主义的入门。1883年3月在马克思逝世之后，恩格斯主动独自挑起了整理和出版马克思文献遗稿的工作。先后在1885年和1894年出版《资本论》第二卷和第三卷，完成了马克思未完成的事业。

和马克思相比，恩格斯的思想更加倾向于务实地为工人阶级实现权益。恩格斯从来都不去追求立刻实行暴力革命，而是选择在民主国家里组织无产阶级政党社会

民主党，如果形势有利的话就会在宪法的框架下为工人争取具体的经济利益和政治地位。恩格斯具体指导德国社会民主党进行合法斗争，强调德国社会民主党在德国国会选举中获得成功对整个国际工人运动有很大的意义。1895年3月6日，也就是他去世前的几个月，恩格斯在《〈法兰西阶级斗争〉导言》里面发展了马克思的暴力革命理论。他指出现阶段德国工人阶级一定要利用选举权同资产阶级争夺每一个席位，用选票来证明无产阶级的力量。恩格斯所创立的第二国际至今仍然存在，甚至成为许多国家的国会大党。

《作为表象和意志的世界》的主要内容是什么？

"这世界的一面自始至终是表象，正如另一面自始至终是意志"。这是叔本华的基本论题。在《作为意志和表象的世界》的第一篇开始，叔本华就说："'世界是我的表象'：这是一个真理，是对于任何一个生活着和认识着的生物都有效的真理；不过只有人能够将它纳入反省的、抽象的意识而已。"叔本华认为，这条真理比其他任何的真理都要普遍和绝对，它是一切认识的真理的前提，因为任何认识和真理都必然要预设主客分立这个共同而基本的原则，而主客分立则意味着客体必然要以主体为转移而存在。对于这条真理，叔本华承认它并不新颖，笛卡尔、贝克莱等人都提出了这个观点。这个观点最早是在他的博士论文《充足理由律的四重根》中简要论述的。充足理由律的四重根指的是我们先天意识到的、构成整个现象世界的表象的四种联系形式。叔本华认为，任何一个客体都不是以完全孤立和分散的形式呈现于人的表象之中的，我们关

于对象的表象都以一定的形式与其他表象存在着联系，科学知识只是表象之间的联系的知识，它表示一个已知对象的系统，而不只是表象的集合。

克尔凯郭尔的那"那个个人"思想是什么？

克尔凯郭尔的哲学是从对黑格尔主义的批判开始的。他的基本立足点是："个人的伦理的实在是唯一的实在"。个人的存在是主观伦理的，它只有作为主体的个人才能体会到。存在是绝对不可思考的，它是非理性的，所以可能有逻辑的体系却不可能有存在的体系。

克尔凯郭尔对黑格尔主义感到不满，首先是因为黑格尔主义强调普遍而轻视个别，认为人只有超出自己的个别性而成为普遍的东西的一个环节才能实现其真正的本质，所以不能给个人以真正的实在地位，而只能提供关于生活的幻影。他对抗黑格尔的具有内在逻辑必然性的整体采用的方式是用非理性的个人的存在。他认为，由黑格尔主义所造成的时代的错误之一就是因为它过分夸大了对世界历史的哲学沉思，而将个人降低为袖手旁观的消极的观察者，实际上个人却是存在的唯一的例证。个人这个概念就被克尔凯郭尔作为"自己的范畴"，并且认为自己的使命就是重新阐明做一个个人究竟是什么意思。他还认为，个人的最高的自我实现在于个人和上帝的关联之中，所以，重要的不是理智而是信仰。

克尔凯郭尔的主观真理论思想是什么？

对于人是什么的问题，克尔凯郭尔给出这样答案：人是精神，精神给人以生

命，指向自我的存在。它要求人远离感性的直接性和思辨，去追求个体的精神目标。忧郁是克尔凯郭尔一生的论调，这种忧郁就表现为精神的不安，而基督教是生存的最深刻的不安，因为上帝不希望人拥有平静。克尔凯郭尔将精神和欲望区分开，认为欲望及其表征的美感生活是精神的失落；最高的精神关系是个人与上帝的关系，个体精神的顶点只能在宗教激情之中才能达到。

他认为，真理不是事实性的、客观的，而是生存性的、主观的，在这个理论的基础之上，他提出了主观真理论思想。他首先做的是批判两种真理的符合论，或将真理经验地界定为思维对存在的符合，或思辨地界定为存在对思维的符合。这两种符合论都无法达到真正的符合，只有上帝才能作到，所以个体应当将精力转向主体内部，转向内在性，将真理理解为一个生存的精神的生存依据。他强调是如何说或如何做，而不是说什么或做什么，"如何"所关涉的是个体关系的性质。

对于克尔凯郭尔的思想，我们必须记住一点：主观的问题并不是关于一个客观结果的某种东西，而就是主观性本身。在进行"客观的思维"时，当客观性成为存在的时候，主观性就消失了；在进行"主观的思维"时，主体的主观性便成为最后的阶段，而客观性就成为消失的因素。

对于真理的定义，克尔凯郭尔给出了这样的答案："在最富于激情的心灵的据为己有的过程中被紧紧把握住的客观不确定性就是真理，就是一个存在着的个人所能达到的最高真理。"这样的真理就是信仰的真理："没有冒险，就没有信仰。信仰正就是个人心灵的无限

激情和客观不确定性之间的矛盾。"

尼采的哲学可以分为哪三个阶段？

尼采的哲学通常可以分为三个时期：1870年—1876年的第一个时期，这期间他主要在研究希腊悲剧和哲学，批判苏格拉底，崇尚叔本华和瓦格纳；1877年—1882年的第二个时期，这是他超越叔本华和瓦格纳，向着怀疑主义突进的精神彷徨期；1883年—1889年的第三个时期，这是他的思想穿透了怀疑和虚无，重估一切价值，建立了以权力意志为核心的超人哲学。

"想在善和恶中作造物主的人，必须首先是个破坏者，并且砸烂一切价值。也就是说，最大的恶属于最高的善。但是，后者是创造性的善。"这就是尼采的哲学。

格林在英国新黑格尔主义的形成之中有什么重要贡献？

在英国新黑格尔主义形成和发展之中，格林的作用在于对以休谟为代表的经验主义进行了强烈的批判，动摇了其在英国哲学中的统治地位，并且趁机引入康德和黑格尔等德国唯心主义哲学，使其在英国站稳脚跟。

格林认为经验主义者将人的知识还原为一些原始的因素，也就是孤立的、分散的原子似的知觉，忽视了人的理智（自我意识）的联系作用，不能解释人类知识的可能性，经验主义必定会导致怀疑主义。他要求以德国哲学之中强调联系和整体的观点来取代经验主义关于事物的分散、孤立的观点。他认为内在关系体现了事物的本质，一个事物只有和别的事物发生内在关系，作为整体中

的事物，才可能是实在的。人的自我意识把各种不同事物联系起来才有了内在关系，真正的知识也只能存在于关系中。格林将康德的主体的综合作用与黑格尔的绝对精神的发展过程联系起来。

格林认为是人的超自然的精神原则使人具有道德，研究道德应从研究作为其根源的精神原则开始，从形而上学开始。决定论和意志自由论都是片面的，为了正确解释人的自由和人的道德行为，应把经验和自然因素的作用与人的自由选择结合起来。人的道德行为实际上是以上帝为目标。

格林反对把社会、国家看做是超乎构成它的众多的个人之外或之上的独立自存的东西，但是它们不是目的本身，它们的作用是创造和维持善的生活的条件，也就是个人借以最好地发挥其本身的能力和价值、使个人作为真正的人活着的条件。格林在社会政治问题之上试图调和主张个人绝对自由的放任主义和主张国家至高无上的绝对主义，这与他在哲学上调和英国经验主义和德国唯心主义一致。

布拉德雷的哲学有什么特点？

布拉德雷将英国的经验论传统与黑格尔的客观唯心主义结合起来，建立了一个庞大的唯心主义哲学体系。他认为"绝对"或"绝对经验"是第一性的，是最高的实在和真理，在精神之外没有而且不可能有任何实在，物质世界不过是一种现象或假象。他将反理性的直觉看作最高的认识形式，甚至公开提出哲学必须建立在信仰的基础上，明显地表现出神秘主义性质。

布拉德雷的哲学在给我们指出无法超越的终极界限的同时，也想要我们相信在界限之内的不断追求具有终极的意义和价值。

罗伊斯持有什么样的世界观？

在叙述关于世界和个体的理论的时候，罗伊斯批判了实在论、神秘主义以及批判理性主义的观点。因为实在论的原子主义只看到杂多的个体性却忽视了整体性，使人们实际上无从判断观念的真假，所以也无从判断实在的真假；神秘主义的绝对整体主义抛弃了杂多的、有差异的个体，使绝对变成了某种不可知的虚幻的东西，因为绝对只有借有限的观念才能被认识；康德和穆勒等人的批评理性主义用可能的经验来论证存在的可靠性，实际上也不能对实在作出适当的解释。罗伊斯认为实在是包含了杂多的具体的共相，绝对是一种作为意志和目的的体现的经验生命。从每一个人来说，他所面对的世界就是他自己的世界，就是他的意志和目的实现。

克罗纳的哲学思想是什么？

在刚开始的时候，克罗纳是新康德主义的弗莱堡学派李凯尔特的学生，后来转向新黑格尔主义。他的《从康德到黑格尔》细致地描绘并且解释了德国唯心论的演变。他认为，康德创立的先验唯心论的发展推动力在黑格尔手中已经完全耗尽，前进和上升已经完成，超过他根本就不可能。他说："了解黑格尔就是看到绝对不能再超过黑格尔。如果还可以有一个'后黑格尔'，就必须作出一个新的开端。"他描绘了从康德的唯心论到黑格尔所完成的哲学发展路线：在康德手中，思想自身回到自身，以便在自身中、在自我中找到世界的根据；在费希特的手中，思想在自我的根据上发现了上帝；在谢林的手中，思想倾向于略过自我而在世界中直接学上帝；在黑格尔的手中，思想以从绝对的或神性的自我中建立起世界或诸世界而告终。克罗纳吸取了生命哲学家狄尔泰在《青年黑格尔》之中的观点，认为在黑格尔手中，天才与思想家、预言家与逻辑学家、神秘主义者与理性主义者都可以成双成对；启蒙运动与浪漫主义、知识与信仰、理性和天启在他身上得到了最密切的结合，并在统一中创造了最精巧、最令人神往的综合。

克罗纳强调黑格尔的非理性色彩，是因为他认为辩证的思维就是理性－非理性的思维，辩证法本身就是按照理性的方式产生出来的、作为一种方法的非理性主义。他将黑格尔的绝对观念解释为"在反省精神本身中思维着自己的思维"，"思维着自己的生命"，将黑格尔关于理性的概念是一切存在的基础改造为非理性的生命是一切存在的基础，同时人又能超越自我的生命的界限并实现有限的自我与无限的精神的统一。

为什么克罗齐将自己的哲学称为"绝对历史主义"？

历史理论也是克罗齐哲学的重要组成部分，甚至他将自己的哲学称为"绝对历史主义"。他认为，"当编年史被还原为其固有的实用的和帮助记忆的功用的时候，当历史被提升为关于永恒的现在的知识的时候，历史就表现为与哲学是一体的，哲学只不过是关于永恒的现在的思想而已"。当历史学家在对他所研究的事件进行理解和估价的时候，他就是从事哲学活动，他也成了哲学家。历史是活的编年史，而编年史是死的历史；历史是当前的历史，编年史则

是过去的历史；历史主要是一种思想活动，编年史则主要是一种意志活动。编年史在历史的自然主义阶段上假定了物自体，导致了历史的不可知论。

文德尔班如何看待哲学？

在文德尔班时期的德国有两种非常流行的倾向，第一种是用哲学史代替哲学，第二种是把哲学归并到其他经验科学中去。文德尔班非常反对这两种取消哲学的倾向，他认为哲学有着独立的领域和自己的问题。他指出哲学一词具有理论和实践两重含义，前者是提供循序渐进的工作以便达到绝对知识，后者是指一种以合理原则为依据的生活艺术。他还具体规定了哲学的对象和任务。哲学永远的对象就是宇宙和人生的一般问题。对于哲学的任务，他认为在康德批判哲学的启蒙之后，就不能再独断地回答实体是什么等形而上学问题，或者去总结，或概括各种专门科学的问题。

什么是"标准意识"？

"标准意识"被文德尔班称为哲学的真正前提，他认为它是对意志、情感全部经验进行评价的绝对中心。标准意识就是对实际意愿和理想标准相符合的意识。有了这样的标准意识，就可以把价值标准运用来衡量一切实际经验，构造全部哲学体系。文德尔班的事实与价值、事实知识与价值知识的区分，具体表现为自然科学和社会历史科学的区分。自然科学是研究事实世界的科学，自然科学的概念属于事实知识，而社会历史科学则研究价值世界，属于价值知识。因此文德尔班把自然科学称之为"制定规律的"科学。

齐美尔的哲学有什么重要意义?

齐美尔将关于生命的创造和超越的观点扩大到解释人类活动的几乎所有领域,尤其是社会历史领域。他采用康德式的提问方式提出了关于历史和历史知识何以可能的问题。历史学家并没有将实在看成是具有独立性的对象体系,其所涉及的是直接体会到的生命。历史过程没有任何规律性,甚至对社会历史从整体上加以研究也是不可能的。

柏格森的生命哲学有什么重要意义?

柏格森哲学以生命冲动作为起点,以时间作为本质,以直觉作为方法,包罗与人有关的一切理论领域。他在整体上保持近代哲学家的研究框架的前提下,竭力寻找绝对、实在和不可辩驳的真理,但是他的目的却是对传统问题作出新的解释,将形而上学的研究对象从空间转移到时间,强调时间的心理性质。他将世界整体和人的存在的认识推向非理性的直觉的观点,动了对20世纪各种非理性主义学说的形成和发展。柏格森的直觉主义超越了传统的理智认识方法的局限性,但是他却夸大了直接的作用,并且将直觉和理性完全对立起来,贬低和忽视了理性的意义,所以走向了另一个极端。

皮尔士的实用哲学有什么重要意义?

皮尔士在哲学之上提出作为实用主义核心的意义理论,把观念的意义和实际的效果联系起来,断定一个观念的定义是该观念的可感觉的效果。在逻辑学方面,他改进了希尔代数,发展了关系逻辑,也就是引入新的概念和符号,将关系逻辑组成为一个关系演算。

皮尔士的哲学的主要意义在于他在超越旧的哲学思维模式的界限、建立符合时代精神的新哲学上迈出了重要的步伐。他的首要出发点就是对笛卡尔哲学传统的批判。第一,皮尔士认为笛卡尔的普遍怀疑实际上根本就不能成立,认识和行动必须有一定的信念,应将其视为一个具体和现实的探索过程;第二,笛卡尔的"我思"没有能够超越出自我的狭隘范围。康德曾经提出的"实用的信念"以及区分"实用的"和"实践的"的理论是他的实用主义的主要思想来源。但是他将一切知识都归结为"实有的"信念,关于知识的问题被归结为确定信念以便使之成为行动的工具的问题。他的实用主义的主要部分就是关于如何确定信念的问题以及为了确定信念而澄清概念、思想的意义问题。

从整体上来说,皮尔士的哲学是一个复杂和矛盾的体系,其中包含了各种不同的甚至相互抵触的观点,但是他却没有能够摆脱形而上学传统的界限。

詹姆士的哲学对西方哲学产生了什么样的重要影响?

詹姆士从科学和实验意义上来重新认识、理解心理学,推崇实用主义思想方法与心理学实验研究的结合,曾经对人的意识、意志、本能、情绪、习惯和自我体验等展开深入探讨,他的理论对美国机能心理学、科学心理学和行为主义思想体系的发展都产生了直接影响。詹姆士对宗教神秘经验和信仰意志的研究、其关涉潜意识和宗教经验之关系的假设，以及他所采用的医学和药物实验方法等曾为美国宗教心理学体系的创立奠定了重要基础，对整个西方现代心理学的发展亦产生了深远影响。

杜威为什么会被称为"民主和自由的哲学家"？

在西方思想界，杜威被称为"民主和自由的哲学家"。他认为每一个人都是国家、社会的主人，都有权利发表意见、提出要求、参与社会政策的决定，每个人都应有充分发展其能力的平等机会。他提出应当通过道德教育这个根本途径，将民主思想渗透于人的本性之中，使民主的思想与行为的习惯变成人民素质的一部分，使民主成为个人和社会的生活方式。他将改造哲学作为自己的责任，想要建立一种以人的生活、行动、实践为核心而贯通心物主客的新哲学。他认为传统哲学将经验当做知识，也就是主体对于对象的一种认识的做法将经验者和被认识的对象、经验和自然、精神和物质割开而分别归属于两个不同领域。经验使有机体和环境连成一个不可分割的统一整体，他将这种关系称为"连续性"。杜威将外部世界的存在视为对象化的存在，而事物的对象化总是以它们被经验为前提。

为什么杜威的实用主义会被称为"工具主义"？

杜威的实用主义哲学还有一个别称就是工具主义，基本观点是认为思想、观念、理论是人的行为的工具，它们的真理性的标准在于能否指引人们的行动取得成功。杜威反对理性派哲学关于真理是先天的理性概念或绝对观念的属性的观点，否定逻辑原则的先天性，同时也反对唯物主义反映论。他认为任何思想、概念都只能看做是运用的假设，是人们为了达到预期目的而设计的工具。工具只有有效或无效、适当或不适当、经济或不经济之分，没有真假之别。

杜威持有什么样的社会政治思想？

杜威是实用主义的创始人之一，也称得上是大资产阶级的代言人。他的社会政治思想是采用自然科学的实验探索方法转移到社会政治领域所得出的理论。他认为社会政治思想涉及的是社会和个人，以及它们之间的关系问题。通常处理这些问题的各种见解的根本缺陷是：全部都从一般概念出发，预先提出关于社会和国家等的一般概念，再进一步论及各种具体和特殊的社会问题。但是社会问题总是具体的、特殊的，人们在这方面所需要的指导也是具体的、特殊的，所以杜威的实验探索方法就是按照人们在社会历史和政治领域内所处的特殊环境、问题及特殊需要去制定特殊方法。

海德格尔对于死亡有什么见解？

海德格尔在《存在与时间》之中，对死进行了深刻的分析，由此也可以看出他对人存在价值的看法。他认为，"我将要死"并不是世界中的一个外在的和公开的事实，而是我自己存在的一种内在可能性。我随时都可能要死，因此死就是我现在的可能性，而且我也肯定会死，无论是死于哪种方式，因此死又是我存在的极端性。它是我各种可能性中最极端、最绝对的一个。承认了死就是承认了人的有限性，因此海德格尔也研究了这个问题。他认为，对于人的有限性的体验，不在于其周界、延伸范

围，而在于它存在的核心之中——人都是有限的，因为它的存在充满非存在。

存在主义的"存在"有什么含义？

关于存在主义的基本概念"存在"：

第一，指的是人的存在，而不是物的存在。"物"只能"有"，而不能"存在"。

第二，不是指一般的人、人类的存在，而是指具体的、个别的人的存在。

第三，不是指具体的有形的某个人的具体存在，而是指孤独个人同自身的关系，他的自我感。

第四，不是指个人对自身的理性认识，而是指孤独个人的非理性的情绪体验。

存在主义对于人与人之间的关系的见解分为哪两派？

人与人之间的关系是存在主义者共同关心的一个问题。不同的存在主义者对这个问题有着不同的看法，但是，他们都认为，我可以理解他人，他人也可以理解我，分歧在于：我将他人或他人将我当作物还是当作有主观性的人。

在人与人的关系这一点上，海德格尔、萨特基本上属于一个类型，即他们认为，个人与他人的关系是对立的，实际上是一种主体与客体、人与物的关系。而以布贝尔和马塞尔为代表的另一派主张则与之相反。

第四章　一张简历理清哲学——哲学名人篇

为什么泰勒斯被称为科学和哲学之祖？

泰勒斯，古希腊思想家、哲学家、科学家、天文学家、数学家，希腊七贤之一。他开创了米利都学派；希腊以及西方第一个自然科学家和哲学家；第一次提出了"世界的本原是什么"；成功地预测过一次日食；测量了太阳的直径（与真实结果察觉很大）；确定一年为365天；将命题证明的思想引入数学；将埃及的地面几何演变成平面几何，并且发现了比如"等腰三角形底角相等"等基本定理；将平面几何运用到实践之中，成功地测量了金字塔的高度。大约出生于公元前624年，在公元前547年或546年去世。

泰勒斯出生于米利都的奴隶主贵族阶级家庭，相传他有希伯来人、犹太人、腓尼基人等人种的血统，而这些人种都是文明发展比较早、比较重视教育的种族，所以他从小就受到了非常好的教育。"在米利都，人民最初获得了胜利，杀死了贵族们的妻子儿女；后来贵族又占了上风，把他们的对方活活烧死，拿活人作火把将城内的广场照得通亮。"在泰勒斯生活的公元前7世纪，小亚细亚的绝大部分希腊城市都有类似的情况，整个社会还处于比较愚昧落后的状态，人们对许多的自然现象根本就无法理解。但是，泰勒斯却总想着探讨自然中的真理。泰勒斯早年的时候也曾经继承家业成为了一个商人，并且因此到过许多的东方国家，学习了古巴比伦观测日食、月食和测算海上船只距离等方面的知识，了解了腓尼基人英赫·希敦斯基探讨万物组成的原始思想，知道了埃及土地丈量的方法和规则等。他在美索不达米亚平原学习了数学和天文学知识。晚年的时候泰勒斯转向哲学，他几乎涉猎了当时人类的全部思想和活动领域，获得崇高的声誉，被尊为"希腊七贤之首"。因为他懂得天文和数学，又是人类历史上比较早的科学家，所以，人们称他为"科学之祖"。

提出本原为无限的米利都学派哲学家是谁？

阿那克西曼德（约公元前610年—约公元前546年），古希腊唯物主义哲学家、天文学家，泰勒斯的学生，他绘制了世界上第一张全球地图，第一个使用日晷的希腊人，首次将球体的观念引入天文学，将地球绘制成以东西为轴、高度是半径的三分之一的圆柱体，认为世界产生于无限，回归于无限。

提出本原为气的米利都学派哲学家是谁？

阿那克西美尼（约公元前588—约公元前525年），唯物主义哲学家，天文学家，提出了月光是太阳的反照，分别了行星与恒星。

阿那克西美尼是米利都学派的最后一位继承人，因为在公元前494年波斯人镇压伊奥尼亚叛乱的时候，米利都城便被波斯人毁灭了，他还是阿那克西曼德的学生。在米利都学派消失之后，许多认同亚里士多德的哲学家也同样认可阿那克西美尼的物质一元论，他的学说后来被赫拉克利特发展成为哲学界的一个大分支。

将数看成是世界本原的古希腊哲学家是谁？

毕达哥拉斯（约公元前572年—约公元前497年），古希腊数学家、哲学家，大多数情况下他被视为数学家，他的观点是世界的本原为数，一切事物都构成和谐的秩序。

毕达哥拉斯出生在现在米利都附近的撒摩斯岛，这个小岛位于现在的希腊东部地区，属于爱奥尼亚群岛。毕达哥拉斯出生的时候，这个小岛正好处于鼎盛时期，在经济、文化等各个方面都远远领先于希腊本土的各个城邦。

毕达哥拉斯的父亲是一个富商，很小的时候他就被送到提尔，在闪族叙利亚著名学者的门下学习，在那里他接触了东方的宗教和文化。他跟随撒摩斯的诗人克莱非洛斯学习诗歌和音乐，在米利都、得洛斯等地拜访了泰勒斯、阿那克西曼德和菲尔库德斯。后来，他多次跟着父亲的商队来到了小亚细亚，因为向往东方的智慧，毕达哥拉斯就开始了他的跋涉之旅，他先后来到了巴比伦、印度和埃及（存在争议），吸收了阿拉伯文明和印度文明。在埃及学成之后，他回到了撒摩斯岛，并且开办了学校，但是却没有收到预期的效果，为了摆脱

统治者的暴政，他来到了意大利南部的克罗顿，和唯一的门徒建立了一个宗教、政治、学术合一的学派。

在刚开始的时候，毕达哥拉斯学派产生了很大的影响，后来因为在政治斗争中失败，毕达哥拉斯逃到了梅达彭提翁，这个城市也位于意大利南部，在毕达哥拉斯死后，他的弟子分成了两个派别，一个是哲学教派，一个是以数学研究为主的教派，并且一直持续到公元前4世纪中期。

开创了逻辑论证先河的古希腊哲学家是谁？

巴门尼德（约公元前6世纪末——约公元前5世纪中叶），古希腊哲学家，他最早提出思维与存在的同一的观点，开创了逻辑论证的先河，写有哲学诗《论自然》。他的哲学观点是没有事物会改变，我们的感官认知是不可靠的。

提出运动四悖论的古希腊哲学家是谁？

芝诺（约公元前490年—约公元前436年），辩证法的创始人，古希腊哲学家，巴门尼德的学生。

芝诺，出生于埃利亚城，相传他是巴门尼德的学生和义子，因反对僭主（当时希腊城邦的统治者的称呼）而被杀死。

关于芝诺的生平，确切的文字记录比较少，柏拉图在他的对话录《巴门尼德》一章之中，记叙了芝诺和巴门尼德在公元前5世纪中叶去雅典的一次访问。其中描写道："巴门尼德年事已高，约65岁；头发很白，但仪表堂堂。那时芝诺约40岁，身材魁梧而美观，人家说他

已变成巴门尼德所钟爱的人了。"后来的希腊作家们认为这是柏拉图的虚构，但是柏拉图的书中芝诺的观点却十分准确，所以这种说法还是有一定根据的。

提出火本原说的哲学家是谁？

赫拉克利特（约公元前530年—约公元前470年），古希腊哲学家，辩证法的奠基人之一，著有《论自然》，他的主要哲学思想是火本原说和逻各斯学说，他的名言是人不能两次踏入同一条河流，因为无论是这条河还是这个人都已经不同。

赫拉克利特，出身于爱菲斯的贵族世家，他天生性格孤傲、藐视民众，对政治是极其厌恶，反对暴君的专制，也同样反对民主制。相传他为了寻求心理的宁静选择了放弃家族世袭的主祭祭司的职位，长期隐居在山林之中，过着离群索居的生活，一直到最后因为患水肿病去世。赫拉克利特曾经写过一本名字叫《论自然》的书，流传至今的尚有一百多条残篇。但是因为他的思想深邃，文字含蓄，所以又有"晦涩哲人"的称呼。因为他对事物运动变化的规律的理解包含着丰富的辩证法思想，因而他被称为"辩证法的奠基人之一"。

提出"火、土、气、水"四根说的古希腊哲学家是谁？

恩培多克勒（约公元前490年—约公元前430年），古希腊唯物主义哲学家、预言家、科学家，修辞学创始人。

恩培多克勒出生于西西里的阿克拉噶斯，也就是今天的阿格里琴托，相传他曾经做过巴门尼德的学生，是从埃利亚学派的理性主义的基础之上转向感觉经验的。

虽然恩培多克勒是一位哲学家，但是在年轻的时候他却毅然投身于政治，曾经策划了推翻故乡拉噶斯的暴君的行动，在暴动成功之后，城邦的公民纷纷推举恩培多克勒担任君主，可是他却选择了将剩余的时间花在哲学研究之上。

恩培多克勒的哲学在很大程度之受到了毕达哥拉斯的影响。这主要表现在他的教义之中所拥有的强烈的神秘主义。恩培多克勒从来都不反对自己被别人看成是预言家和创造奇迹的人，甚至有的人认为他能够让人起死回生。关于起死回生这一点有一个流传在希腊的传说。在很早的时候，恩培多克勒曾经宣布在某一天他会升天成神，而就在这一天，他神秘地失踪了，人们认为，他为了让人们相信他的预言成真而跳进了埃特纳火山口。

阿那克萨戈拉的主要成就是什么？

阿那克萨戈拉（约公元前500年—约公元前428年），古希腊哲学家、物理学家、化学家、天文学家、数学家、原子唯物论的思想先驱。他的最主要的成就是首次将哲学介绍给雅典人，并且首次提出心可能是物理变化的首要原因。

阿那克萨戈拉，出生于小亚细亚的史苗纳附近克拉左美尼的名门，大约在公元前461年的时候，阿那克萨戈拉移居到了雅典，并且在那里生活了大约30年的时间。他是雅典奴隶主民主派领袖伯里克利的朋友、老师和政治上的积极支持者。

阿那克萨戈拉为什么会被驱逐？

对于阿那克萨戈拉究竟是如何被驱逐的前因后果，柏拉图在《费德罗篇》中有着详细的描述：阿那克萨戈拉应伯

里克利的邀请来到了雅典，两人的关系非常要好。那个时代的雅典公民和任何一个时代、任何一个地方的公民一样，对于那些试图将比自己已经适应的文化更高级的文化介绍进来的人都会有一种敌意。当伯里克利老了的时候，他的敌手自然不会放过这一个时机，他们着手准备了一系列的针对伯里克利的斗争，而有一件事就是他们通过了允许人揭发那些不奉行宗教并宣扬有关各种"天上事物"的理论的人的法律，而阿那克萨戈拉所宣扬的太阳是一块红热的石头、月亮是土都触犯了这条法律，所以他就被驱逐了。阿那克萨戈拉回到伊奥尼亚创办了一所学校，根据他的遗嘱，他的忌辰就是学生们的假日。传说，阿那克萨戈拉写过谈论自然的书，但只有别人转述的二十多条残篇流传了下来。

奠定了原子论基础的哲学家是谁？

留基波（约公元前500年—约公元前440年），古希腊唯物主义哲学家，原子论奠基人，他的名言是没有什么是可以无端发生的，万物都是有理由的，而且都是必然的。留基波，米利都城邦人，继承了伊奥尼亚地区的科学的理性主义哲学，他受巴门尼德和芝诺的影响比较大。对于留基波这个人，留下的史料非常少，所以有人怀疑他是不是真实存在的人物。但是在亚里士多德的许多著作中都提及到了他并且引用了许多他的原作，所以如果说这个人不存在实在让人难以相信。

将原子论推向巅峰的哲学家是谁？

德谟克利特（约公元前460年—公元前370年），唯物主义哲学家，数学家，主要的成就是创立了原子论，他的哲学思想是原子和虚空构成世界。德谟克利特，出生于现在的巴尔干半岛上的色雷斯的一个名叫阿布德拉的地方。他的父亲在当地是一位很有资产和地位的人。根据他留下的当阿那克萨戈拉年老的时候他依然年青的记载，哲学家们推测他的巅峰期应当是在公元前420年左右。年青时候的他曾经到南方和东方的许多国家游历，当然具体到过哪些国家已经不能考究，唯一能够肯定的是他去过波斯。根据不确切的史料记载，德谟克利特曾经在阿那克萨戈拉的门下学习，和苏格拉底一起讨论过哲学。在苏格拉底的眼中，德谟克利特就像是一位奥林匹克之中的五项全能竞赛的胜利者。德谟克利特是经验的自然科学家和希腊人中第一个百科全书式的学者，在整个希腊文化史上，他博学多才的程度除了亚里士多德，几乎是无人能够与其匹敌。希腊后期的伊壁鸠鲁派的哲学家策勒尔在自己的著作之中称赞德谟克利特，"在知识的渊博方面要超过所有的古代的和当代的哲学家，在思维的尖锐性和逻辑正确性方面要超过绝大多数的哲学家"。

提出人是万物的尺度的智者派哲学家是谁？

普罗泰戈拉（约公元前481年—约公元前411年），古希腊哲学家，智者学派主要代表。著有《论神》《论真理》《矛盾法》等。他的哲学思想是人是万物的尺度，是存在者存在的尺度，也是不存在者不存在的尺度。

普罗泰戈拉，出生于色雷斯的阿布德拉，和德谟克利特是同乡，他可以被称为是第一位智者，同时也是最重要的智者，还是当时最为著名的雅典教师。普罗泰戈拉在公元前445年来到雅典，他一共在雅典执教40年，直到因为被指控亵渎神灵而遭到驱逐。他以擅长辩论而著称。在雅典期间，他培养了大批学生，并且写下了许多的著作，最为出名的就是《论神》《论真理》《矛盾法》等。在当时，普罗泰戈拉在古希腊社会拥有非常高的声誉。在埃及孟菲斯出土的托勒密王朝时期的塑像中，普罗泰戈拉与泰利斯、赫拉克利特、柏拉图等人并列。

第一个将修辞学引入雅典的智者派哲学家是谁？

高尔吉亚（约公元前483年—约公元前375年），古希腊哲学家、修辞学家，智者派的代表人物，他的主要成就是晚期怀疑主义的思想来源，古希腊第一个用散文代替诗的作家，将修辞学引进雅典，他的哲学思想是感觉是由自然物发出的流溢物进入人的感官孔道而产生的。

高尔吉亚，出生于西西里岛的一个名字叫雷昂底恩的城邦，以擅长演说而著名。年轻的时候跟随四根说的恩培多克勒学习修辞、论辩、自然哲学和医学，成为了一名出色的政治活动家和演说家，以外交使节的身份长住雅典，教授雄辩术。公元前427年为请求联合反对叙拉古而出使雅典，晚年在特萨里亚的拉里萨居住。高尔吉亚的代表作是《论非存在或论自然》，主要内容在塞克斯都·恩披里柯的《反杂学》一书中得到了较为完整的保存。除此之外的著作还有《海伦赞》《帕拉梅德辩护词》等。

苏格拉底是如何去世的？

在早年的时候，苏格拉底继承父业，从事的是雕刻石像的工作，后来才转为研究哲学。他曾经说过："我的母亲是个助产婆，我要追随她的脚步，我是个精神上的助产士，帮助别人产生他们自己的思想。"他曾经作为公民三次参加战斗，并且还担任过雅典公民大会中的陪审官。苏格拉底是靠着熟读荷马史诗以及其他著名诗人的作品自学成为的很有学问的人。他将传授知识作为自己的责任，三十多岁的时候做了一名不收取任何报酬也不设馆的社会道德教师。所以当时非常多的人，有富人，也有穷人，经常聚集在他周围，跟他学习，向他请教。苏格拉底却常常说："我只知道自己一无所知。"在雅典恢复奴隶主民主制之后，苏格拉底被指控藐视传统宗教、引进新神、败坏青年和反对民主等罪名而判处死刑，后来就刑而死，也有人说是他拒绝朋友和学生要他乞求赦免和外出逃亡的建议，饮下毒酒自杀而死。不管怎么样，这位在欧洲文化史上被看作是追求真理而死的圣人是死于这场指控的。

苏格拉底是如何教导尤苏戴莫斯的？

有这样一个苏格拉底请教别人却让人陷入自我矛盾之中，然后因势利导，从相互矛盾的具体事例中抽象、归纳出一般性的概念定义的例子。这次谈话的对象是一位狂妄自大、雄心勃勃，想要竞选城邦的领袖的名字叫尤苏戴莫斯的青年。两人之间的对话非常有意思，也非常有代表性。

苏格拉底问尤苏戴莫斯："一个希望当领袖的人必须有治国齐家的本领，但是，一个非正义的人能掌握这种才能吗？"

"当然不能。一个非正义的人甚至连做一个良好的公民都没有资格。"尤苏戴莫斯回答地非常肯定。

"那么，你知道什么叫正义的行为，什么叫非正义的行为吗？"

尤苏戴莫斯把虚伪、欺骗、奴役、偷窃、抢劫归结为"非正义"的一边。

后面就是苏格拉底的特殊的"请教"了。

苏格拉底问："作战的时候，潜入敌方军营，偷窃敌方作战图是非正义行为吗？为了防绝望中的朋友自杀，把他藏在枕头底下的刀偷走，难道不是应该的吗？生病的儿子不肯吃药，父亲就骗他，将药当饭给他吃下，使儿子很快恢复了健康，这种欺骗行为也是非正义的吗？……"这一连串的请教，让尤苏戴莫斯陷入了极度的迷茫，而苏格拉底就开始了自己的诱导，使尤苏戴莫斯接受了自己的观点。接着他就指出什么样的知识对人来说最为重要的，这就是"认识你自己"。

将美德视为唯一追求的苏格拉底的弟子是谁？

安提斯泰（约公元前435年—约公元前370年），苏格拉底的弟子，古希腊哲学家，代表作是《赫拉克里斯》《西落》《阿切劳斯》《政治论》，他的哲学思想将美德视为唯一必须追求的目标。安提斯泰，大约比柏拉图大20岁，他的母亲是一个色雷斯女奴，所以他不是一个全权的希腊公民。在青年时期，安提斯泰曾经跟随智者学派的代表高尔吉亚学习，后来曾经随着大军参战，之后拜师苏格拉底，自认为是老师的精神传人，在著作之中描写过亲眼所见的苏格拉底饮毒自杀的场面。

将"涂改货币"作为人生目标的哲学家是谁？

狄奥根尼，（约公元前404年—约公元前323年），古希腊哲学家，他的主要成就是描绘在无政府主义的乌托邦之中人们过着自然生活的《共和国》，主张回归简朴自然的生活。狄奥根尼，出生于锡诺普的一个银行家的家庭，在科林斯去世，他的生平已经没有办法去考究，但是古希腊却留下了大量关于他的传闻。

狄奥根尼是安提斯泰的学生，但是刚开始的时候，安提斯泰根本就不肯收他为弟子，因为他是一个擅自涂改货币而被丢进监狱的银行家的儿子。狄奥根尼被呵斥回去，但是他却一动不动，安提斯泰用手杖打他，他也没有动，因为他知道安提斯泰能够教给他自己渴望的智慧。狄奥根尼最大的愿望就是和父亲一样"涂改货币"，但是他却想要涂改世上流行的一切货币，在他看来，"每一种通行的印戳都是假的。人们被打上了将帅与帝王的印戳，事物被打上了荣誉、智慧、幸福与财富的印戳；一切全都是破铜烂铁打上了假印戳"。

什么样的环境造就了柏拉图？

柏拉图是整个西方哲学，甚至是整个西方文化最伟大的哲学家和思想家之一，他出生于雅典，父母都是城邦的贵族，他的母亲是雅典的立法者梭伦的后代，所以柏拉图从小就接受了十分完善的教育。柏拉图早年非常喜欢文学，也写过诗歌和悲剧，并且也对政治有兴趣，在20岁左右的时候和苏格拉底结交之后，将全部的精力转移到了哲学研究之上，从此之后他就成为了苏格拉底的门徒。在苏格拉底死后，柏拉图开始四处游历，先后到埃及、小亚细亚和意大利南部从事政治活动，试图实现他的贵族政治理想。公元前387年活动失败之后，柏拉图逃回雅典，在一所名叫阿卡德米的体育馆附近设立了一所学园，并且在这里执教40年，一直到逝世，而这所学园的成员，也在柏拉图之后形成了一个"学园派"。

亚里士多德经历了什么样的学习历程？

亚里士多德出生于色雷斯的斯塔基拉希腊移民区，父亲是马其顿王腓力二世的御医，所以他的家庭大体属于奴隶主阶级的中产阶层。大约在公元前366年，也有说是公元前367年，他被送到了雅典的柏拉图学园，在这之后的20年之中，亚里士多德一直都在这里学习，直到老师柏拉图去世。在跟随柏拉图学习的20年时间对于亚里士多德有着决定性的影响，在雅典的柏拉图学园之中，亚里士多德的表现非常出色，柏拉图将他称为是"学园之灵"。但是亚里士多德却并不是一个只懂得崇拜权威的人，虽然他的老师柏拉图非常的权威，这从他的那句"吾爱吾师，吾更爱真理"就能够看出来。在学园期间，他努力地收集各种各样的图书资料，甚至为自己建立了一个图书室，关于这一点，柏拉图曾讽刺他是一个书呆子。在学园期间，师徒两人就发生过分歧，亚里士多德曾经表示，智慧不会随着柏拉图一起死亡，到了晚年的时候两人更是经常发生争吵。

亚里士多德是如何教导亚历山大大帝的？

公元前347年，柏拉图去世，亚里士多德在雅典两年，后来因为学园派的新首脑倾向柏拉图哲学之中的数学倾向，而无法忍受，于是他就离开了雅典。离开学园之后，亚里士多德接受了学友当时身为小亚细亚僭主的赫米阿斯的邀请访问小亚细亚，并且娶了他的侄女作为妻子（也有的书中记载的是妹妹），在公元前344年的适合，赫米阿斯死于一次暴动之中，亚里士多德不得不离开小亚细亚，带着自己的家人来到了米提利尼（关于亚里士多德回去的原因，也有记载他是被马其顿的国王腓力二世召回故乡的）。公元前343年，42岁的亚里士多德成为了当时13岁的亚历山大大帝的老师，并且一直担任这个职位直到亚历山大16岁成年。在这一年，亚历山大被父亲腓力指定为继承人。至于亚历山大和亚里士多德之间的关系，流传下来的只有各种各样的传说，唯一能够确定的是，亚里士多德尽到了作为老师应该做的职责，在他的影响之下，亚历山大始终非常重视知识，始终非常关系科学事业。但是两个人的政治观点却截然不同，甚至可以说是相反，亚里士多德的政治观是在衰亡的希腊城邦之上建立国家，而亚历山大所建立的中央集权的帝国对于希腊人来时无疑是野蛮人的发明。正如阿维贝恩所说："狂妄、酗酒、残酷、报复成性、而又迷信得粗鄙不堪，他把深山里的酋长的邪恶和东方专制君主的狂暴都结合在一起了。"

亚历山大为亚里士多德提供了哪些帮助？

虽然自己的学生是国王的继承人，

但是亚里士多德并没有长期留在马其顿，而是在公元前335年，腓力去世之后就回到了雅典，并且建立了自己的学园，学园的名字是吕刻俄斯，这个名字是阿波罗神殿附近的杀狼者的名字。在这期间，亚里士多德写出了自己绝大部分著作，主要是关于自然和物理方面的自然科学和哲学，使用的语言比较晦涩，并且大部分是讲课笔记，甚至有部分是他学生笔记，所以他也被看做是西方第一个教科书作者。亚里士多德非常重视教学的方法，他极度反对刻板教学，于是经常带着学生在林荫道上边散步、边讨论哲学，所以亚里士多德建立的学派也被称为"逍遥学派"，哲学则被称为"逍遥的哲学"或者是"漫步的哲学"。据说，亚历山大为他的老师提供的研究费用，为八百金塔兰（每塔兰重合黄金六十磅）。亚历山大还为他的老师提供了大量的人力。他命令他的部下为亚里士多德收集动植物标本和其他资料。

亚里士多德的死因是什么？

公元前323年，也是亚里士多德在雅典居住了12年之后，亚历山大大帝去世了，雅典人就举起了反抗马其顿帝国统治的大旗并且开始攻击一切和亚历山大有关系的人，亚里士多德当然不可避免地成为了攻击的对象，他的罪名是"不敬神"——苏格拉底也因为这个罪名被处死，但是亚里士多德却选择了出逃，并且表明自己是为了不让雅典人再犯"反哲学"的罪过，这多少有点儿立牌坊的味道。他自己创立的学园则交给了狄奥弗拉斯图，一年之后，也就是公元前322年，63岁的亚里士多德客死他乡。

当然关于他的死亡也有被毒死或者使无法解释潮汐现象而跳海自杀等说法，但是这些都没有半点的依据。

继承柏拉图主持学园的哲学家是谁？

斯彪西波（约公元前395年—公元前339年），他非常重视毕达哥拉斯学派的数的理论，甚至是有点过头，而这与亚里士多德的观点有着极大的差别，所以亚里士多德才会选择离开学园。斯彪西波在毕达哥拉学派的数的理论之中发现，"一"是万物的本原，从"一"中能够导出数、大小和灵魂。他认为神是无处不在的，是统治万物的生命力。

学园的第三任主持者是谁？

色诺克拉底（公元前396年—公元前314年），柏拉图的学生和追随者，他在公元前339年从斯彪西波的手中接过了学园的主持者的位置。色诺克拉底主要的研究对象是伦理学和形而上学，他将全部存在分成三个领域：可感的、可知的，以及这两者的混合；它们依次和认识中的感觉、理智、意见相应。

促使学园派向怀疑论发展的第六任主持者是谁？

阿尔克西劳（约公元前315年—公元前241年），与伊壁鸠鲁与芝诺是同时代的人。阿尔克西劳将苏格拉底的"自知其无知"理论推到了极端："我甚至不知道我是否知道或不知道。"他还通过对斯多亚派的"理解论"的批评，否认了任何知识的可能性，认为"要是理解根本就不存在，那么万物也就是不可理解的"，促使学园派向怀疑论发展。

安提俄克的主要贡献是什么？

安提俄克，他是导致新学园派被称为"新"的主要推动者，至于原因，有两点：第一，安提俄克一是放弃了纯粹的柏拉图主义，把柏拉图、亚里士多德、早期斯多亚学派的有关思想糅合在一起，使整个学园向折衷主义演化，并成为折衷主义的主要活动中心；第二，从中期学园的怀疑论中摆脱出来，建构起新的、以折衷为特征的独断论。

安提俄克的这种转向，直接影响了后期的新学园派的发展，也导致了在普罗克洛时期，新学园成为了新柏拉图主义的主要阵地。

逍遥学派哲学家泰奥弗拉斯的主要贡献是什么？

泰奥弗拉斯（约公元前372年—公元前287年），古希腊生物学家、逻辑学家，出生在莱斯沃斯岛的埃雷索斯。泰奥弗拉斯继承了亚里士多德的所有研究领域，尤其致力于生物学的研究，在植物学和逻辑学方面也作出了贡献，在哲学方面，他主要发展了亚里士多德的逻辑学说，他在其模态逻辑的系统内取消了意义不确定的偶然性概念，代之以可能性概念，从而简化了模态逻辑的推演。泰奥弗拉斯在逻辑上的最大贡献是：他超出亚里士多德词项逻辑的范围，研究了假言联锁推理、假言推理和选言推理，从而使由亚里士多德的词向逻辑过渡。

主要贡献在于自然科学的逍遥学派哲学家是谁？

斯特拉图（约公元前4世纪—公元前269年），来自蓝普沙克斯。他的主要贡献是在自然科学方面。他不仅观察自然，也对自然进行试验，他曾经将一根木材在加热前后都称过，发现烧出来的木炭和原来木头一样大小，但是轻了。斯特拉图因此设想有物质离开了木材，留下许多小孔。斯特拉图认为物体一般都由微粒形成，中间存在空隙。他论证说，如果中间没有空隙，光就不能透过水和空气，热也不会由一个物体传给另一个物体。据说他是亚里士多德《气象学》第四卷的作者，这本书是亚历山大里亚时期炼金术派以前的唯一研究化学问题的希腊著作。在第四卷之中记载了一切矿物源于地球内部蒸发出两种气体的学说。一种是烟气，具有热和干燥性质；另一种是蒸气或水气，既冷又湿。两种气体相互作用就产生各种各样的矿物，不能熔化的岩石、红色的颜料、含有较多烟气的硫和含有较多水气的金属。

著有《论自然》的哲学家是谁？

伊壁鸠鲁（公元前341—公元前270年），古希腊哲学家，他的代表作有《论自然》、《准则学》、《论生活》和《论目的》等。伊壁鸠鲁，出生于萨默斯岛，父亲是一个家庭教师，母亲则是一个女巫。根据资料记载，伊壁鸠鲁14岁开始就学习哲学，曾经跟随学园派的成员以及德谟克利特学说的继承人学习，并且熟悉亚里士多德和阿那克萨戈拉等人的哲学。在18岁的时候，他来到雅典服兵役，对德谟克利特的原子论进行进一步的研究，同时和当时许多哲学家互相往来。根据记载，伊壁鸠鲁的著作多达三百多卷，其中最为重要的有《论自然》、《准则学》、《论生活》

和《论目的》等。流传至今的只有三封书信和题为《格言集》和《学说要点》的残篇。

著有《物性论》的诗人哲学家是谁？

卢克莱修，罗马共和国末年的哲学家和诗人，他主要成就是创作了唯一完整保存下来的伊壁鸠鲁学派的著作——哲理长诗《物性论》。伊壁鸠鲁的哲学经过卢克莱修的论证和发展，思想更加丰富。《物性论》在当时并没有引起很大反响，在中世纪神学统治下更是不可能产生影响，但是对于文艺复兴时期伊壁鸠鲁主义的复兴却起了非常重要的作用。

创立了斯多亚学派的哲学家是谁？

芝诺（公元前336年—公元前264年），古希腊哲学家，最主要的成就是创立了斯多亚学派。芝诺，来自塞浦路斯岛的基提翁，他的父亲是一个商人，曾经在去雅典经商的时候给他带回来许多书籍，其中最多的就是苏格拉底学派的书籍，正是这些书引起了芝诺对哲学的爱好和渴望，后来他就继承父业到雅典经商。大约在20岁的时候，芝诺在前往雅典的途中，船只沉没导致所有财物丢失，这让他下定决心留在雅典研究哲学。开始的时候他四处拜访不同的哲学流派，后来创立了斯多亚学派。芝诺的生活非常简朴，他只靠清水、面包、无花果和蜂蜜充饥。他品格非常高尚，雅典人都十分尊敬他，甚至曾经将城堡的钥匙交给他，还为他作了一个为了他的德性和节制，决定给予他一种公开的表扬，赠给他一顶金冠的决议。芝诺活到72岁的时候，根据他自己的伦理思想，自愿地自缢而死。

著有《宇宙颂》的拳击手哲学家是谁？

克雷安德（公元前331年—公元前232年），古希腊哲学家，最主要的成就就是《宇宙颂》。克雷安德，是芝诺年龄最大的和最虔诚的学生，曾经是一位拳击手，为了能够跟随芝诺学习，他经常在晚上帮助园丁浇花赚取学费。这个克雷安德也许是因为做拳击手的原因，也许是天性的原因，总之他的反应比较迟钝，但是学习却非常刻苦，甚至曾经将雅典人感动到要从国库之中拨出一份津贴来资助他学习，但是他却继承了芝诺的简单生活原则，拒绝了这份资助。芝诺将他比作一块硬板，很难写上字，可是一旦写上了就永远抹不掉了。他最后和芝诺一样，绝食自尽。

将斯多亚学派系统化的哲学家是谁？

克吕西波（约公元前280年—公元前206年），古希腊哲学家、作家。相传他写过705卷书，他将斯多亚学派系统化、迂腐化了。他认为只有宙斯，也就是至高无上的火，才是不朽的；其他的神，包括日、月在内都是有生有死的。他认为"神"没有参与制造恶，但是对于这一点他却没有进行解释，但是在其他的地方他却又依照着赫拉克利特的方式来处理恶，认为对立面是互相包含着的，有善而没有恶在逻辑上乃是不可能的。

改变了斯多亚学派研究方向的哲学家是谁？

巴内修斯（约公元前180年—公元前110年），古罗马哲学家。他来自罗得岛，他是斯多亚学派观点罗马化的开创者，对于斯多亚学派在罗马世界的传播和开花发挥了极其重要的作用。

被称为亚里士多德以来希腊最渊博的思想家是谁？

波塞唐纽斯（约公元前135年—公元前51年），古罗马哲学家、巴内修斯最为著名的学生，他的成就是在哲学、伦理学、政治学、历史学、心理学、数学、天文学、文学等方面均取得了一定的成就，他来自叙利亚，是巴内修斯最为著名的学生。

著有《论神性》的哲学家是谁？

西塞罗（公元前106年1月3日—公元前43年12月7日），罗马共和国末期著名的政治家、哲学家、论辩家和文学家，他的哲学著作是《论神性》《论目的》《论命运》等，主要哲学思想是将柏拉图主义和斯多亚学派的观点糅合在一起，反对伊壁鸠鲁主义的原子唯物论，宣扬灵魂不死学说。西塞罗，全名马库斯·图留斯·西塞罗，出身于古罗马的奴隶主骑士家庭，以善于雄辩而成为罗马政治舞台的显要人物。从事过律师工作，后来进入政界，最开始的时候倾向平民派，后来成为了贵族派。公元前63年，他当选为执政官，后来被政敌马克·安东尼派人杀死。

被称为基督教教父斯多亚学派哲学家的是谁？

赛内卡（公元前4年—公元65年），古罗马政治家、哲学家、悲剧作家、雄辩家、新斯多亚主义的代表，他的哲学著作是《道德书简》。赛内卡，西班牙

人，父亲是一个住在罗马的非常有涵养的人。他是一个哲学家，但是更是一个政治家，赛内卡在已经取得了一定的成功的时候不小心触怒了皇后梅萨林娜，结果在公元41年他就被罗马皇帝克劳地乌斯流放到科西嘉岛，公元48年，克劳地乌斯的第二任妻子阿格丽皮娜又将他从流放中召了回来，并且任命为她11岁的儿子的太傅。与亚里士多德相比较，赛内卡非常不幸，因为他的学生是古罗马著名的暴君之一——尼禄。赛内卡曾经担任过帝国会计官和元老院元老，后又担任掌管司法事务的执政官。在尼禄17岁就登基成为古罗马的帝王之后，赛内卡成为了尼禄的主要顾问之一。失宠之后，赛内卡就在家闭门著书，但是他仍然被指控参与一场谋害尼禄并且拥立新皇帝的阴谋，最后尼禄顾念他旧日的功德而赐他自尽。在知道皇帝的决定之后，赛内卡想要写一篇遗嘱，但是时间已经不准许他这样做，于是他就转过身忧伤地对他的家属们说："你们不必难过，我给你们留下的是比地上的财富更有价值得多的东西，我留下了一个有德的生活的典范。"大体的意思应该就是这样，然后他切开了血管并且招来秘书记下他临终的话。

作为一个斯多亚学派的成员，赛内卡是公开鄙视财富的，但是实际上他却积聚了多达1200万美元的财富，相传这些财富大部分是在不列颠放高利贷获得的，而且他的超高利率是导致不列颠反叛的原因之一。

主张忍让和克制的古罗马哲学家是谁？

爱比克泰德（公元55年—公元135

年），古罗马哲学家。爱比克泰德，希腊人，刚开始的时候是艾帕福罗底图斯的奴隶，后来被尼禄释放，后来又成为了尼禄的大臣。爱比克泰德是一个瘸子，因为他在做奴隶的时候遭受了残酷的刑罚。他一直在罗马居住到公元90年，这一年罗马皇帝多米提安表示自己用不着知识分子，于是就把所有的哲学家都驱逐出境。爱比克泰德便退居于伊壁鲁斯的尼柯波里，他就在这里靠写作和讲学度过了好几年，最终死在了这个地方。

唯一的帝王哲学家是谁？

马可·奥勒留（公元121年4月26日—公元180年3月17日），罗马帝国最伟大的帝王之一、哲学家，他是罗马帝国五贤帝时代的最后一位帝王，哲学上的主要成就是著有12卷，他的名言是：不对的事不用做，不真实的话不必说。

奥勒留在希腊文学和拉丁文学、修辞、哲学、法律、绘画方面受过很好的教育，晚期斯多亚学派代表人物之一。他出生于罗马的一个非常有政治势力并且非常富有的家庭，在非常小的时候他就被当时的罗马皇帝哈德良注意，因而得到特殊的教育。六岁即升为骑士阶级，七岁入学于罗马的萨利圣学院，并且在这里得到各种文化中精英的教育。真正将奥勒留推入政坛的是前朝皇帝哈德良，他将安东尼认为嗣子，条件是安东尼等认养奥勒留。在青年时代，奥勒留就三次出任执政官。公元161年3月7日，奥勒留继位成为罗马帝国皇帝，但是他却坚持和养兄维勒斯一起继承皇帝之位，形成了罗马帝国历史上第一次由两位具有同等地位和权力的皇帝共执朝

政。从他即位这一年开始，自然灾害就一直围绕着罗马帝国，公元163年，他入侵亚美尼亚，而传染病也在国内泛滥，公元166年，他派遣使者来中国建交。他生命中的最后历程是在军营之中度过的，他的《沉思录》也是在辛劳的闲暇写出来的，可惜的是他的勤奋没有能够挽救古罗马。

"马可·奥勒留是一个悲怆的人；在一系列必须加以抗拒的欲望里，他感到其中最具有吸引力的就是想要引退，去过一种宁静的乡村生活的那种愿望。但是实现这种愿望的机会始终没有来临"。这句话是罗素对奥勒留的评价。

主张最高的善就是不做任何决定的哲学家是谁？

皮浪（公元前365年或360年—公元前275年或270年），古希腊怀疑派哲学家，他的哲学观点是最高的善就是不做任何的决定。皮浪，来自爱利斯，曾经参加亚历山大大帝的远征军，抵达过印度。他并不否认感觉现象的存在，他否认的是由感觉和理性得来的知识以及我们由此作出的判断，"我们不能说现象是什么，只能说它显得是什么或看起来是什么"。人既不能从自己的感觉也不能从自己的意见来说事物是真的或假的，应当毫不动摇地坚持不发表任何意见，不作任何判断，对任何一件事情都说，它既不是不存在，也不是存在。

提出了十种论证的哲学家是谁？

爱那西德穆（约公元前100年—公元前40年），古希腊哲学家，他的主要成就是提出了十种论证。

爱那西德穆的哲学可以分为两个部

分，第一个部分就是著名的十种论证，第二种是抨击以斯多亚学派和伊壁鸠鲁派为代表的独断论的自然观、因果观、真理观、道德观。他的十种论证，虽然涉及到了认识的主体、对象以及主体与对象的关系，但是却只局限在现象范围之内，全部都是用生活经验集中否定感性认识的可靠性，所以应当是属于比较初级和表面的东西，这十种论证也被赛克斯都·恩披里柯称为"老的论证"。

提出了五种论证的罗马哲学家是谁？

阿格里帕，罗马哲学家，他的主要成就是提出了五种论证。关于阿格里帕的生平，我们只知道他是生活在一世纪的罗马人，他在哲学上的主要贡献是在爱那西德穆的十种论证基础之上，进一步提出了五种论证，并且将目标集中在否认理性认识的可靠性之上。

著有《皮浪学说概略》和《驳杂家》的怀疑主义哲学家是谁？

赛克斯都·恩披里柯（约2公元世纪中叶），罗马帝国时期的医生、哲学家，代表作《皮浪学说概略》《驳杂家》。赛克斯都·恩披里柯的最大贡献就是他的两本著作，他是怀疑主义的集大成者，他总结概括了该学派的各种观点，将其完整轮廓展示出来。

新柏拉图主义的先驱是谁？

萨卡斯，全名阿莫纽·萨卡斯，亚历山大里亚的著名学者，他没有留下任何的著作，相传他的学生也被禁止传播他的思想。萨卡斯之所以被称为新柏拉图主义的先驱，是因为两方面的原因：

第一，萨卡斯确立了新柏拉图主义的信奉希腊宗教的思想方向，认为"一"、善和绝对存在于理念和理智之外；第二，萨卡斯培养了新柏拉图主义的创始人普罗提诺。

提出了三大本体、四个层次的新柏拉图主义哲学家是谁？

普罗提诺（公元205年—公元270年），罗马帝国时期的希腊哲学家、新柏拉图主义创始人，他的哲学思想是太一为万物之源，人生的最高目的就是复返太一，与之合一。普罗提诺，又名普罗汀，出生于埃及，公元233年在萨卡斯的教导下学习哲学，他曾经抱着研究东方哲学的目的参加了罗马的远征军，公元244年，在他大约40岁的时候，他在罗马设立了自己的学校，吸引了不少的贵族，甚至受到了皇帝加里安和皇后的重视。他曾经计划在康帕尼亚建立一座"柏拉图城"，以实现柏拉图的乌托邦的政治理想，但是却因为大臣们的反对而没有能够实行。在大约50岁的时候，他开始写作，总共写了54篇论文，最后经由他的学生波斐利变成六集，每集九篇的《九章集》。

从整体上概括普罗提诺的理论，可以将其分为：三个本体，四个层次，分有摹仿变为"流溢"、灵魂回忆变为灵魂观照。

著有《九章集》的哲学家是谁？

波斐利（公元233年—公元305年），罗马帝国时期的哲学家、普罗提诺晚年的得意门生，他的主要成就是编辑了《九章集》，撰著了《亚里士多德（范畴篇）引论》、《要句录》等。波

斐利死后，新柏拉图主义的活动中心从罗马转移到了波斐利的家乡叙利亚，从而衍生出新柏拉图主义的另一个学派——叙利亚派。

想要建立融哲学、神学、宗教为一体哲学的哲学家是谁？

扬布利柯（约公元250年—公元325年），叙利亚哲学家，波斐利的学生，他的主要成就就是创建了叙利亚学派。在公元3—4世纪的时候，叙利亚受到希腊文化的影响比较小，相反宗教却非常盛行，这就导致了叙利亚学派重迷信轻哲学的情况。扬布利柯的目的是建立一个融哲学、神学、宗教为一体的体系，为多神崇拜作理论上的辩护，容纳希腊和近东的各种传统信仰，将各民族的神灵接纳进万神殿，让它们各得其所。

以注释《蒂迈欧》而闻名的哲学家是谁？

普罗克洛（公元412年—公元485年），罗马帝国时期的哲学家，新学园的代表、雅典学派的代表，他的主要成就是为《蒂迈欧》注释，撰写了《神学要旨》、《柏拉图神学》。普罗克洛，来自君士坦丁堡，刚开始的时候在亚历山大里亚学习，后来到了学园，并且担任了校长。传说普罗克洛有深刻的思想、渊博的学识，并且能够和神交往而具有创造奇迹和预言的能力。《神学要旨》和《柏拉图神学》是他流传至今的著作。

游斯丁为什么会被称为殉道者？

游斯丁（约公元100年—公元166年），最早的一批基督教护教者，他的主要成就是撰写了《护教篇》，规定了基督教和古代哲学之间的关系，他的哲学理念是：真哲学就是真宗教、真宗教就是真哲学。游斯丁，因为英勇证道而于公元166年，在当时的罗马市长的手中为道捐躯，所以史学家也将他称为殉道者游斯丁。

游斯丁，出生于现在的纳布卢斯，在圣经之中，古城被称为"示剑"。他的父亲是一个非常富有的希腊人，他希望游斯丁能够学习希腊的学问。在年轻的时候，游斯丁并不是基督徒，而是在古希腊哲学之中寻找着真正的满足和平安，他先后求教斯多亚学派、亚里士多德主义、毕达哥拉斯主义，最后他在研究柏拉图主义的时候，认为"这些人（希伯来的先知们）比一切号称为哲学家的人还要古老"，他们"万物之始，万物之终，以及那些哲学家所当知道的问题"，至于他有这种想法的认识是因为他们"满有圣灵的感动"，所以他们的解释是最古老的，也是最正确的，"他们将荣耀归与创造主，万有的父上帝，又传扬上帝的儿子基督"。从此之后他就皈依了基督教成为了一名基督教徒，并且为基督教的发展而努力。

最后背叛基督教，投靠了诺斯替教派的教父是谁？

塔提安（公元约130年—公元180年），游斯丁的学生、基督教的护教者，他的著作是《四福音和参》和《致希腊人》，哲学思想为基督教是唯一真正的哲学。

《致希腊人》，是塔提安观点的代表作，在书中塔提安极力贬低希腊的科学、艺术和道德。他发展了关于游斯丁的上帝、逻各斯及其和世界之间的关系的学说。他的观点是，上帝本身没有原因，但却是一切存在的原因。一切的存在都要归功于上帝的存在。在创世之前，只有上帝存在。上帝产生了逻各斯，但他自身并不会因此而有任何的减少，就好像是一个火把点燃许多火把之后，自己的火并没有减少一样。所以说，上帝与逻各斯实际上是同一的。上帝通过逻各斯创造了万物。塔提安还认为，人是由肉体、灵魂、精神组成的，其中只有精神是不朽的。

曾经担任里昂主教的哲学家是谁？

伊里奈乌（公元约126年—公元202年），基督教教父、里昂主教，他的著作是《揭露与批驳伪知识》（通常称为《反异端》），并且明确提出了"三位一体"学说。伊里奈乌，出生于小亚细亚，他最为人所熟知的事件就是对基督教内部的异端诺斯替教派的批判。

著有《护教篇》的教父哲学家是谁？

德尔图良（公元约160年—公元240年），基督教著名的神学家、哲学家，他被视为拉丁西宗教父和神学鼻祖之一，他的哲学思想是"正因为荒谬，所以我才相信""雅典和耶路撒冷有什么共同之处？"德尔图良，来自罗马帝国北非的行省迦太基，他的父亲是罗马帝国派驻北非的一名军官，所以在青年时期，德尔图良就接受当时的高等教育，对历史、哲学、文学、法律甚至是医学都有一定的涉猎，尤其擅长诉讼，曾经在罗马做过律师。在皈依了基督教之后，德尔图良异常虔诚，他充分发挥了

自己善于辞令的特长为教会辩护，被教会尊称为护教学者和坚强的教父。德尔图良是最早用拉丁文代替希腊文来撰写神学著作的，使拉丁文成为基督教在西方的传播工具。他创造的一些神学和哲学的专门术语，对以后的神学、哲学和文学都有着非常深刻的影响。但是因为德尔图良晚年的时候坚持严格的禁欲主义，终于和正统教会决裂，归入了摩泰教派。

主张哲学和信仰的统一是基督徒真正的任务的哲学家是谁？

克莱门（公元约150年—公元211年），亚历山大里亚学派的创始人，代表作为：《劝勉异教徒》《导师》《杂文集》，他的哲学思想是哲学和信仰是统一的。克莱门，来自一个雅典的异教家庭，他年轻的时候和游斯丁一样到处游历，接触了当时社会上流行的所有的哲学体系，最后皈依了基督教，称为了亚历山大里亚教理学校的校长。他的大部分著作都已经遗失了，留下来的只有《劝勉异教徒》《导师》《杂文集》等。

第一个系统地阐述基督教神学的哲学家是谁？

奥里根（约公元185年—公元254年），东方希腊教父的代表，系统的神学家和哲学家，他的主要成就就是第一次系统地阐述了神学。奥里根，出生在亚里山大里亚城，克莱门的学生，他是所有的基督教父之中唯一的一个自幼就是基督徒的，他的父亲是一位在公元201年—公元202年的迫教运动之中殉道的虔诚基督徒。在很小的时候，奥里根就在亚历山大里亚城的基督教教理学校学

习，受到了严格的基督教思想教育，并且在大约公元203年—公元231年的时候（这个时间他的父亲刚去世一年或者两年），从他的老师克莱门的手中接过了该校校长的职位。后来还和普罗提诺一起在一家新柏拉图主义的学园学习。奥里根对于宗教非常虔诚，甚至处于迂腐的宗教虔诚而自阉，但是他却因为触怒了亚里山大里亚的主教德麦特利欧而在公元231年被以异端罪名革除校长职务。在公元232年的时候，奥里根在凯撒里亚重新建立了一所教理学校，吸引了许多的追随者。在公元250年的迫教运动之中，奥里根被罗马政府逮捕入狱，遭受了百般的严刑拷打和折磨，出狱之后没有多久就去世了。据说奥里根的著作多达六百多卷，保存下来比较完整的有《论原理》和《驳凯尔苏》。

著有《上帝之城》的教父哲学家是谁？

奥古斯丁（公元354年11月13日—公元430年8月28日），天主教"圣人"、"圣师"，奥斯定会发起人，古罗马基督教思想家，中世纪基督教哲学家、教父哲学的代表，他的代表作是《上帝之城》、《忏悔录》、《论三位一体》、《论自由意志》、《论美与适合》。

奥古斯丁，全名为奥里留·奥古斯丁，在天主教之中被尊称为圣奥古斯丁。来自北非努米底亚省的塔加斯特镇（现在属于阿尔及利亚），父亲是一位非常有地位的异教徒，一直到临终的时候才愿意皈依基督教，母亲则是一位非常虔诚的基督教徒。在很小的时候，奥古斯丁曾经在母亲的指引下加入了基督教，但是在他19岁在修辞学校读书的

时候却成为了摩尼教的追随者。他的母亲为奥古斯丁在神面前痛哭流涕代祷，她对自己这个在信仰上已经死去的儿子深恶痛绝，但是神却指示她坚持祷告。从修辞学校毕业之后，奥古斯丁先后在迦太基城、罗马、米兰教授修辞和演讲术。在米兰的时候，奥古斯丁受到了米兰主教安布罗斯的影响而脱离摩尼教，专心于新柏拉图主义和斯多亚学派的著作，至于他最后皈依基督教的契机是"花园里的奇迹"。这件事他自己在《忏悔录》之中有着完整的记述。某一天正当奥古斯丁在自己家的花园里为信仰而犹豫的时候，耳边响起清脆的童声："拿起，读吧！拿起，读吧！"他立刻翻开手边的《圣经》，看到的正好是圣保罗的教诲："不可荒宴醉酒，不可好色邪荡，不可争竞嫉妒，总要披戴主耶稣基督，不要为肉体安排，去放纵私欲。"因为奥古斯丁年轻的时候非常放荡，他"顿觉有一道恬静的光射到心中，驱散了阴霾笼罩的疑云"。387年复活节，他在米兰接受了主教安布罗斯的洗礼，从此正式加入基督教。在接受洗礼之后，奥古斯丁就返回北非的家乡，隐居三年之后被教徒推选为省城希波教会执事，395年，也就是奥古斯丁42岁的时候被提升为当地的主教。他的后半生忠心耿耿地致力于传教事业，他成功地运用柏拉图哲学，讨论各种神学和哲学问题，阐述基督教的世界观，将教父们的思想推向顶峰，为教会建立了一个完整的宗教哲学理论体系。他所论证的基督教的基本信条在中世纪被教会奉为"真理的台柱"，奥古斯丁本人也被教会称为"伟大的教父"、"杰出的大师"、"上帝的圣者"等。在他死了之

后，北非在汪达尔人的控制下脱离了罗马帝国。

伪狄奥尼修斯是谁？

伪狄奥尼修斯，他可能是叙利亚的隐修士，代表作是《论神的名字》、《论神秘神学》，他的主要成就是第一个明确区分了肯定神学与否定神学。

狄奥尼修斯，雅典最高法院亚略巴古提的法官，由使徒保罗的门徒，而我们要讲述的不是公元前的狄奥尼修斯而是公元6世纪的伪狄奥尼修斯。之所以将其称为伪狄奥尼修斯，是因为这个人的所有著作都是署名狄奥尼修斯，而他的真实身份却无人得知，只是有很大的可能是叙利亚的隐修士，而被认定为伪作的这件事情却是在文艺复兴时期才首次被怀疑，19世纪由德国学者考证确定的，在文艺复兴之前，这些作品因为狄奥尼修斯的特殊地位和接近于圣经的风格，而非常的盛行，罗马教皇马丁一世更是在公元649年将这些作品钦定为正统神学著作。伪狄奥尼修斯的著作有《论神的名字》《论神秘神学》《天国等级》《教会等级》《信件十札》等。

最后的罗马哲人是谁？

波爱修（约公元480年—公元524年），罗马后期哲学家、政治家和音乐理论家，他的主要成就是解释了基督教神学中"三位一体"和神的存在等教义，代表作品是《哲学的慰藉》，他的哲学思想是"种"与"属"是头脑在感觉的基础上加工的结果，共相存在于事物之中，而它本身却是非物质性的。

波爱修，出生在罗马的豪门，自幼就接受良好的文化教育，青年时期积极从事政治活动，30岁的时候担任罗马的执政官，公元523年被以图谋不轨罪名逮捕入狱，第二年被处死。在监狱之中的时候，波爱修写出了他的哲学代表作——《哲学的慰藉》，他还想要将亚里士多德的所有著作和柏拉图的《对话集》翻译成拉丁文，并且协调两人的观点，但是却没有能够成功。《哲学的慰藉》采用对话与诗的形式介绍和保存了古典哲学的一些重要材料，而且将一些重要的哲学概念由希腊文译成拉丁文，对它们作出了严格的界定，对希腊哲学概念的拉丁化作出了重要贡献。波爱修被看成是最后一位罗马哲人，他的著作也被视为古代学术残存的唯一痕迹。

建立中世纪第一个完整的唯心主义哲学体系的哲学家是谁？

爱留根纳（约公元800年—公元877年），前期经院哲学家、宫廷学校校长，他的代表作是《大法官书》、《论自然的区分》、《论先定说》，他的哲学观点是融合新柏拉图主义和基督教神学建立了中世纪第一个完整的唯心主义哲学体系。

爱留根纳，来自爱尔兰，能够考查的资料只有他在查理曼王国这段时间的经历，在这之前与之后的生涯都一无所知，关于他的出生和死亡年份也只是推测出来的。大约在公元843年的时候，爱留根纳应法兰西皇帝秃头查理的邀请来到巴黎讲学，并且被任命为宫廷学校的校长。《大法官书》是爱留根纳将一本署名为"狄奥尼修斯"的论文集译成拉丁文之后的命名，这本书对于西欧中世纪和文艺复兴时期的哲学思想发展影响非常深刻。《论先定说》则是爱留根纳为了支持莱姆斯大主教的自由意志论而发，当时自由意志派的

大主教正和先定说派的修道僧进行关于先定说和自由意志的争论，但是他的这次支持却将自己陷入了"异端"的行列，他的著作曾经受到公元855年和公元859年两次宗教会议的谴责，在第一次宗教会议之上，他的著作还被斥为"司各脱杂粥"。黑格尔认为，这个时期真正的哲学是从爱留根纳开始的。

提出了上帝存在的本体论证明的哲学家是谁？

安瑟伦（公元1033年—公元1109年），基督教经院哲学家、神学家，唯实论主要代表，他的著作是《独白》、《宣讲》、《上帝为什么化身为人》，最主要的成就就是提出了关于上帝存在的本体论证明。

安瑟伦，来自意大利皮埃蒙特奥斯塔城的一个贵族家庭，少年时候在法国毕尔冈底学习，1060年加入本笃会，后来进入法国诺曼底的柏克隐修院，没有多长时间之后就升为副院长。1078年被任命为院长，并且负责并教授神学。1093年担任坎特伯雷大主教，因为拥护教皇权益而与英王发生争执，并为争夺主教的继任权而两次被迫出走，1107年教皇与英王达成协议，安瑟伦于是就被召回英国继续担任大主教，一直到去世。

安瑟伦认为信仰高于理性，是理性的基础，并且提出了关于上帝存在的本体论论证，也就是上帝是最完美者，而不存在者不是最完美者，所以上帝必定是存在的，为上帝和教会高于一切作了哲学论证。

著有《论圣餐》的哲学家是谁？

贝伦伽里（约公元1000年—公元1088年），基督教神学家、最早的唯名论者，他的代表作就是《论圣餐》，哲学思想是一切方面都运用辩证法。

贝伦伽里，具有典型的理性主义倾向，主张一切都运用"辩证法"（中世纪认为辩证法就是逻辑学）。对于爱留根纳的理性和信仰的关系运用到实践之中，认为理性应当在信仰之上，而不是理性屈从于信仰。这种倾向也使得他对基督教的正统教义作出了异端的解释："实体只能是为外部感觉所感知的东西。"换句话说就是一般实体或共相是没有的，这就直接否定了实在论者的观点。

否定三位一体的哲学家是谁？

罗瑟林（约公元1050年——公元1125年），唯名论的创始者，法国哲学家、神学家，他的代表作是《致阿伯拉尔书》，哲学思想是个别或殊相具有真实性，一般或共相只是名称而没有实际上的存在，并且由此否定基督教"三位一体"论，认为圣父、圣子、圣灵应是三个实体。

罗瑟林，来自法国克比因，对唯名论的基本观点做了明确而极端的表述，因此被认为是唯名论的创始人。罗瑟林曾经在布列塔尼等地讲学，后来在克比因做了非相当长时间的牧师。因为罗瑟林用唯名论的观点对"三位一体"的教义作了否定性的解释，并且在1092年的索松宗教会议上被指控为异端而被迫收回自己的学说。为了免遭教会迫害，罗瑟林逃到了苏格兰，可是他在那里又和安瑟伦发生了公开的冲突，导致他不得不逃回罗马，在这之后的情况就一无所知了。关于罗瑟林的著作，至今保存下来的只有他给自己的学生阿伯拉尔所写的一封信，对于罗瑟林的观点，很大一部分的资料都来源于他和安瑟伦争论的相关著作。

被称为"高卢的苏格拉底"的哲学家是谁？

阿伯拉尔（公元1079年—公元1142年），法国哲学家、神学家，早期唯名论的代表，他的著作有《是与否》《论神圣的统一性和三一性》《基督教神学》《神学引论》《对波尔费留的注释》《认识你自己——或伦理学》等，哲学思想是既反对极端的实在论，又反对极端的唯名论，认为共相是存在于人心之中表示事物共性的概念。

阿伯拉尔，出生在法国南特巴莱德的一个骑士家庭，根据他自己在《我的苦难史》之中的记载，他为了参加"辩证法的比武大赛"而放弃了骑士称号的继承权。阿伯拉尔为了寻求辩证法的艺术而来到巴黎，四处寻访名师，先后求学罗瑟林、实在论者威廉等名师，但是最终的结果都是因为他和老师的观点不同甚至是激烈争吵而宣告学业结束。在求学期间，威廉不得不因为他的批评而更改自己的立场，最后更是辞去了教师的职位。在求学安瑟伦期间，他最后恨恨地指责安瑟伦是一棵光长叶不结果的树，光冒烟不发火的炉子。阿伯拉尔提出了自己关于共相的新学说，也就是既不同于极端唯名论者也不同于极端实在论者的"概念论"，他也因为这个原因而成为"中间学派"的创始人。公元1115年，阿伯拉尔来到了巴黎圣母院的主教学校担任神学教师，后来因为和外甥女海洛伊丝的恋情而遭受阉割之刑，海洛伊丝更是被送进了修女院，阿伯拉尔则成为了一名修道院修士。在修道院期间，阿伯拉尔的《论神圣的三位一体和政体》在1121年召开的索松主教会议上被谴责为否认上帝独立人格的撒伯里乌主义。后来更是因为考证了圣丹尼斯传说之中的许多错误而不得不隐居乡间。但是因为他的教学活动引起了教会精神领袖贝纳尔的敌意，而多次遭受迫害，在1141年召开的桑斯主教会议谴责他的学说，贝纳尔更是专门写了《阿伯拉尔的错误》一文，列举其十六条罪状，后来他就被流放在克律尼的一个修道院，并且在第二年就死在了那里。他的墓志铭称他为"高卢的苏格拉底"，"一个多才多艺的人，精细的、敏锐的天才"。

将保护亚里士多德的学说为己任的阿拉伯哲学家是谁？

伊本·路西德（公元1126年—公元1198年），中世纪阿拉伯著名哲学家、教法学家、医学家，亚里士多德学派的代表。

伊本·路世德，出生于穆瓦希德王朝统治下的安达卢西亚的科尔多瓦的一个伊斯兰教法官世家，自幼就接受严格的伊斯兰教教育，能够背诵《古兰经》和圣训，后来跟随著名的伊斯兰学者伊本·巴斯科瓦尔、艾布·贾法尔·哈伦等人，学习教义、教法、哲学、医学和天文学等方面的知识。公元1195年，伊本·路西德在科尔多瓦担任大法官时，因为正统派教义学家指控他的著作有"异端"思想倾向而被新任苏丹下令放逐，1198年12月10日死在了马拉喀什，后来移葬在科尔多瓦阿巴德家族的墓地。伊本·路西德是阿拉伯哲学的亚里士多德学派当中最彻底、最典型的哲学家。他极其崇拜亚里士多德的学说，甚至把它看成是最高的真理，人类理解力所能达到的极限。他将保护亚里士多德的学说不受任何歪曲作为自己的责任，这也导

致了他的学说全部都是各种形式的对亚里士多德著作的提要、注释和论疏。

著有《论理智的灵魂》的阿威罗伊主义的代表是谁？

西格尔（公元1240年—公元1284年），拉丁阿威罗伊主义代表，著作有《论理智的灵魂》《论世界的永恒性》，他的哲学思想为"虽然启示包含着完全的真理，但它并不需要与哲学保持一致"。西格尔，来自布拉班特，在阿威罗伊主义传入号称"哲学家之城"的巴黎大学的时候，许多的学者成为了阿威洛依主义者，而西格尔就是其中的代表。西格尔当时担任的是巴黎大学艺术院教授，他因为观点激进而两次受到教会的谴责，最后在教会的迫害之中死去。

著有《神学大全》的经院哲学家是谁？

亚历山大（公元约1175年—公元1245年），中世纪神学家、哲学家，代表作是《神学大全》。亚历山大，出生于英国哈勒斯，在法国巴黎接受的神学和哲学教育，之后就一直在巴黎任教，他的最著名的作品就是进一步促进经院哲学系统化的《神学大全》。这本书采用了典型的经院哲学方法编成：首先从神学的众多著作之中引出一个问题，然后罗列出所有可能的答案，包括肯定的和否定的、权威的或理性的，最后作出是与否的裁定。整部书共分为四编，包括了四百多个问题，每个问题又分若干章节，这种方法被托马斯·阿奎那继承并圆满运用。

亚历山大是第一个对亚里士多德具有全面知识的经院哲学家，但是作为一个坚定的奥古斯丁主义者，他对亚里士多德的解释具有明显的奥古斯丁主义色彩，他汲取了亚里士多德的形式与质料学说，但是却认为形式是共相，是存在于上帝之中的理念，上帝以理念作为原型从无中创造了世界。上帝是至善，万物的存在是由于分有了上帝的善。

将奥古斯丁理论推向巅峰的哲学家是谁？

波纳文图拉（1221—1274年），亚历山大的学生、弗兰西斯教派的代表、红衣大主教、巴黎大学教授，他通过对柏拉图理念论的改造，将奥古斯丁主义的范型理论发展到巅峰，他的哲学的特点是经院哲学与神秘主义的结合。波纳文图拉，出生于意大利，原名是费登萨的约翰，童年的时候身患绝症可是却奇迹般地被弗兰西斯医好，并被弗兰西斯誉为"未来之宝"，因此而改名为"波纳文图拉"。青年时代，波纳文图拉曾经到巴黎大学学习，并且加入了弗兰西斯教派，毕业之后留在巴黎大学任教，1257年晋升为神学教授，同一年被推选为弗兰西斯教派的总会长，在他死的前一年，也就是1273年，波纳文图拉成为枢机主教。波纳文图拉是与托马斯·阿奎那齐名的大神学家和哲学家。在思想方面，他对当时非常盛行的亚里士多德主义持批判接受的态度，而追随柏拉图—奥古斯丁主义路线；他通过对柏拉图理念论的改造，将奥古斯丁主义的范型理论发展到顶峰。

著有《被造物大全》的全能博士是谁？

阿尔伯特（公元1193年—公元1280年），中世纪多米尼克教派神学家、哲学家，雷根斯堡主教，他最主要的成就就是第一个全面地向西欧人介绍了亚里士多德及其注释者的思想，代表作为《被造物大全》《神学大全》。

阿尔伯特，出生在德国施瓦本的劳莫恩，在帕多瓦大学学习哲学、医学、自然科学，然后又在博罗克纳大学学习神学，1223年加入多米尼克修会并且在1254年成为了修会在德国的分会长。后来收到修会的派遣，阿尔伯特来到科隆的修会学校讲授哲学和神学，到过巴黎做短期讲学，并且和拉丁阿威罗伊主义进行过激烈的辩论。据说阿尔伯特讲课内容丰富、观点新颖，吸引了大批的学生，以至于巴黎大学竟找不出一间宽敞的讲堂来容纳慕名而来的学生，这也导致他不得不经常在广场上讲课。1260年，阿尔伯特被任命为雷根斯堡主教，没有多长时间他又辞去该职务，在修道院的孤寂生活中从事科学研究和写作。阿尔伯特知识非常渊博，非常喜欢直接观察和研究自然，在动物学、植物学、化学等领域都有一定的造诣，并且还精通古代的、教父的、阿拉伯的文献，所以他还有"伟人"、"全能博士"的美誉。阿尔伯特著作的大部分是对亚里士多德形而上学和自然哲学著作的注释，此外还写了《被造物大全》《神学大全》和一些争辩论文。

哲学被教会视为"唯一正确的哲学"的哲学家是谁？

托马斯·阿奎那（公元1224年—公元1274年），中世纪最伟大的哲学家、神学家，33位教会圣师之一，托马斯学派创立者，他被视为历史上最伟大的哲学家，和奥古斯丁并列基督教神

学哲学的巅峰，主要哲学著作有《神学大全》、《箴言书注》、《论存在与本质》、《论自然原理》、《论真理》、《波埃修（论三位一体）注》，代表作为《反异教大全》、《神学大全》。他对亚里士多德《形而上学》、《物理学》、《后分析篇》、《解释篇》、《政治学》、《伦理学》、《论感觉》、《论记忆》、《论灵魂》等。

托马斯·阿奎那，出生于意大利那不勒斯阿奎诺的一个古老贵族家庭，母亲的出身可以追溯到神圣罗马帝国的一个王室家族——霍亨斯陶芬家族，父亲朗多尔夫·阿奎那伯爵是西西里王国皇帝弗里德里希二世的姻亲。托马斯的叔叔是卡西诺山本笃会修道院的院长，这个修道院在当时非常著名，因为他是弗里德里希二世所大力支持的，5岁的时候，托马斯·阿奎那就被父亲送进了这所修道院接受学习，这是当时许多贵族子弟选择的出人头地的路径，因为教会依然占据着绝对的优势。1239年的时候，弗里德里希二世因为信奉阿威罗伊学派而被指控为异端，并且因此而被教皇格里高利九世开除了教籍，他所支持的卡西诺修道院也随之解散。托马斯·阿奎那又被送到了那不勒斯大学，1244年的时候，20岁的托马斯·阿奎那在学校加入多米尼克修会，多米尼克教派属于变革的阶层，在当时还未取得教皇的支持，所以托马斯的这一个举动让家族非常不满。修会为了避免冲突，于是就在1244年5月将托马斯送到波伦那，准备将他送到巴黎大学，但是途中却被家族的兄弟截住并且押送回圣齐奥瓦尼城堡，并且监禁起来，想要迫使他放弃自己的志向，甚至家族还找来娼妓诱惑他，但是托马斯都没有动摇，最后在教

皇诺森四世的干预之下，托马斯·阿奎那在1245年的秋天来到了巴黎大学学习，成为了阿尔伯特的学生。

托马斯·阿奎那参与了老师阿尔伯特主持的注释亚里士多德著作、汇编百科全书和编写教材等工作，这些都为后来他采用亚里士多德学说改造经院哲学理论体系打下了基础。在阿尔伯特的推荐之下，托马斯·阿奎那在1250年升为神父，1252年的夏天，又当上巴黎大学的助教，开始从事基督教哲学的研究和神学的宣讲与辩护工作。在讲课的时候，托马斯继承了老师阿尔伯特的观点，以新兴起的亚里士多德主义，特别是其自然哲学学说，承认感性经验，肯定理性认识，借助客观世界，给基督教神学和经院哲学以新的解释和新的论证，受到了众多学生的欢迎，同时也受到了来自内部保守派的攻击和排挤。1257年，托马斯·阿奎那被教皇任命为巴黎大学神学教授。在担任教授期间，托马斯·阿奎那成功地利用亚里士多德的哲学，来论证天主教的教义，从而向教会表明了相对于柏拉图的体系来说，用亚里士多德的体系做天主教哲学的基础更加适合。1259年，教皇亚历山大四世将托马斯召回意大利，任命为罗马教廷神学顾问，他由此成为了教皇的重要决策者和教廷神学哲学理论的发布者。1268年至1272年，奉教皇指派，托马斯·阿奎那重新回到巴黎大学讲授神学，并且参与了阿威罗伊主义学派及和保守的弗兰西斯教派的"巴黎大论战"，将亚里士多德树立为经院哲学的理论权威。1272年，托马斯·阿奎那回到那不勒斯创立多米尼克修会大修院。1274年，应教皇格里高利十世之邀，去法国里昂参加调和教会内部派系纷争的

宗教会议。1274年3月7日，在赴会的途中病逝，终年49岁。1323年7月21日，教皇约翰二十二世追封托马斯·阿奎那为圣徒。1879年，教皇利奥十三下令认定托马斯·阿奎那的学说为天主教会中"唯一正确的哲学"。

托马斯·阿奎那继承老师阿尔伯特的思想路线，不顾教会保守势力的极力反对，适应时代的新思潮，极力主张用亚里士多德代替作为教会支柱的奥古斯丁主义，在激烈的争论中建立起较完善的哲学体系，成为经院哲学的主要代表。

主张排斥理性以纯洁信仰的哲学家是谁？

邓斯·司各脱（约公元1266年—公元1308年），苏格兰神学家、哲学家、唯名论者，晚期弗兰西斯教派代表，他的代表作是《牛津论著》、《巴黎论著》。

邓斯·司各脱，来自苏格兰，他的诞生时间没有具体的记载，史书上的记载都只是大体的推测，曾经在牛津大学就读，1281年加入了弗兰西斯修会，在1291年的3月被任命为神父，第二年被派往巴黎大学学习，四年之后返回，从1292年到1301年，邓斯·司各脱先后在剑桥和牛津两所大学任教。1302年，司各脱来到巴黎大学讲授神学和哲学。1303年，法国国王菲利普四世和罗马教皇卜尼法八世在对英作战期间教会财产的税收问题上发生争执。而司各脱在这次争执中倾向于教皇方面，所以被法国国王驱逐出境。1304年，他重返巴黎，继续他的神学课程，因为授课所取得的巨大成就，他获得了"神学大师"的称号。在1307年的时候，司各脱前往弗兰西斯教派在德国科隆的学院，

第二年在那里去世。邓斯·司各脱博闻强记，思维敏捷，论证有力，因而被称为"精明的博士"。据记载在一次大辩论中，他的对手提出了许多论据来反对他的论点，邓斯·司各脱在没有任何记录的情况下，仅凭记忆依次重复了所有的论据，并且一一加以批驳，使所有在场的人惊叹不已。有人认为，司各脱原本应该能够成为和托马斯一样伟大的哲学家，只是因为他壮年早逝导致他的学术空白只能够由他的弟子填补，但是这并不妨碍我去理解他的伟大著作。司各脱的最主要的哲学和神学著作就是《牛津论著》和《巴黎论著》，这两本书是根据司各脱在剑桥大学、牛津大学和巴黎大学的讲稿写成的。这两部著作通过解释和评论彼得·伦巴德的《箴言四书》，揭示了他与托马斯·阿奎那等经院哲学家在许多问题上的分歧，提出并阐述了他的神学、哲学和伦理学的基本观点。《形而上学问题》是司各脱比较有影响的评述亚里士多德《形而上学》的著作。《论第一原理》是邓斯·司各脱最后写成的一部著作，也是邓斯·司各脱自然神学的纲要。

提出剃刀理论的哲学家是谁？

威廉·奥卡姆（约公元1290年—公元1349年），英国弗兰西斯学派神学家、哲学家，唯名论代表，他的著作有《〈箴言四书〉注释》《逻辑大全》《七个微妙问题》《对话集》《论皇权与教权》，传世名言为："我需要你用剑来保护我，我将用笔来护卫你。""如无必要，勿增加实质。"

威廉·奥卡姆，出生在英国苏莱郡的一个名叫奥卡姆的小村庄，因此他的名字

也称为奥卡姆的威廉。奥卡姆最开始在牛津大学学习，并且加入了弗兰西斯修会，后来在巴黎大学获得神学学士和硕士学位。因为奥卡姆思维敏锐，言辞犀利，非常善于论辩而且见解十分独到，在当时被赞誉为"不可战胜的博士"。

奥卡姆因为在神学和哲学问题上发表了与众不同的看法，并且非常积极地参与政治活动，经常评论时政，因而被当时的牛津大学的校长视为危险的异端分子，并且在1324年被教廷带到阿维农回答对他的指控，奥卡姆也因此被囚禁在那里，等待审判结果。教皇约翰二十二世任命了一个由六个神学家组成的专门委员会审查威廉·奥卡姆的神学和哲学观点。这个委员会在1325年底裁定威廉·奥卡姆的51个命题为异端邪说。1328年5月24日，威廉·奥卡姆逃出了阿维农的教皇监狱，投奔了因为皇位继承问题与教皇发生矛盾并且和英王结成联盟反对教皇的巴伐利亚皇帝路德维希。奥卡姆对路德维希皇帝说："我需要你用剑来保护我，我将用笔来护卫你。"在皇帝的保护之下，并且写了一系列保卫王权的论文。1349年，死于当时流行于欧洲的黑死病。

被称为德国思辨之父的哲学家是谁？

艾克哈特（公元1260年—公元1327年），德意志神学家、神秘主义哲学家，出生于德国图林根的一个骑士家庭，青年的时候曾经加入多米尼克修会，并且担任了该修会在萨克森等地的分会长，后在巴黎与科隆等地讲授神学。艾克哈特是公元13—14世纪出现在德语地区的神秘主义思潮的代表人物，

而他本人也因为神秘主义异端思想而在晚年的时候遭受到了教会的迫害，最终死在了监狱之中。

艾克哈特的学术活动是在经院哲学繁荣阶段的影响下开始的。托马斯等人的哲学不仅使哲学由于附属于神学而套上了枷锁，而且也将神学束缚在本质上是世俗学问的亚里士多德哲学上。寻找将信仰和理性二者分离开来的方法就是晚期经院哲学家们的主旨，邓斯·司各脱、威廉·奥卡姆等人同样都是如此。

著有《君主论》的哲学家是谁？

马基雅维利（公元1469年5月23日—公元1527年6月22日），意大利的政治哲学家、音乐家、诗人、浪漫喜剧剧作家，他的代表作是《君主论》《蒂托·李维的最初十年》《论战争艺术》《论李维》《关于日耳曼国家的报告》《佛罗伦萨史》，剧本《曼佗罗花》《克丽齐娅》。

马基雅维利，全名尼可罗·马基亚维利，出生于意大利半岛上的佛罗伦萨，父亲是一名律师，在父母严格教育和家庭的熏陶之下，马基雅维利从少年时代起就开始大量阅读书籍，养成了独立思考和崇尚自由的精神品质。长大之后，马基雅维利投身政治，并且在1498年进入了统治佛罗伦萨共和国的十人执政团，主要负责外交任务。1512年佛罗伦萨共和国崩溃，曾经佛罗伦萨的统治者麦迪锡家庭再次拥有统治权，而马基雅维利因为意外而被卷入了叛变该家族的阴谋当中，被逮捕入狱。被释放之后，马基雅维利退隐到距离佛罗伦萨南七里的圣安德列的小农庄，开始从事写作，他的最伟大的著作《君主论》就是

在这一时期完成的，书中他表达了自己对君王的忠诚与崇拜，期望能够赢得君王的宠幸，但是这本书还没有发表，共和国就在起义之中再次占据了统治权，这个时候，马基雅维利也再次向共和国新政府谋求职位，可是却遭到了新政府的放逐，之后，马基雅维利在极度失望与痛苦之中患病而死。

奠定人文主义形而上学基础的哲学家是谁？

费奇诺（公元1433年—公元1499年），意大利哲学家和美学家，著作为《柏拉图神学》。

费奇诺，出生于医生家庭，他最开始的梦想也是做一名医生。在青少年时代，费奇诺接受了非常良好的人文学科教育，曾经在佛罗伦萨大学学习医学和亚里士多德的物理学。在1462年，因为精通希腊语，佛罗伦萨统治者柯西莫·梅迪奇给了费奇诺一所房子，让他翻译柏拉图及其他柏拉图主义者的著作，后来直接任命他为柏拉图学园的领导人。费奇诺的一生翻译了柏拉图、普洛提诺、波尔费留、扬布利柯、普罗克洛、伪狄奥尼修斯等人的大量著作，他的主要著作《柏拉图神学》是在1482年发表的，对于柏拉图主义的复兴和传播有着突出贡献。

著有《论人的尊严》的意大利哲学家是谁？

皮科（公元1463年—公元1494年），意大利哲学家，代表作为《论人的尊严》。

皮科，全名乔万尼·皮科，米兰多拉伯爵的儿子，在大学毕业之后，他就

开始四处周游，并且参加了费奇诺主持的佛罗伦萨柏拉图学园，成为了费奇诺之后的又一个中坚人物。有着"神童"美誉的皮科精通希腊语、拉丁语、多种欧洲语言和东方语言，并且还熟悉古代文献和各种哲学学说。他试图调和柏拉图主义和亚里士多德主义，建立一个属于全人类的世界性宗教，将希腊文化、犹太文化和基督教文化统一起来。1486年，皮科出资邀请各地著名学者齐赴罗马讨论哲学，并拟就了900个论题，但是因为这中间的大多数论题都具有明显的异端性质，而遭教皇反对，讨论会最终没有能够召开，皮科也被迫流亡法国。他的代表作《论人的尊严》就是皮科为这次讨论会所撰写的开幕式讲演稿。

著有《论灵魂不死》的哲学家是谁？

彭波那齐（公元1462年—公元1524年），意大利哲学家，人文主义学者，代表作为《论灵魂不死》。彭波那齐，全名皮埃特洛·彭波那齐，来自意大利的芒托瓦城，从帕多瓦大学毕业之后，先后在帕多瓦大学、费拉拉大学和波伦亚大学教授哲学和医学。1513年，拉特兰宗教会议正式将灵魂不死规定为基督教的教条，但是仅仅过了3年，彭波那齐就发表自己的代表作《论灵魂不死》，在书里他公开地、全面地否定了灵魂不死。

提出怀疑论的法国哲学家是谁？

蒙台涅（公元1533年—公元1592年），法国人文主义思想家、文学家和伦理学家，他的代表作为《随感录》。

蒙台涅，出生在波尔多的蒙台涅堡。从6岁的时候起，蒙台涅在波尔多的居依爱纳学校接受了7年人文主义教育。1557年当了波尔多议会的顾问。1571年离职之后，他游历了法国、德国、瑞士和意大利等国家，并且还在1581—1585年间担任了两届波尔多市长职务。在蒙台涅堡期间，蒙台涅写了分为三卷，包含了107篇论文的涉及社会政治、宗教、伦理和哲学的《随感录》。1592年9月13日，蒙台涅病逝。

著有《九十五条论纲》、发起宗教改革运动的哲学家是谁？

马丁·路德（公元1483年—公元1546年），宗教改革运动发起者，基督新教创始人，他的主要成就是创立了基督新教，他的代表著作有《九十五条论纲》《致德意志基督教贵族公开书》《教会的巴比伦之囚》《论基督徒的自由》等。

马丁·路德，1483年11月出生在日耳曼中部绍森几亚的曼斯菲德附近的艾斯里本。1501年的时候，路德进入爱尔福特大学攻读法律，1505年获硕士学位后突然选择进入修道院研习神学。1507年，路德升任为神父，1512年获得了神学博士学位，1515年担任维滕贝格大学神学教授。1517年，他反对教皇以修建圣彼得大教堂为名在德国兜售赎罪券，在维滕贝格教堂大门上张贴了著名的《九十五条论纲》，揭开了宗教改革的序幕。在这之后他还发表了《致德意志基督教贵族公开书》《教会的巴比伦之囚》《论基督徒的自由》三大论著。

提出"先定说"的法国宗教改革家是谁？

加尔文（公元1509年—公元1564

年），法国宗教改革家，基督教加尔文宗创建者，代表作为《基督教原理》。加尔文，出生在法国巴黎北部附近的瓦兹省，父亲是一名律师。1523年，加尔文进入巴黎大学学习法律，取得硕士学位之后，他又前往奥尔良进修获法学博士学位。1536年在日内瓦定居并且发表了代表作《基督教原理》。1538年因为过激改革宗教，加尔文和市政当局发生冲突，被迫来到斯特拉斯堡，1541年返回日内瓦，重新获得市政当局支持，建立日内瓦归正会，从1541年到1555年进行一系列的神学争论。在加尔文的建议之下，日内瓦成立了由加尔文宗长老、议员和官员组成的宗教法庭，密切监视人们的思想和行动。加尔文本人就是宗教法庭的直接负责人，1553年加尔文以异端罪名下令烧死反对三位一体说、发现人体血液小循环的西班牙著名医生塞尔维特等五十多人。在他的领导之下，日内瓦成为政教合一的神权共和国和宗教改革的中心，加尔文宗传播到欧洲各国。1564年5月27日，加尔文死于日内瓦。

提出上帝是极大的德意志哲学家是谁？

尼古拉（公元1401年－公元1464年），德意志哲学家，枢机主教，泛神论者，代表作为《论有学问的无知》《论猜测》。

尼古拉，来自摩塞尔的库萨，所以他也被称为库萨的尼古拉。尼古拉出生在一个富有的船主家庭，但是因为父亲太过严厉，所以他很小的时候就离开家庭，由一位伯爵抚养。幼年时期，尼古拉被送到了荷兰的"共同生活兄弟会"举办的学校读书，后来在海德尔贝格大学、帕多瓦大学和科隆大学接受了法学、数学、哲学、神学的教育。1431年，尼古拉以红衣主教朱丽安的秘书的身份参加了巴塞尔宗教会议，从此之后他就一直为教会服务，先后担任了教皇特使、主教、枢机主教、教皇总助理的职务。尼古拉一直试图将已经分裂的东西教会合并，他主张天主教内部的协调和统一，主张宗教宽容，并进行过教会内部的一些改革。1464年，尼古拉在为教廷奔走中死于波希米亚的托底地方。除了在哲学和神学方面有研究之外，尼古拉还非常关心数学和自然哲学的问题，并且都取得了一定的成绩，他也是第一个绘制中欧和东欧地图的人。

提出"日心说"的意大利哲学家是谁？

布鲁诺（公元1548年–公元1600年），意大利思想家、自然科学家、哲学家和文学家，他的主要成就是反教会、反经院哲学的无畏战士，捍卫真理的殉道者，代表作有《论无限宇宙和世界》、《诺亚方舟》、《论原因、本原与太一》、《论单字、数和形式》、《灰堆上的华宴》、《论英雄热情》等。布鲁诺的哲学观点为批判经院哲学和神学，反对地心说，宣传日心说和宇宙观、宗教哲学。

布鲁诺，全名乔尔丹诺·布鲁诺，出生于意大利那不勒斯附近诺拉城的一个没落的小贵族家庭。父亲乔万尼是一名军人，小时候他是靠着神父们的收养才长大的，15岁的时候，布鲁诺进了多米尼修道院成为了一名修道士，并且获得了乔尔丹诺的教名。在修道院期间，布鲁诺刻苦钻研古希腊罗马语言文学和东方哲学。10年之后，他获得了神学博士学位，还得到了神父的教职。布鲁诺在刚刚接触哥白尼的《天体运行论》的时候就爆发了强烈的激情，从此他就抛弃了宗教思想，只承认科学真理。因为信奉"异端"哥白尼的学说，布鲁诺被宗教视为叛逆，不但将他指控为异教徒而且还革除了他的教籍。为了逃避迫害，在1576年，年仅28岁的布鲁诺逃出修道院，并且出国长期漂流在瑞士、法国、英国和德国等国家。布鲁诺前后总计在欧洲流亡16年的时间，但是他从来都没有放弃过讲学和著书活动，他到处作报告、写文章，还时常出席一些大学的辩论会，用他的笔和舌毫无畏惧地积极颂扬哥白尼学说，无情地抨击官方经院哲学的陈腐教条。最后布鲁诺因为被人出卖而落入了宗教裁判所的手中，在8年的监狱生活之中，布鲁诺始终坚持自己的信念，最后在1600年2月17日，被活活烧死在罗马鲜花广场。布鲁诺的思想受到了尼古拉很大的影响，同时他也从哥白尼的天文学之中吸取养分，从而建立了一个泛神论的哲学体系。

著有《新工具》的英国哲学家是谁？

弗兰西斯·培根（公元1561年—公元1626年），英国哲学家、思想家、作家和科学家，他被马克思称为"英国唯物主义和整个现代实验科学的真正始祖"，代表作有《论学术的进展》《新工具》《论说随笔文集》《论原则和本原》《论古代人的智慧》《政治和伦理论说文集》，他的人生的最大的污点就是主动指控于他有恩的埃塞克斯伯爵谋反；作为大法官收受贿赂，培根的哲学理念为主张发展生产，渴望探索自然，要求发展科学。

弗兰西斯·培根，1561年1月22日出生在英国伦敦的一个贵族家庭，父亲是伊丽莎白女王的掌玺大臣（所谓的掌玺大臣就是掌管英国的国玺，负责保管国玺和起草、颁发各种政府文件，历来就是政府的首席大臣，在现代就是内阁成员同时也是下议院领袖），母亲是一个在伦敦小有名气的才女，通晓希腊文和拉丁文。他的思想非常进步，极力反对教皇干涉英国内部事物。正因为有着良好的家庭教育，培根才在各个方面表现出与众不同的才智。12岁的时候，培根被送进剑桥大学的三一学院（剑桥非常著名的学校，牛顿、罗素、甘地、查尔斯王储都人等是从这里走出去的，而培根的玉石雕像和这些人的一起摆在三一学院的名人堂）学习，在这期间，他就对传统的观念和信仰产生了怀疑，并且开始独自思考社会和人生的真谛。

在剑桥学习了三年之后，15岁的培根作为英国驻法大使的随员来到了法国，并且工作了两年半的时间，在此期间他几乎走遍了法国，吸取了许多的新思想。1579年，培根的父亲突然病逝，这导致他的生活直接陷入困境，在回国奔丧之后，培根进入葛莱法学院，攻读法律的同时谋求职位。1582年，培根取得了律师资格，1584年当选为国会议员，1589年，成为法院出缺后的书记，但是这一职位却没有空缺，所以培根的工作依然没有着落，这也导致他将脱离实际，脱离自然的一切知识加以改革，将经验观察、事实依据、实践效果引入认识论，这也就是培根经验论的最初设想。

1602年，女王伊丽莎白去世，詹姆士一世继位，培根因为曾经坚决支持苏格兰与英格兰的合并而受到詹姆士的赞

赏。培根从此之后就官运亨通。1602年受封为爵士，1604年被任命为詹姆士的顾问，1607年被任命为副检察长，1613年被委任为首席检察官，1616年被任命为枢密院顾问，1617年提升为掌玺大臣，1618年晋升为英格兰的大陆官，授封为维鲁兰男爵，1621年又授封为奥尔本斯子爵。在这一时期，培根将大部分的精力放在了科学真理的探求上，在学术上取得了巨大的成果。同一年，培根被国会指控贪污被判处处罚金四万镑，监禁于伦敦塔内，终生逐出宫廷，不得担任议员和官职，后来因为国王的干预而被免于刑罚，但是培根却从此与政治绝缘，潜心哲学的科学研究。

1626年3月底，培根坐车经过伦敦北郊，这个时候他想要实验冷冻在防腐上的作用，跑到雪地之中将雪塞进刚刚杀死的鸡的肚子里，但是因为他身体虚弱而导致支气管炎复发，1626年4月9日清晨病逝。培根所创立的近代唯物主义哲学重点强调经验的归纳法，因此他的唯物主义仍带有朴素性和自发性；他的思想更多地接近于古代哲学，而且既承认科学真理，也赞同神学真理。

建立了唯理论的法国哲学家是谁？

笛卡尔（公元1596年3月31日—公元1650年2月21日），伟大的哲学家、物理学家、数学家、生理学家。解析几何的创始人。笛卡尔是欧洲近代资产阶级哲学的奠基人之一，黑格尔称他为"现代哲学之父"，他的主要成就是创立了唯理论，为近代哲学奠定了基础，建立了数学史上划时代的解析几何，代表著作有《方法谈》《几何学》《屈光学》《哲学原理》《论光》。

笛卡尔，全名勒奈·笛卡尔，出生于法国西北部都兰地区，祖父是一位医生，父亲和大哥都是雷恩地区不列塔尼议会的参议员。在1岁的时候，笛卡尔的母亲去世，为他留下了一笔能够保障他从事是自己喜爱的工作的遗产。也许是因为母亲去世太早，笛卡尔早年体质非常虚弱、经常生病，一直由一位保姆照顾，他对周围的事物充满了好奇，他的父亲也因此称他为"小哲学家"。

8岁的时候，笛卡尔被希望自己成为一名神学家的父亲送进了耶稣会创办的拉·弗莱舍公学学习，为了照顾他羸弱的身体，校方特许他可以不受校规的约束，早晨可以不到学校上课，而在床上读书。因此，笛卡尔从小就养成了喜欢安静，善于思考的习惯。他在这所学校学习了8年，接受了传统的文化教育，读了古典文学、历史、神学、哲学、法学、医学、数学及其他自然科学。但是笛卡尔却对学校的教育很失望，因为在他的眼中，教科书上的那些微妙的论证，其实只是一些模糊的甚至是前后矛盾的理论，只能让他产生怀疑而根本学不到确切的知识，唯一让他感兴趣的就是数学。

公元1612年，笛卡尔来到普瓦捷大学攻读法学，四年后获得博士学位，结束学业之后，他就选择了从军，想要借机游历欧洲。在此期间他结识了数学家、物理学家以撒·贝克曼，并且做了三个奇怪的梦：第一个梦是笛卡尔被风暴吹到一个风力吹不到的地方；第二个梦是他得到了打开自然宝库的钥匙；第三个梦是他开辟了通向真正知识的道路。这三个奇特的梦增强了他创立新学说的信心，而也有学者将这一天称为解析几何的诞生日。

因为军旅生活而感到疲惫的笛卡尔在1621年返回法国，但是当时正好赶上法国内乱，于是他就在欧洲其他国家旅行，一直到1625年才返回巴黎，1628年又移居荷兰，笛卡尔对哲学、数学、天文学、物理学、化学和生理学等领域进行了深入的研究，并通过数学家梅森神父与欧洲主要学者保持密切联系。1649年笛卡尔受到瑞典克里斯蒂娜女王之邀来到斯德哥尔摩，但是却不幸在这片"熊、冰雪与岩石的土地"患上了肺炎，并在公元1650年2月21日去世。

创立了机械主义的经验论的英国哲学家是谁?

霍布斯（公元1588年—公元1679年），英国政治家、思想家、哲学家，成就是创立了机械唯物主义的完整体系，哲学著作有《论物体》、《利维坦》、《论公民》、《论社会》、《对笛卡尔形而上学的沉思的第三组诘难》，他主要的哲学观点是宇宙是所有机械地运动着的广延物体的总和。

霍布斯，全名托马斯·霍布斯，来自英国威尔特郡的一个乡村牧师家庭。他从小就非常聪明，15岁就进了牛津大学，后来做了一段时间的卡文迪子爵家族的家庭教师，然后在欧洲大陆游历，并且结识了许多科学家。1640年的时候，英国资产阶级革命爆发，霍布斯跟随卡文迪什家族逃到巴黎。1646年—1647年霍布斯曾经为当时流亡巴黎的英国威尔士亲王（也就是后来的查理二世）担任数学老师。1648年霍布斯在巴黎会见了笛卡尔。1651年底，在经过11年的流亡生活之后，霍布斯回到了克伦威尔统治下的英国，也是在这一年他在

伦敦发表了名著《利维坦》。1660年斯图亚特王朝（王室有着天主教的背景）复辟之后，他又向国王效忠，但是因为霍布斯的专制主义立场危及了贵族们的利益而遭受到王党的迫害，同时他也因为无神论的倾向而遭到了教会的攻击。这一切的遭遇使晚年的霍布斯视政治如水火，避之不急，将大部分的兴趣转向了文学和历史，在87岁的时候他还将《荷马史诗》翻译成英文。

提出哲学的目的是道德上至善的哲学家是谁?

斯宾诺莎（公元1632年11月24日—公元1677年2月21日），17世纪荷兰最伟大的哲学家，唯理论的著名代表之一，代表著作有《伦理学》《笛卡尔哲学原理》《神学政治论》《知性改进论》（未完稿）《政治论》（未完稿）《遗著集》《神、人及其幸福简论》。

斯宾诺莎，出生在从西班牙逃到荷兰阿姆斯特丹的犹太商人家庭，小时候被送进七年制的犹太教会学校，学习希伯来文、犹太法典以及中世纪的犹太哲学等，这所学校的任务是培养犹太教的牧师——"拉比"，在这期间，斯宾诺莎认真学习了中世纪犹太哲学家迈蒙尼德等人的思想，并且接受了拉丁语和希腊语的训练，并且由此接触了自然科学与哲学方面的书籍，尤其是笛卡尔的作品。随着学习的深入，斯宾诺莎逐渐形成了自己的哲学体系，但是正因为他对神学教条的怀疑，因而被视为异端邪说，最后更是在1656年，也就是他24岁的时候被迫离开了阿姆斯特丹，隐居在乡村之中，靠着磨制光学镜片为生，同时进行哲学思考。1670年斯宾诺莎移

居海牙，并且一直在这里生活到去世。1673年有人提供他在海德堡大学哲学系的人教授的职位，条件是必须不对国家的法定宗教提出任何质疑，但是这个优厚的条件却被斯宾诺莎拒绝。因为长时间的饮食不规律和营养不良，斯宾诺莎的健康状况逐年恶化，终于在1677年，在与病魔一场激烈的交战之后，他倒在了44岁的终点线之前。"伟大哲学家当中人格最高尚、性情最温厚可亲的。按才智讲，有些人超越了他，但是在道德方面，他是至高无上的"，这句话是罗素对他的中肯评价。

将经验论的认识论真正地体系化、理论化的哲学家是谁？

约翰·洛克（公元1632年—公元1704年），英国哲学家、经验主义开创者，他的主要成就是第一个将经验论构造成为完整的理论体系的哲学家，第一个全面阐述宪政民主思想的人，代表著作有《人类理解论》、《政府论》、《论宗教宽容的书信》。

洛克，全名约翰·洛克，出生于英国的灵顿，1646年洛克在威斯敏斯特学校接受了传统的古典文学基础训练，毕业之后他进入牛津大学的基督教会学院学习，大学毕业后，留校从事研究和教学工作。洛克前后在牛津大学居住了15年，期间和当时著名的科学家波义耳、牛顿等人交情非常深，他对于校园内盛行的经院哲学不感兴趣，反而比较喜欢笛卡尔的哲学以及自然科学。1668年，36岁的洛克被选为英国皇家学会的会员。

洛克一生的重要转折点是他遇到了阿什利勋爵（1672年被封为莎夫茨伯里伯爵），并且成为了勋爵的好友兼助

手，这一年是1667年。阿什利勋爵是英国辉格党的主要领导人，洛克也跟随着他参加了政治活动，并且成为了辉格党的重要理论家。在参加政治活动的同时，洛克坚持哲学和医学的研究，1671年开始写作《人类理智论》。1675年洛克离开英国到法国住了三年，和当时很多重要的思想家进行了交流，后来返回伯爵身边担任助手。1682年莎夫茨伯里伯爵因卷入一次失败的叛乱而逃往荷兰，洛克也跟随前往。第二年伯爵就去世了，而洛克则一直待到1688年的光荣革命，这一年洛克回到伦敦并且当选为内阁议员，还成为了最早提出政治自由和分权原则等社会政治学说的主要代表之一。1689年洛克写了两篇非常重要的政治论文。他的《人类理解论》也在1690年发表。晚年的洛克将大部分的精力都投注在《人类理解论》这部书著作之上。洛克终生都没有结婚，在1704年与世长辞。

提出单子论思想的哲学家是谁？

莱布尼茨（公元1646年7月1日—公元1716年11月14日），德国最重要的自然科学家、数学家、物理学家、历史学家和哲学家，他的主要成就是创建了微积分，最早研究中国文化和中国哲学的德国人，提出了二进制思想，哲学著作包括《形而上学论》《新系统》《神正论》《论自然与神恩的原则》《单子论》《人类理智新论》等。

莱布尼茨，全名戈特弗里德·威廉·凡·莱布尼茨，来自德国的莱比锡，父亲是莱比锡大学道德哲学教授，母亲出身于教授家庭，是路德新教的虔诚信徒。在父母的影响之下，莱布尼茨

从小就展现了非凡的才华，可惜的是，在他6岁的时候，父亲却与世长辞，但是却为他留下了丰富的藏书，这些藏书使莱布尼茨广泛接触古希腊罗马文化，为以后的学术研究奠定了基础。1661年，15岁的莱布尼茨进入莱比锡大学学习法律，17岁的时候获哲学硕士学位，后来在耶拿大学和纽伦堡的阿尔道夫大学学习，21岁获得阿尔特多夫大学的法学博士学位。实际上在20岁的时候，莱布尼茨曾经将自己的法学博士论文提交给莱比锡大学，但是委员会以他太年轻（年仅20岁）而拒绝授予他法学博士学位，他也为此而离开了莱比锡大学。在后来的日子之中，莱布尼茨历经外交官、宫廷顾问、汉诺威图书馆馆长等职务，他积极创办了柏林科学院，并且试图说服圣彼得堡、维也纳和北京建立科学院，可惜的是圣彼得堡科学院和维也纳科学院却是在他死后才建立起来，莱布尼茨的一生都没有结婚，在1716年11月14日，被胆结石引起的腹绞痛折磨了一周之后，70岁的莱布尼茨离开了人世。

用经验论论证上帝的存在的哲学家是谁？

巴克莱（公元1685年—公元1753年），英国唯心主义哲学家、经验论的主要代表，代表著作为《视觉新论》、《人类知识原理》、《希勒斯和斐洛斯的三篇对话》、《防止大不列颠的毁灭》，他的哲学理念是消除洛克哲学之中的唯物主义，用经验论的方式论证上帝的存在，为信仰服务。

巴克莱，全名乔治·巴克莱，1685年3月12日生于爱尔兰奥肯尼郡的代色城堡，10岁的时候，巴克莱被送进克奥肯尼学校接受初等教育，15岁进入都柏林三一学院学习，1704年毕业之后，巴克莱留校担任研究员，开始研究"非物质主义"学说。二十多岁的时候，他的哲学体系基本上就建立起来了。他继承了约翰·洛克的经验论思想，认识到了洛克的哲学之中所蕴含的内在矛盾，认为如果坚持心外有物的唯物论立场，必然会导致怀疑主义和无神论的后果，所以他重点发挥了洛克哲学的主观主义因素，试图从经验论的立场证明上帝的存在。1709年巴克莱被国教会任命为"执事"，1710年成为国教会"牧师"。1713年，巴克莱离开爱尔兰，开始了在伦敦、法国、意大利持续八年的周游。1720年，巴克莱回到英国之后，将注意力转向了英国的社会问题，认为公众的道德水平普遍下降是造成这种社会危机的基本原因。1724年，巴克莱担任德瑞地区的副主教，这个时候他提出在英国在美洲的殖民地、百慕大群岛之上建立一座神学院以便加强对美洲移民和土著的宗教影响，但是因为政府拨款的落空导致他的计划失败，于是他就将筹集到的钱捐给了哈佛大学和耶鲁大学等，1734年巴克莱被任命为爱尔兰克罗因地区的主教，并且担任这个职位近30年的时间。1752年巴克莱全家搬迁到了牛津，1753年1月14日病逝。

近代史上第一个不可知论哲学家是谁？

休谟（公元1711年4月26日—公元1776年8月25日），18世纪英国哲学家，历史学家，经济学家，他的主要成就是建立了近代欧洲哲学史上第一个不可知论的哲学体系，提出了休谟机制，

最先探讨了伦理学，代表著作为《人性论》、《自然宗教对话录》、《道德与政治论文集》、《宗教的自然史》。

休谟，全名大卫·休谟，出生于苏格兰爱丁堡的一个没落贵族家庭，12岁进入爱丁堡大学学习法律，后来因为家庭原因而中途辍学，选择了在家中自学，并且对哲学产生了极大的兴趣，更是从1729年开始专攻哲学，1732年才刚满21岁的休谟就开始撰写他的代表作《人性论》。1734年，他又来到法国继续进行哲学研究和著述，后来《人性论》于1739年至1740年在英国分卷出版，但是却根本就无人问津，他曾经沮丧地打比方说："它从机器中一生出来就死了。"1748年出使维也纳和都灵。1749年回家乡，潜心著述，1751年移居爱丁堡市。在1757年休谟出版了包括《宗教的自然史》在内的论文集，在社会上引起了巨大的波澜，罗马教会更是在1761年将他的全部著作列为禁书。1763年休谟担任驻法使馆秘书，1765年升任为使馆代办，1767年—1768年担任副国务大臣，1769年8月退休返回爱丁堡。

虽然休谟一直被讨论的是他的哲学，但是他最早是作为历史学家而出名的，休谟从1752年起担任爱丁堡苏格兰律师协会图书馆馆长，他利用那里丰富的藏书写作了多卷本《英国史》，正是这些《英国史》导致他生前在英国主要是以历史学家而著称。休谟在驻法使馆工作期间结识了法国启蒙主义的许多进步思想家，因此他作为哲学家的声誉在法国比在英国高许多。

确立三权分立的法国哲学家是谁?

孟德斯鸠（公元1689年－公元1755年），法国著名的思想启蒙家、法学家，他的成就主要是系统研究古代东方社会与法律文化，奠定了近代西方政治与法律理论的发展基础，代表著作有《论法的精神》、《波斯人信札》、《罗马盛衰原因论》。

孟德斯鸠，原名夏尔－路易·德·色贡达，祖父是波尔多法院院长，父亲是一名军人，伯父继承了祖辈的爵位和封地，而孟德斯鸠在家族的影响下从小在教会学校接受传统教育，后来又在波尔多研究法律，19岁获得法学学士学位。1716年，因为伯父去世，孟德斯鸠继承了伯父波尔多法院院长的职位和孟德斯鸠男爵的头衔，成为了"夏尔－路易·德·色贡达，拉伯烈德和孟德斯鸠男爵"。在法院工作期间，孟德斯鸠积极吸取各方面的知识，除了研究自然科学之外，也对研究法律、历史、哲学和其他人文学科有着极大的热情，努力寻求社会的发展规律和改变法国社会状况的出路。1726年，孟德斯鸠出卖了自己世袭的波尔多法院院长的职位，10年的官场生涯使他亲身经历了路易十五时期的腐败朝政和种种社会流弊，并且作为一名工商业者的他也切身感受到专制制度对资本主义经济的严重阻碍，这一点从孟德斯鸠就在1721年化名彼尔·马多发表的第一部著作《波斯人信札》就可以看出来，《波斯人信札》通过虚构的两个波斯人漫游法国揭露和抨击了整个封建社会的罪恶。在经历了20年的研究之后，1748年孟德斯鸠出版了他的代表作《论法的精神》，全面系统地展示了他的政治哲学体系，两年之内连续印行22版，伏尔泰将其称为"理性和自由的法典"，但是因为书中对封建专制制度和教会进行了揭露和批判，引起了反动势力和教会的极端仇视而被列为禁书。1755年，66岁的孟德斯鸠因病在巴黎去世。

孟德斯鸠最重要的贡献完全体现在他的《论法的精神》这本著作之中，他用法哲学的形式全面系统地阐述了自己的社会政治理论。孟德斯鸠提倡资产阶级的自由和平等，但是同时又强调自由的实现要受法律的制约，政治自由并不是想要做什么就做什么。

被称为"法兰西最优秀诗人"的哲学家是谁？

伏尔泰（公元1694年11月21日—公元1778年5月30日），法国启蒙思想家、文学家、哲学家，主要哲学著作有《哲学辞典》《形而上学论》《牛顿哲学原理》，文学著作有史诗《亨利亚德》《奥尔良少女》，悲剧《欧第伯》，喜剧《放荡的儿子》，哲理小说《老实人》和《天真汉》，历史著作有《查理十二史》《路易十四时代》《风俗论》等。

伏尔泰，本名弗朗索瓦·马利·阿鲁埃，伏尔泰只是他的笔名。伏尔泰出生在巴黎的一个富裕的中产阶级家庭，10岁的时候，伏尔泰被送进耶稣会办的大路易中学接受传统教育，毕业之后被想要将他培养成法官的公证人父亲送进法科学校，但是他却对文学产生了兴趣并且成为了一名文人。

伏尔泰的才思敏捷，作品以尖刻的语言和讽刺的笔调而闻名。他曾经因为写了两首讽刺诗嘲弄刚刚上台的摄政王和他的女儿而被逐出首都，没有多长时间又因为批评朝政被投入巴士底狱。在巴士底狱之中，伏尔泰创作了第一部悲剧《俄狄浦斯王》，并且第一次署上了伏尔泰这个名字，该剧为他赢得了"法

兰西最优秀诗人"的桂冠。1725年伏尔泰和一个小贵族发生了冲突而再次被投入巴士底狱，一年之后被驱逐出境，他只好流亡英国。

在英国流亡期间，伏尔泰研究了英国政治制度和洛克的哲学以及牛顿的物理学，他最为著名的被誉为"投向旧制度的第一颗炸弹的"《哲学通信》就是对这些活动的总结。经过伏尔泰的介绍，洛克的经验论成为了法国哲学的主要来源。1729年，伏尔泰返回法国，开始了和夏德莱夫人的十几年生活，这十几年也是他学术生涯最为辉煌的时期，夏德莱夫人去世之后，1750年伏尔泰接受普鲁士国王腓特烈二世的邀请前往柏林，刚开始伏尔泰还抱着辅佐明君的态度，可是却发现国王只是拿他来装门面而已，最后他在1752年离开柏林回到法国。路易十五和俄国女皇叶卡特琳娜二世都曾经邀请过伏尔泰，但是最后都因为伏尔泰思想的叛逆性而不欢而散。

在1752年，伏尔泰回到法国之后，在法国和瑞士的边境凡尔那购置地产，定居享受晚年。伏尔泰的别墅是当时启蒙思想家们的活动中心和反对封建制度及宗教迫害的圣地，他也被人们尊称为"凡尔那教长"。1774年对伏尔泰深恶痛绝的路易十五去世，1778年2月伏尔泰终于凯旋巴黎。3月30日伏尔泰出席法兰西学院大会，当选为法兰西学院院长，同年5月31日不幸逝世。

伏尔泰经历了路易十四、路易十五、路易十六三个封建王朝的统治，亲眼目睹了封建专制主义由盛转衰，也亲身感受到了封建专制主义统治的腐朽和反动，他坚信革命必然到来。伏尔泰的成就几乎遍及当时的人文科学所能够涉及的所有领域，他的哲学思想非常复杂，以法国怀疑论的

传统，批判宗教神学和形而上学，以洛克的经验论和牛顿的物理学为基础，阐述了自己的启蒙思想。

思想被雅各宾派作为武器的哲学家是谁？

卢梭（公元1712年－公元1778年），法国伟大的启蒙思想家、哲学家、教育家、文学家，他的哲学思想是法国大革命中雅各宾派的直接思想武器和战斗旗帜，主要哲学著作有《论人类不平等的起源和基础》《社会契约论》《爱弥儿》《忏悔录》等，他的哲学理念：感觉是认识的来源，坚持"自然神论"的观点；强调人性本善，信仰高于理性。

卢梭，全名让·雅克·卢梭，出生在流亡到日内瓦的钟表匠家庭，母亲在他出生后没几天就去世了，父亲在10岁的时候因为和别人发生纠纷而离开日内瓦，从此以后卢梭就成为了一个流浪儿。卢梭做过乞丐、学徒、仆役和管家，恶劣的生活环境使他染上了许多恶习，也使他深刻了解了民众的疾苦，在20岁左右的时候，卢梭开始涉猎不同门类的知识，也阅读了笛卡尔、洛克、孟德斯鸠和伏尔泰的著作。1742年卢梭来到了巴黎，结识了孔狄亚克和狄德罗等启蒙思想家，成为了启蒙运动阵营的重要成员。在1749年的时候，卢梭的一篇论文获得了第戎科学院征文的特等奖，他由此而出名，但是也因此和其他的启蒙思想家发生矛盾，甚至人们通常不将他认为是启蒙运动的成员。卢梭在56岁的时候和勒瓦瑟结婚，在这之前他们已经有5个孩子，但是这5个孩子都被卢梭送进了育婴堂。卢梭的晚年一直都处在

颠沛流离的状态，在1778年7月8日，他孤独地离开了人世。

思想被称为机械唯物论的哲学家是谁？

拉美特利（公元1709年—公元1751年），法国启蒙思想家、哲学家，代表著作有《心灵的自然史》《人是机器》《伊壁鸠鲁的体系》等。

拉美特利，全名朱利安·奥夫鲁瓦·德·拉美特利，出生于法国不列塔尼地区圣马洛的一个富商家庭。在最开始的时候，拉美特利学习的是神学，是耶稣会的牧师和圣奥古斯丁宿命论教义的信徒，后来转向医学并且在1733年获得医学博士学位，之后前往荷兰莱顿大学拜名医波尔哈维为师，波尔哈维的医学机械论对于拉美特利哲学思想的形成产生了决定性的影响。1735年拉美特利回到故乡行医，同时翻译波尔哈维的一系列主要著作，并且开始撰写许多重要的医学论著，在医学界赢得了极高的声望。1734年—1745年拉美特利被任命为格拉蒙公爵率领的法兰西近卫团军医，他根据自己对病情的观察，获得人的精神活动决定于人的机体组织；思想只不过是大脑中机械活动的结果，当体力上变得更虚弱时，精神功能也会衰退的信念。1745年他发表了自己的第一部哲学著作《心灵的自然史》。这部著作引起了僧侣和当局的狂怒，刚一出版就被下令焚毁，拉美特利本人也被迫流亡荷兰。1747年，拉美特利在荷兰匿名发表他最著名的、影响最大的著作《人是机器》，这部著作加大了教会对他的迫害力度，他只好逃亡普鲁士，经柏林科学院院长莫泊都依的推荐，拉美特利进入

普鲁士国王弗里德里希二世的宫廷，担任国王的私人医生和侍读官。1751年11月11，日拉美特利因为在自己身上试验新的治疗方法导致食物中毒而死。

批判17世纪唯理论形而上学的哲学家是谁？

孔狄亚克（公元1715年—公元1780年），启蒙哲学家代表之一，他的主要成就是促进了洛克的经验论在法国的传播，哲学著作有《人类知识起源论》《体系论》和《感觉论》等。

孔狄亚克，出生在法国南部格勒诺布尔的一个贵族家庭，哥哥马布利是著名的空想共产主义者。孔狄亚克年轻的时候在里昂耶稣会专科学校学习，后来从巴黎索邦神学院毕业。在巴黎生活期间，孔狄亚克结识了狄德罗等启蒙思想家，并且为《百科全书》撰稿，积极参加启蒙运动。孔狄亚克1752年获得"柏林王家科学院院士"称号，1768年被选为法兰西科学院院士。曾经做过天主教神父、巴马公爵的家庭教师、修道院院长。从1772年起他离开论争的中心巴黎隐居在乡村。

孔狄亚克的哲学思想受到洛克经验论的影响非常深，他在哲学上最主要的贡献就是对17世纪唯理论形而上学的批判和对洛克经验论的发展和完善，对法国唯物主义的形成和发展具有积极促进的作用。

批判接受洛克经验论的法国启蒙哲学家是谁？

爱尔维修（公元1715年—公元1771年），法国启蒙思想家、唯物主义哲学家，他的主要成就是参加了《百科全书》的编辑工作，哲学著作有《论精神》《幸福》《论人的理智能力和教育》。

爱尔维修，全名克劳德·阿德里安·爱尔维修，出生在巴黎的一个宫廷医生家庭，青少年时期的爱尔维修被迫进入耶稣会主办的专科学校读书，对于学校烦琐的宗教课程他感到厌恶，于是就利用父亲书库中的丰富藏书来满足自己的求知欲，这也是他第一次接受自由主义思想。爱尔维修酷爱文学和哲学，拉罗什弗科的《沉思与箴言》一书曾引起他对功利主义问题的注意。这个问题后来成为他全部哲学体系中重要的问题之一。1738年，法国皇室赐恩爱尔维修的父亲，23岁的爱尔维修由此成为了年金30万利维尔的总包税官。因为职务的需要，爱尔维修经常到各地巡察，这让他有机会对法国封建专制统治的黑暗和第三等级所受的压迫进行了一个非常深入的了解。1751年，他辞掉总包税官的职务，专门从事著述，并在巴黎圣·安娜街自己的住处开放沙龙，成为法国启蒙运动者们的活动场所。1771年12月26日在巴黎逝世。

组织编写了《百科全书》的启蒙哲学家是谁？

狄德罗（公元1713年—公元1784年），法国启蒙思想家、文学家、美学家、教育理论家，他的成就是组织编写了《百科全书》，他的哲学著作有《哲学思想录》《对自然的解释》《怀疑者漫步》《论盲人书简》《生理学的基础》《拉摩的侄儿》《关于物质和运动的哲学原理》《达朗贝尔和狄德罗的谈话》《宿命论者让·雅克和他的主人》

《驳斥爱尔维修〈论人〉的著作》等，美学著作有《美之根源及性质的哲学的研究》《论戏剧艺术》《谈演员》《绘画论》《天才》等，文学著作有小说《修女》、《拉摩的侄儿》和《宿命论者雅克和他的主人》，长篇小说《泄露隐情的首饰》，《他与我》、《蒲保纳的两个朋友》、《这不是小说》等。

狄德罗，出生在法国郎格尔市一个小资产者的家庭，10岁的时候被送进耶稣会学校读书，学习希腊文、拉丁文和古代作家的著作，1728年前往巴黎求学，在路得维克大公学院学习修辞学、逻辑学和伦理学，数学和物理学的成绩最为出色。在这期间，他更是接触到了培根和霍布斯等人的经验论哲学。离开学校之后，狄德罗在巴黎经历了十年自由文人的流浪生涯，经常出入于沙龙和剧场，以做家庭教师和卖文为生。1732年狄德罗获得了巴黎大学文科硕士学位。1745年英国人约翰·密勒斯和德国人戈·塞留斯与书商勒伯勒东协商将美国人钱伯斯主编的《百科全书和艺术与科学百科辞典》翻译成法文出版，但是翻译的很不成功，出版商就开始重新物色译者，而狄德罗也被看成是最为理想的人选。但是在编书的过程之中，狄德罗却发现原书之中有很多不合理的地方，于是他就决定重新编辑一本体现出人类知识体系、最新科技成就的百科全书，他邀请了当时的一大批著名学者，前后的撰稿人多达160人，孟德斯鸠、伏尔泰、卢梭、孔多塞、魁奈、杜尔哥、伊丰长老等都为《百科全书》写过大量的辞条，他本人一共为《百科全书》撰写了1139个词条，内容涉及哲学、文学、道德、语言和科技，其中最为困难

的关于工艺和技术方面的词条几乎全部由狄德罗编写。狄德罗一共前前后后为《百科全书》的编写奋斗了27个春秋，但是因为《百科全书》触及了封建专制的统治权威，先后遭到了反动势力的攻击和围剿，也有出版商因此而被捕，但是狄德罗坚持将这部巨制完成。1784年7月30日狄德罗走完了他为真理和正义奋斗的人生历程，在他逝世的前一天，他留下了一句至理名言："迈向哲学的第一步，就是怀疑。"

最彻底的唯物主义哲学家是谁？

霍尔巴赫（公元1723年—公元1789年），18世纪法国最激进、最彻底的唯物主义者和无神论者，他的主要成就是翻译介绍了国外先进的自然科学成果，为《百科全书》撰写自然科学方面的条目，哲学著作有《自然的体系》《社会的体系》《揭穿了的基督教》。

霍尔巴赫，原名保尔·亨利希·迪特里希，出生在德国巴伐利亚的一个商人家庭，12岁的时候移居法国，1744年前往荷兰莱顿大学学习科学技术，并且大量阅读了霍布斯和洛克等人的著作。1749年，在巴黎解释了正准备编写《百科全书》的狄德罗，并通过狄德罗结识了其他"百科全书派"的学者和启蒙思想家。1753年，霍尔巴赫继承伯父的遗产和男爵封号，成为霍尔巴赫男爵。没有多长时间又继承了岳父"国王顾问团理事"的贵族头衔和每年的薪俸。霍尔巴赫是狄德罗编辑和出版《百科全书》的坚定支持者，他发挥了自己精通多国语言和了解地质学、冶金学和物理学等方面最新科技成就的特长，为《百科全书》撰写了四百多个条目，内容涉及地

质、地理、矿藏、冶金、物理、化学、法律和语言等广泛领域。他的巨大的财富也被他用来资助自由思想家们的学术活动，当时霍尔巴赫家的"沙龙"就是"百科全书派"集会的场所。

霍尔巴赫的《自然的体系》一书被赞誉为"无神论的圣经"。他认为哲学研究应该以自然的事物为出发点，而自然就是物质事物的总和，运动是物质存在的形式。他继承了17世纪以来的机械唯物主义和唯物主义经验论，试图将唯物主义的现有成果系统化，确立起唯物主义的思想体系。他的无神论思想和反封建、反神学的彻底性在当时震撼了整个欧洲，但是却因为受到机械唯物主义的限制，他最终走向了决定论和宿命论。认为世界上的一切都是必然的，都是不能不是这样，倒霉只能说"命该如此"。

以批判哲学而闻名的德国哲学家是谁？

康德（公元1724年4月22日—公元1804年2月12日），德国哲学家、天文学家、星云说的创立者之一，德国古典哲学的创始人，唯心主义，不可知论者，德国古典美学的奠定者，他的最主要的成就是开创了德国唯心主义哲学和星云说，主要的哲学著作有《纯粹理性批判》《未来形而上学导论》《道德形而上学原理》《实践理性批判》《判断力批判》《单纯理性范围内的宗教》《道德形而上学》等，在康德的生活之中有两件趣事，第一件是他一生从未离开过哥尼斯贝格，第二件是他每天下午3点30分必定会出来散步，邻居们经常根据他散步的时间来校对手表。

康德，全名伊曼努尔·康德，出生在德国普鲁士王国东部的边陲城市科尼斯贝格，父亲是一名马鞍匠，他的家庭属于被称为"新教中的新教"的虔敬派，这种环境对他的思想产生了非常大的影响。1740年，康德进入哥尼斯贝格大学读书，但是因为家庭贫困，他没有进行硕士学位的论文答辩而是从1746年起，连续做了9年的家庭教师，一直到1755年才真正地完成大学学业，成为了哥尼斯贝格大学哲学系的编外（无薪）讲师，开始了他长达14年的讲师生涯。凭着自己的深厚学识，康德先后教授过数学、物理学、自然地理学、人类学、逻辑学、形而上学、伦理学、自然神学、教育学等课程，甚至开设过要塞建筑术和烟火制造术。在经过多次申请之后，康德终于在1770年成为逻辑学和形而上学教授。

康德的教授就职论文《论感觉世界与理智世界的形式和原则》在康德哲学形成过程之中具有界碑性质的意义，人们通常将这篇论文作为标志，把康德哲学划分为"前批判时期"和"批判时期"两个阶段，但是实际上，在1782年康德发表了《纯粹理性批判》的时候，他的哲学才真正成熟、完善。1755年康德匿名发表的《自然通史和天体理论》之中，康德运用牛顿力学的成果研究太阳系的起源，首次提出了天体演化的星云假说，历史上称为"康德—拉普拉斯星云假说"，被恩格斯誉为打开了当时占统治地位的形而上学机械唯物主义自然观上的第一个缺口。康德的批判哲学受到的最大影响分别来自休谟和卢梭，在两人的影响之后，他形成了批判哲学的两大主题——自然和自由。他曾经说："我坦白地承认，就是休谟的提示

在多年以前首先打破了我的独断主义的迷梦，并且在我对思辨哲学的研究上给我指出了一个完全不同的方向。"而他为了能够更多地阅读卢梭的著作而打破了多年以来因为体弱多病而为自己制定的严格的生活规律，他的书房之中也多了一幅卢梭的肖像。

1804年2月12日上午11时，伊曼努埃尔·康德在家乡科尼斯堡去世。康德去世的时候瘦得只剩下骨头，像木乃伊一样的遗体被放在那里接受科尼斯堡的居民的瞻仰。那个时候天气寒冷，土地冻得无法挖掘，整整16天过去后康德的遗体才被下葬。

创立"知识学"的德国哲学家是谁?

费希特（公元1762年5月19日—公元1814年1月27日），德国哲学家、爱国主义者，主要哲学著作有《试评一切天启》《全部知识学的基础》《自然法权基础》《伦理学体系》《论人的使命》《对德意志民族的演讲》。

费希特，全名约翰·哥特利普·费希特，来自普鲁士萨克森州的拉梅诺，父亲是一名织带子的手工业者。因为天资聪颖，费希特从9岁开始在邻居的资助下接受教育。1774年被送进波尔塔贵族学校。1780年入耶拿大学，1781年进入莱比锡大学神学系，接触了斯宾诺莎的哲学。后来因为失去资助而在1788年弃学前往苏黎世当家庭教师，结识了当地狂飙运动的代表人物拉法特等。1790年费希特返回莱比锡，计划创办杂志没有成功，再次担任家庭教师，并开始研究康德的哲学。1790年，他结识了德国著名诗人克洛普施托克的侄女约哈那，

后来与她结为夫妻。1791年，费希特前往哥尼斯堡拜见康德。为了让康德了解他，他基于康德哲学写了一篇研究康德批判哲学和神学领域之间联系的宗教长文《试评一切天启》。康德读后大加赞赏，不仅赞助出版了这篇文章，还推荐费希特前往大学任教。后来因为一些原因，《试评一切天启》被匿名发表，而人们都以为是期待已久的康德自己对于宗教的批判著作，后来当康德亲自出来澄清事实并且对其大加赞扬之后，费希特由此在哲学界名声大振。1793年费希特再次前往苏黎世，被任命为耶拿大学的哲学教授，并结识了平民教育家贝斯泰洛齐等进步思想家。从1794年至1799年费希特在任耶拿大学教授期间，他建立和完善了自己的哲学体系，在康德之后略显平静的德国思想界"造成了一个革命"，后来因为敌对势力的诬陷而被迫离开耶拿，前往柏林。1806年，普法战争爆发，费希特主动担负起宣扬爱国主义的任务。1807年，他回到法军占领的柏林，发表了著名的《对德意志民族的演讲》，同时倡议建立柏林大学。1810年，柏林大学创建，费希特被任命为哲学系主任，第二年成为首任当选校长。1814年，费希特夫人在救护伤病战士的时候感染恶性瘟疫，并且传染给了费希特，最终夺去了哲学家的生命。

哲学被称为同一哲学的哲学家是谁?

谢林（公元1775年1月27日—公元1854年8月20日），德国哲学家，主要哲学著作有《自然哲学观念》《论世界灵魂》《自然哲学体系的初步纲要》《先验唯心论体系》《布鲁诺或论事物的自

然的与神圣的原理》《哲学与宗教》《对人类自由本质的哲学探讨》《世界时代》等。

谢林，全名弗里德里希·威廉·约瑟夫·谢林，出生在德国符滕堡莱昂贝格一个新教牧师家庭。15岁的时候，谢林进入图宾根神学院，和年纪较长的黑格尔和荷尔德林同窗，法国大革命和康德、费希特哲学对于他产生了深刻的影响。1795年毕业之后谢林担任家庭教师，并着手研究维柯和斯宾诺莎的哲学。1798年受聘为耶拿大学编外教授，负责自然哲学和先验哲学的课程，这一时期也是他的哲学创作的巅峰，期间他完成了《自然哲学体系初稿》《先验唯心论体系》，这两部著作作为"同一哲学"的两个部分确立了他作为德国古典哲学改造者的历史地位。1803年至1806年谢林一直都在担任维尔茨堡大学教授，1804年他发表了《哲学与宗教》，在这之后，谢林的思想日益趋向宗教神秘主义。1806年，谢林被任命为巴伐利亚科学院院士和造型艺术科学院秘书长，1808年获得巴伐利亚国内功勋奖章。1809年谢林发表的《对于人类自由的本质的哲学探讨》为他的晚期哲学奠定了基础。1820年秋天开始担任爱尔兰根大学教授，负责讲授神话哲学与近代哲学史。1827年5月谢林返回慕尼黑，担任新建的慕尼黑大学教授，并被巴伐利亚政府任命为科学中心总监，由科学院推举为院长。1841年秋天，应普鲁士国王威廉四世的邀请，谢林到柏林大学讲授神话哲学和天启哲学，并且担任普鲁士政府枢密顾问。他的演讲遭到了青年黑格尔派的公开批判。1854年，谢林在赴瑞士旅行的途中死于巴德拉卡茨。

创立了欧洲最大的客观唯心主义的哲学家是谁？

黑格尔（公元1770年8月27日—公元1831年11月14日），德国哲学家，主要成就是哲学思想最终被定为普鲁士国家的钦定学说，创立了欧洲哲学史上最为庞大的客观唯心主义体系，马克思哲学的主要来源之一，哲学著作有《精神现象学》《逻辑学》《哲学全书》《法哲学原理》《历史哲学讲演录》《美学讲演录》《宗教哲学讲演录》和《哲学史讲演录》等。

黑格尔，全名格奥尔格·威廉·弗里德里希·黑格尔，出生于德国维腾贝格公国的首府斯图加特市。1788年，黑格尔被送进图宾根神学院学习，在这期间他和与席勒并肩的诗人荷尔德林，以及哲学家谢林称为至交好友。1789年的法国大革命受到了德国进步势力的欢呼，虽然黑格尔不同意雅各宾派实施的恐怖行动，但是对于大革命的性质，他一生都是持肯定与赞赏的态度。1793年黑格尔高分从神学院毕业之后担任了几年的家庭教师，1801年通过论文答辩成为了耶拿大学哲学系的编外讲师。1807年他的第一部成熟的哲学著作《精神现象学》出版，标志着黑格尔哲学正式登上了历史舞台。1816年黑格尔迁居海德尔贝格，担任海德尔贝格大学哲学系教授，1817年，出版《哲学全书》（其中的逻辑学部分简称小逻辑），完成了他的哲学体系。1818年开始担任柏林大学教授，1821年出版《法哲学原理》。在柏林的时期，是黑格尔事业的巅峰时期，他在1829年当选为柏林大学校长和政府代表，1831年因为欧洲流行的霍乱而去世。

著有《上帝、自由和不朽》的青年黑格尔派代表是谁？

费尔巴哈（公元1804年7月28日—公元1872年9月13日），德国哲学家，主要的哲学著作有《上帝、自由和不朽》《神统》。

费尔巴哈，全名路德维希·安德列斯·费尔巴哈，出生于巴伐利亚下拜恩区的首府兰茨胡特，他的父亲也是一名哲学家。早年的时候，费尔巴哈曾经在黑森州的海德堡学习神学，在家庭和学校的影响之下，少年时期的费尔巴哈决定将宗教作为自己一生的目标和事业，但是在攻读神学的期间，他对黑格尔哲学发生了极大的兴趣，于是不顾父亲的反对，前往柏林跟随黑格尔学习哲学，他的思想也由信仰转向了理性。1828年，费尔巴哈前往纽伦堡附近的埃尔兰根学习了两年自然科学，并且留校担任讲师。1830年，费尔巴哈匿名发表了第一部著作《论死与不朽》，在书中他驳斥了灵魂不灭、个人不死的观点，强调应当消除人类由来已久的关于此岸和彼岸的矛盾心理，使人类致力于现实生活。这本书刚刚出版就遭到了宗教人士的强烈谴责，书也被当局没收，自己的大学执教生涯也从此结束。1837年，费尔巴哈和贝尔塔·列夫结为终生伴侣，一起居住在弗兰根中部的布鲁克堡，他在这个穷乡僻壤居住了25个年头，但是这里的优美自然环境使他开始研究自然，研究人，并且提出了伟大的人本哲学。1839年，费尔巴哈在《哈雷年鉴》上发表的宣言式的论文《黑格尔哲学批判》标志着他正式与黑格尔的思辨哲学决裂。1841年出版的最著名的代表作《基督教的本质》受到了众人的欢迎，但是也促进了青年黑格尔派的解体，甚至恩格斯曾经说过："我们一时都成为费尔巴哈派了。"50年代的费尔巴哈一直埋头研究古代宗教，他的晚年生活非常的凄苦，但是在朋友的帮助之下，他坚持了下来。1872年9月，贫病交加的费尔巴哈去世，德国社会民主党人为他举行了一次隆重的葬礼，参加葬礼的主要不是学者，而是工人。

创立了实证主义的哲学家是谁？

孔德（公元1798年—公元1857年），法国哲学家，实证主义的创始人，社会学之父，他的主要成就是创立了实证主义和社会学，著作为《实证哲学教程》六卷、《实证政治体系或论建立人道宗教的社会学论文》四卷、《论实证精神》、《实证主义总论》、《实证教义问答》、《主观的综合》。

孔德，全名奥古斯特·孔德，出生于蒙彼利埃的一个天主教徒和君主主义者家中，父亲是蒙彼利埃税务总署的代理人，属于中级官吏。1807年—1814年孔德在蒙彼利埃上中学，上学没有多长时间他就放弃了天主教信仰，开始接受自由和革命的思想。1814年—1816年，孔德在巴黎综合工技术学校学习，学习成绩名列南方学生之首。1816年4月，复辟王朝政府怀疑综合工科学校为雅各宾派，决定暂时关闭学校，孔德因此返回家乡，后来又回到巴黎靠教学谋生，1817年8月，孔德担任著名的空想社会主义者圣西门的秘书，与圣西门合作并成为朋友，一直到1824年两人因为观念相左而分道扬镳。

著有《社会学原理》的英国实证主义代表是谁？

斯宾塞（公元1820年4月27日—公元1903年12月8日），英国社会学家，

19世纪下半叶英国实证主义的代表，教育家，他的主要成就是提出一套将进化理论适者生存应用在社会学上尤其是教育及阶级斗争的学说，主要哲学著作有《社会静力学》、《第一原理》、《生物学原理》、《心理学原理》、《社会学原理》、《伦理学原理》。

斯宾塞，全名赫伯特·斯宾塞，出生于英国德比郡的一个教师世家，所以他在很小的时候就被鼓励学习，但是因为体弱多病而不得不辍学在家，由父亲亲自施教，后来被送到叔父教学的正规学校，可是他却因为抗拒拉丁语和希腊语而跑回家中。1837年，在叔父的帮助之下，斯宾塞找到了一份铁路的土木工程师的工作，他一直做到了1848年，工作中的体验让他感觉到上司故意使工人过分劳累，于是他就在22岁的时候开始不断拜访身为激进主义者的叔父，并且开始发表一些激进言论。1848年他开始担任伦敦《经济学人》杂志副编辑。1852年发表了论文《进化的假说》，在文章之中首次提出社会进化论思想。1853年他的教父去世给斯宾塞留下大笔遗产，于是他就辞去了工作，专心著书立说。斯宾塞60岁的时候，身体开始变得非常差，1882年，他因为达尔文的去世而打破了不去教堂的惯例，前去参加了达尔文的葬礼，1902年，他更是被提名竞逐诺贝尔文学奖。

以物理学家而闻名的哲学家是谁？

马赫（公元1838年2月18日—公元1916年2月19日），奥地利物理学家、哲学家，马赫主义的创始人，第一位科学哲学教授，他最主要的成就是提出了马赫数、马赫带，哲学著作有《力学及其发展的历史批判概论》、《感觉的分析》、《我的自然科学认识论的基本思想和同时代人对它的态度》、《认识和谬误》等。

马赫，全名恩斯特·马赫，出生于奥地利边境的奇尔利茨，父亲是一名家庭教师。童年时期的马赫就表现出对自然的极度热爱，他善于用听觉、触觉去观察事物的因果关系，初中的时候因为对教会的课程没有兴趣而被视为不适宜研究学问的笨孩子，于是父亲的藏书就成了他自学的天堂，后来进入维也纳大学学习数学、物理学和哲学，1860年毕业并且获得博士学位。1864年—1867年马赫在格拉茨大学先后担任数学教授和实验物理学教授，1867年—1895年在布拉格大学担任实验物理学教授，两度被选为校长。1897年因为生病而瘫痪，1901年辈选为奥地利上议院议员，正式从教育岗位退休，但是仍然在家里继续从事科学著作，1916年在德国特斯特腾逝世。

著有《资本论》的无产阶级导师是谁？

马克思（公元1818年5月5日——公元1883年3月14日），全世界无产阶级的伟大导师、科学共产主义的创始人，伟大的政治家、哲学家、经济学家、革命理论家。

他的成就有：创立了科学共产主义，他的哲学著作有《德谟克利特的自然哲学和伊壁鸠鲁的自然哲学的差别》《黑格尔法哲学批判》《1844年经济学哲学手稿》《论犹太人问题》《神圣家族》《关于费尔巴哈的提纲》（《德意志意识形态》《罢工和工人同盟》《哲学的贫困》《工人联合会》《共产党宣言》《雇佣劳动与资本》《中国革命和欧洲革命》

《〈政治经济学批判〉导言》《政治经济学批判》《福格特先生》《剩余价值理论》《国际工人协会成立宣言》《法兰西内战》《资本论》。

马克思，全名卡尔·马克思，犹太人，出生在德国普鲁士邦莱茵省（现在属于联邦州莱茵兰—普法尔茨）特里尔城一个律师家庭。1830年10月，马克思进入特里尔中学。中学毕业后，进入波恩大学，18岁后转学到柏林大学学习法律，但他大部分的学习焦点却摆在哲学上。1840年，普鲁士新国王腓特烈·威廉四世即位，开始迫害自由主义民主人士，要求所有出版物都必须经过严格的审查，大学失去学术自由，因为思想问题，马克思只好放弃申请柏林大学博士学位，1841年马克思的博士论文获得了耶拿大学委员会的一致认同，没有经过答辩就获得了博士学位，毕业之后他在《莱茵报》担任主编，经历了颇为著名的"林木盗窃案问题"，马克思在《莱茵报》上发表了一篇抨击普鲁士政府、维护民主利益的文章，这导致政府直接下令查封《莱茵报》，马克思也辞去了主编的工作。1843年，因为马克思发表的抨击沙皇的文章导致《莱茵报》的发行许可被没收，马克思也因此失去了工作，在这期间他认识了工厂主的儿子恩格斯，两人经常在一起探讨学术问题。1843年6月19日，马克思与苦等了他7年之久的、生于1814年的出身德国贵族（男爵）家庭的燕妮·冯·威斯特法伦结婚。1843年秋天，年轻的马克思夫妇一同踏上流放的征途，来到巴黎。1844年9月，恩格斯到访巴黎，两人并肩开始了对科学社会主义的研究，并结成了深厚的友谊。1846年初，马克思和恩格斯建立布鲁塞尔共产主义通讯委员会。1847年，马克思和恩格斯应邀参加正义者同盟。1847年6月，同盟更名为共产主义者同盟，马克思起草了同盟的纲领《共产党宣言》。　1848年4月，在德国无产主义者的资助下，马克思和恩格斯一起回到普鲁士科隆，创办了《新莱茵报》。1849年5月16日，马克思接到普鲁士当局的驱逐令。5月19日，用红色油墨刊印的《新莱茵报》最后一号第301号出版。6月初，马克思又来到巴黎。8月，马克思被法国政府驱逐，前往英国伦敦。在伦敦的5年时间之中，马克思经常受到经济和债务的影响，身体情况也不好，4个孩子有3个死亡，但是这期间他写出了最伟大的《资本论》。

1864年9月28日，马克思参加了第一国际成立大会，被选入领导委员会。1867年9月14日，《资本论》第一卷出版。1870年10月马克思与移居伦敦的恩格斯再度相聚，由于被许多国家驱逐，到处流亡，他曾经自称是"世界公民"。1881年12月2日，燕妮·马克思去世。1883年3月14日，马克思在伦敦寓所辞世。与燕妮合葬于伦敦北郊的海格特公墓内。

著有《共产党宣言》的伟大哲学家是谁？

恩格斯（公元1820年11月28日—公元1895年8月5日），德国社会主义理论家及作家、哲学家，马克思主义的创始人之一，马克思的亲密战友，国际无产阶级运动的领袖，世界无产阶级的伟大导师和领袖，他的最主要的著作是《共产党宣言》，最大的遗憾是，恩格斯反对婚姻制度，终生没有举办婚礼。

恩格斯，出生在1820年初冬，诞生于普鲁士王国莱茵省巴门市（现在的乌佩塔尔市），有犹太人血统，父亲是信奉基督教的纺织厂厂主，母亲遵守礼教、喜欢文学和历史。1837年，恩格斯被迫从中学辍学学习自己厌恶的经商。1838年，在父亲的安排之下，恩格斯进入澎湃着自由和民主思潮的不莱梅担任办事员，在这里他成为了一名自由主义者，并且以弗·奥斯沃特的笔名写下许多激情诗篇。1841年9月至1842年10月，在柏林服兵役，业余时间在柏林大学旁听哲学讲座，并且成为"青年黑格尔派"的一员。1842年，恩格斯来到曼彻斯特的欧门担任纺织厂总经理，参加了宪章派活动，结识了正义者同盟的活动家，并且深入研究历史、哲学、政治经济学和社会主义理论，开始了从唯心主义向唯物主义、从革命民主主义向科学共产主义的转变。1843年冬天，恩格斯认识了爱尔兰工人姑娘玛丽·伯恩斯，没有多长时间之后两人开始同居。1844年8月底，恩格斯在回国途中绕道巴黎会见了马克思，开始了两人的终身合作。1845年11月到次年5月马克思、恩格斯合写《德意志意识形态》，表明两人已经完成了两大转变。1847年6月，起草《共产主义信条草案》，后来进一步完善成《共产主义原理》。在1848年4月，和马克思一起创办了《新莱茵报》。1848年2月中旬，在《共产主义原理》基础上，马克思和恩格斯起草的《共产党宣言》在伦敦出版。

1850年前后，民主革命失败。恩格斯和马克思被普鲁士政府压迫，两人经济陷入困境，恩格斯选择回到纺织厂工作以便继续资助马克思，这种情况持续了20年，两人之间一直都是书信往来，在书信之中两人讨论了国际工人运动的理论和策略，探讨各个领域里的学术问题。恩格斯进行了广泛的理论研究，尤其对军事学、语言学和自然辩证法作了深入的探讨，他曾经被公认为军事权威，并且可以运用12种不同的语言写作。1869年7月，恩格斯从自己厌恶的商人生涯之中摆脱，第二年10月，移居伦敦和马克思相聚。1876年—1878年，他写了一组题为《反杜林论》，在批判杜林的唯心主义先验论和小资产阶级社会主义时，第一次系统地阐发了马克思主义的三个组成部分——哲学、政治经济学和科学社会主义理论，以及许多自然科学的基础理论，这是一部深刻透彻的、每个有思想的人都能理解的科学百科全书。1873年至1883年间，恩格斯拟定了《自然辩证法》的写作提纲，完成了若干篇章和片断，奠定了自然辩证法的研究基础。1883年马克思逝世后，恩格斯独自肩负起指导国际工人运动、整理和出版（或再版）马克思遗著、捍卫和发展马克思主义理论、培养各国年轻的社会主义活动家和理论家的重任。1889年，在恩格斯的直接领导下，各国社会主义者在巴黎成立第二国际。1889年7月，在恩格斯的指导和推动之下，第二国际在巴黎召开。在他的关怀和指导下，第二国际联合各国工人政党，开展了反对无政府主义和改良主义倾向的斗争。1893年8月，72岁的恩格斯在欧洲大陆旅行期间出席了正在苏黎世召开的第二国际的第三次代表大会，这也是他唯一一次参加第二国际的代表大会。1895年8月5日，恩格斯因患癌症逝世。10日，在威斯敏斯特桥的滑铁卢车站大厅举行追悼会。27日，遵照他的遗嘱，他的骨灰被撒在伊斯特勃恩海滨的大海中。

悲观主义人生哲学家是谁？

叔本华（公元1788年—公元1860年），德国哲学家，主要哲学著作有《论充足理由律的四重根》《作为意志

和表象的世界》《论自然中的意志》《伦理学中的两个根本问题》。

叔本华，出生在但泽，父亲是一名自由共和派的非常富有的商人，母亲则是和歌德等文豪来往密切的颇有名气的小说家，叔本华和母亲的关系一直不好，尤其是当1805父亲自杀之后，母子之间的隔阂更加深了，最后终于破裂，幸好叔本华继承了父亲的巨额遗产，让他一生都可以专心从事哲学工作。

早年的时候，叔本华在英国和法国接受教育，能够流利使用英语、意大利语、西班牙语等多种欧洲语言和拉丁语等古代语言，因为父亲最初是将他按照"世界商人"的目标培养，所以他被迫选择经商，在父亲死后他才得以进入大学。1809年，叔本华进入哥廷根大学学习医学，但是却对哲学发生了兴趣，尤其是柏拉图、康德和谢林的思想，后来柏拉图与康德之间的联系更是成为了他整个哲学的关键主题，1811年，他来到柏林学习哲学，聆听施莱尔马赫和费希特的演讲，但是他却无法和费希特的思辨哲学产生共鸣，于是就产生了厌恶情绪。当拿破仑率领法军侵入柏林之后，他隐居在魏玛附近的一座小镇，撰写了博士论文《充足理由律的四重根》。歌德对此文非常赞赏，但是他同时也发现了叔本华的悲观主义倾向，于是告诫他说，如果你爱自己的价值，那就给世界更多的价值吧。但是叔本华却变本加厉地从印度古典哲学名著《奥义书》汲取了更多的悲观厌世思想。

1814年—1819年期间，叔本华在理智的孤独之中完成了他的代表作品《作为意志和表象的世界》，可惜的是这部作品无人问津，叔本华自己认为"如果不是我配不上这个时代，那就是这个时

代配不上我"。凭借着这本书他成为了柏林大学的编外教授，但是他却选择了和当时正处于巅峰时期的黑格尔在同一时间上课，结果最后他的班上一个人都没有，他只好离开柏林大学。

1833年，叔本华迁居到美因河畔的法兰克福，在那里专心地埋头读书、写作和翻译，度过了最后寂寞的27年。《作为意志和表象的世界》前后出版了三版，前两版都是无人问津的状态，只有1859年出版的第三版产生了轰动性的影响，叔本华称"全欧洲都知道这本书"，在叔本华的晚年时期，陪伴着他的一直是一条名字叫"世界灵魂"的卷毛犬，1860年9月21日，叔本华起床洗完冷水浴之后，像平时一样独自坐着吃早餐，一小时之后，当佣人再次进来的时候，发现他已经依靠在沙发的一角，永远地睡着了，他是因为肺炎恶化而死，临终遗嘱是："希望爱好我的哲学的人能不偏不倚地、独立自主地理解我的哲学。"

叔本华脾气火爆，曾经将一个吵闹至极并且不听劝告的女裁缝推下楼梯导致她伤残，他则每季度付给她生活的费用，并且在这个妇女死后写到"老妇死，重负释"的言论。他的某些生活习惯受到人们的诟病，他的哲学更加受到部分人的鄙视，罗素就曾经说过："假如我们可以根据叔本华的生活来判断，可知他的论调也是不真诚的。"此外叔本华对于女性的态度也是一种鄙薄，认为女性"只是冀求恬静，平稳地度其一生"。"既愚蠢又浅显——一句话概括，她们的思想是介于成人和小孩之间"。

提出权力意志为中心的超人哲学的"太阳"是谁？

尼采（公元1844年10月15日—公元

1900年8月25日），德国著名哲学家、西方现代哲学的开创者卓越的诗人和散文家，他的主要著作有《悲剧的诞生》《瓦格纳事件》《偶像的黄昏》《反基督徒》《看哪这人！》和《尼采反对瓦格纳》《快乐的知识》《善恶的彼岸》《道德的谱系》《权力意志：重新估价一切价值的尝试》。

尼采，全名弗里德里希·威廉·尼采，出生在普鲁士萨克森州勒肯镇附近洛肯村的一个乡村牧师家庭，父亲是威廉四世的宫廷教师，曾经担任过四位公主的老师，所以尼采的名字之中才会有个"威廉"，尼采的生日也是威廉四世的生辰，一种巧妙的巧合。

幼年时期的尼采是一个沉默的孩子，一直到2岁半才学会第一句话，在尼采5岁的时候，父亲因为脑软化症而去世，几个月之后刚刚2岁的弟弟也夭折，这样的打击在天性敏感的尼采心中留下了阴暗的一面，也铸就了他忧郁的性格。在父亲去世的第二年，尼采就跟着母亲和妹妹一起来到了瑙姆堡，从此就生长在一个完全女性的家庭里，祖母关于远祖是波兰贵族的传奇使尼采的贵族情结非常重，他自幼就为自己的贵族血统而自豪，但是父亲给他留下的影响太过深刻，以至于他一直梦想成为和父亲一样的牧师，这也导致他经常为小伙伴诵读《圣经》之中的某些情节，并且赢得了小牧师的称号。

因为家中只有母亲、妹妹、祖母和两个姑姑五个女人，所以尼采从小就养成了脆弱敏感的习性，经常因为感到死亡的威胁而变得孤僻，在他的成长过程之中，虔诚的清教徒的母亲有着不可忽视的影响，也是尼采终生保持清教徒生涯的缘由。在14岁的时候，尼采进入普夫达中学，但是却无法适应新的生活，只好将所有的感情寄托在音乐盒诗歌之上。1861年，也就是尼采17岁的时候身患严重疾病，首次出现健康恶化的征兆，不得不被送回家休养，同年的3月接受基督教的洗礼。1864年，尼采进入波恩大学攻读神学和古典语言学，但是仅仅过了一个学期就不再学习神学，反而沉浸在诗歌和音乐之中。1865年，尼采随着古典语言老师李谢尔思来到莱比锡大学，在这里他偶然读到叔本华的《作为表象和意志的世界》，从此彻底地爱上了哲学，并且从其他哲学家的观念之中吸取传统的抽象概念，也是在这一年他拒绝参加复活节圣餐而引起了家庭的恐慌。1867年，尼采正在瑙姆堡服为期一年的兵役，在战役之中，他低声祈祷的是："叔本华保佑！"

1869年2月，年仅25岁的尼采被聘为瑞士巴塞尔大学古典语言学教授，4月份他获得了瑞士国籍。1870年，尼采被聘为正教授没有多长时间，就传来了德法开战的消息，尼采主动要求上前线，在途经法兰克福的时候，尼采看到一队军容整齐的骑兵雄赳赳气昂昂地穿城而过，灵感顿时像潮水一样喷涌，他第一次感到，至强至高的"生命意志"决不表现在悲惨的生存斗争中，而是表现于一种"战斗意志"，一种"强力意志"，一种"超强力意志！"1872年，尼采发表了第一部哲学专著《悲剧的诞生》，这是他反叛生涯的标志，也是他人生悲剧的起点。这本书虽然受到了许多人的追捧和喝彩，但是他却遭到了来自语言学家圈子的排斥，同时他的身体状况也愈加恶化，于是就在1879年辞去了巴塞尔大学的教职，开始了长达10年的漫游之旅，同时也进入了创作的巅峰时期。1889年，长期不被人理解的尼采抱着一匹正在受马夫虐待的马的脖子，失去

了理智，1890年5月，母亲将他接回玛瑙堡的家中照料，母亲去世之后，尼采迁居到妹妹家中，1900年8月25日，尼采在魏玛告别了这个世界，享年55岁。尼采是不幸的也是幸运的，不幸是因为他的思想直到死后才被人理解，幸运的是他有一个一直陪在他身边的温馨的家。

批判休谟的经验主义的英国哲学家是谁？

格林（公元1836年—公元1882年），英国哲学家，他的主要哲学著作有《休谟人性论导论》、《伦理学绪论》、《关于政治原理的演讲》，主要成就是奠定了英国的新黑格尔主义。格林出生在英国的一个牧师家庭，1855年进入牛津大学学习，1860年成为研究生，1867年以后在学校负责教授哲学，1878年升为道德哲学教授。

统一经验论和黑格尔哲学的哲学家是谁？

布拉德雷（公元1846年1月30日—1924年9月18日），英国哲学家、逻辑学家，新黑格尔主义的代表，"盎格鲁—黑格尔派"领袖及终结者，他的主要哲学著作有《现象与实在》《批判的历史之前提》《伦理学研究》《逻辑原理》《真理与实在论文集》《论文集》。

布拉德雷，全名弗兰西斯·赫伯特·布拉德雷，出生于布雷克诺克郡克拉彭的一个牧师家庭，1865年，他进入牛津大学学习，毕业之后留在默尔顿学院担任研究员，从此之后就开始致力于哲学研究，1871年，布拉德雷患了肾炎，这一疾病导致他一直什么都顾忌，加上他终生未娶，所以他的性情一直都十分的孤僻，

在生病之后更是就过上了半隐居的生活。1876年当选为默尔顿学院的校董，1924年6月获英王颁发的功勋奖章，他是英国历史上第一个得享此等荣誉的哲学家，1924年9月18日，布拉德雷因血液中毒与世长辞，享年78岁。布拉德雷的全部哲学著作都是在他生病之后完成的，他对英国经验主义传统的批判深刻、犀利而有力，对细节的处理却特别的谨慎和精细。

提出"绝对"思想的美国哲学家是谁？

罗伊斯（公元1855年—公元1916年），美国哲学家，他的主要哲学著作为《哲学的宗教方面》《近代哲学精神》《上帝的概念》《世界与个体》《基督教问题》。

罗伊斯，1875年获得加利福尼亚大学学士学位，曾经在德国拜洛采和文德尔班为师，回国之后1878年获得哲学博士学位，先后在加利福尼亚大学、哈佛大学担任教师，1892年升为教授，1914年获哈佛阿尔福特哲学讲座教席。

意大利新黑格尔主义的代表是谁？

克罗齐（公元1866年2月25日—公元1952年11月20日），意大利著名文艺批评家、历史学家、哲学家，意大利新黑格尔主义的首要代表，他是20世纪以来西方影响最大的哲学家之一，主要著作有《精神哲学》《美学》《逻辑学》《实践哲学》《史学》《黑格尔哲学中的活的东西和死的东西》《美学原理》《历史学的理论与实际》《伦理和政治》《史学与道德理论》《黑格尔研究与哲学解说》等。

克罗齐，全名贝奈戴托·克罗齐，出生于意大利阿布鲁佐区的佩斯卡塞罗利

的一个名门望族，从小就受到严格的天主教教育，在大约16岁的时候，克罗齐放弃了天主教信仰，形成一种个人的精神生活观。他认为宗教只是一种历史的习俗，人们可以在其中释放创造性的力量。1883年，当他全家在伊斯基亚的卡萨米乔拉度假的时候，一场地震的突然袭击导致他的父母和唯一的姐姐死亡，他也差点死去。地震之后，他像叔本华一样继承了丰厚的家产。随着他年龄的增长，他的名气日益增加，最后他更是被任命为公共教育部部长。1910年改任终身的意大利参议院议员，他因为反对意大利参加一战而获得了名誉。法西斯墨索里尼登台之后，克罗齐被罢免，接任的是他的哲学同伴乔瓦纳，后来两人因为在法西斯的观点上的不同而决裂，他因为崇高的身份地位而多次遭到法西斯的搜查和严密监视，甚至没有一家主流报纸或者学术出版物提到过他。1944年，民主恢复之后，他被任命为部长，没有多长时间后担任自由党的主席直至1947年。

新康德主义生理学派的主要代表是谁？

朗格（公元1828年9月28日—公元1875年11月21日），新康德主义的开创者之一，新康德主义生理学派的主要代表，哲学著作有《唯物主义史》《论工人问题》。

朗格，全名弗里德里希·阿尔伯特·朗格，出生在索林根附近的瓦尔德，很早的时候就跟着父亲迁居在瑞士，曾经在苏黎世大学和波恩大学学习，先后在波恩、苏黎世和马堡三所大学担任教师。1861年朗格辞去教职，作为自由派的活动家参与了当时德国的社会政治活动。他经

常扮演工人领袖的角色，发表了许多维护工人利益的言论，并且同马克思和恩格斯也有一定的交往。

马堡学派的创始人是谁？

柯亨（公元1842年—公元1918年），马堡学派创始人，他的主要哲学著作有《康德的经验理论》《康德对伦理学的论证》《康德对美学的论证》《纯粹认识的逻辑》《纯粹意志的伦理学》《纯粹感受的美学》《无限小方法的原理及其历史》《伊曼努尔·康德》《纯粹理性批判注释》《哲学体系中的宗教思想》。柯亨，全名赫尔曼·柯亨，出生于教师家庭，1865年获得哈勒大学哲学博士学位，1873年前往马堡大学任教。

柯亨的哲学活动大体上可以分为两个时期：第一个时期是从19世纪70年代初到19世纪末，他主要致力于解释康德的著作；第二个时期是20世纪，他主要致力于建立自己的哲学体系。《纯粹认识的逻辑》就是阐述他的整个哲学基础的著作。

提出历史批判取代康德的纯粹理性批判的哲学家是谁？

狄尔泰（公元1833年—公元1911年），德国哲学家，主要的哲学著作有《关于人、社会和国家科学历史的研究》《精神科学导论》。

狄尔泰出生在一个笃信宗教的家庭，父亲是泛神论者，受到家庭环境的影响，他从小就对将对上帝的崇敬与对大自然的生命力的信念融合在一起。他先后在海德堡大学和柏林神学院学习神学，受到许多浪漫主义思想家著作的影响，其中以施莱尔马赫、荷尔德林、莱辛为代表。大学毕业之后，狄尔泰在巴

塞尔、基尔等大学任教，1882年返回柏林接替洛采的柏林大学哲学讲座教席。

提出"生命比生命更多"命题的德国哲学家是谁？

齐美尔（公元1858年—公元1918年），德国社会学家，哲学家，主要哲学著作有《历史哲学问题》《对生命的直觉》《道德科学引论：伦理学基本概念的批判》《货币哲学》《康德〈在柏林大学举行的16次讲演〉》《宗教》《社会学：关于社会交往形式的探讨》《社会学的根本问题：个人与社会》等。

齐美尔，出生于柏林的一个犹太家庭，父亲是一名非常成功的商人，齐美尔16岁的时候父亲去世，他因此得到了大笔的遗产，使他能够专心地进行学术研究。1881年获柏林大学博士学位，后来担任学校的副教授、编制外教授。1914年转任斯特拉斯堡大学教授，在刚开始的时候，他和狄尔泰都是新康德主义者，后来转向了生命哲学。

著有《时间与自由意志》的法国哲学家是谁？

柏格森（公元1859年—公元1941年），法国哲学家，诺贝尔文学家获得者，主要哲学著作有《时间与自由意志》《物质与记忆》《创造进化论》《笑的研究》《形而上学导言》《道德和宗教的两个起源》等。

柏格森，全名亨利·柏格森，父母均是犹太人，出生在巴黎，在中学时代就对哲学、心理学、生物学产生了浓厚的兴趣，尤其喜欢文学，1878年进入巴黎高等师范学校，毕业后获得哲学教师资格，1881年起在中学担任教师。1889年获得哲学博士学位，1897年被聘请为巴黎高等师范学校讲师，1900年起至20年代中期，担任法兰西学院哲学教授。1914年当选为道德与政治科学院年度主席和法兰西科学院院士。20年代中期，因为健康情况的恶化，柏格森辞去了所有的职务，第二次世界大战之后，柏格森拒绝和德军合作而遭受迫害，82岁的时候在巴黎病逝。

创立了实用主义的美国哲学家是谁？

皮尔士（公元1839年—公元1914年），美国哲学家，逻辑学家，自然科学家，实用主义创始人，主要著作有《机会、爱情与逻辑》、《皮尔士文集》等，他的哲学思想是批判和超越笛卡尔以来的西方体系哲学、建立以实践和过程为核心的哲学。

皮尔士，出生于马萨诸塞州坎布里奇，父亲是一名有着虔诚宗教信仰的著名数学家。皮尔士6岁学习化学，12岁开始做实验，后来转学动物学。1855年皮尔士进入哈佛大学，从1861年起长期在美国海洋和大地测量观察所任职，1887年以前他一直都没有在大学找到一个正式教席，只是曾经在哈佛大学和约翰霍普金斯大学兼课，负责讲授逻辑学、科学史等课程。晚年的皮尔士非常穷困，最后因为癌症死于1914年。

以宗教心理学著称的实用主义哲学家是谁？

詹姆士（公元1842年—公元1910年），美国心理学家，哲学家，美国心理学会和宗教心理学的创始人之一，他的主要哲学著作为《心理学原理》《信仰意志》《宗教经验种种：对人类本性的研究》《实用主义：古老思想方法的新名称》《真理的意义》《多元的宇宙》《几个哲学问题》《彻底的经验主义》。

詹姆士，出生于美国一个富商家庭，父母知识渊博，非常重视对詹姆士的教育，从小就培养他独立自主、爱好科学的性格，并且经常带领他游历法、英、瑞等国。詹姆士曾经学过绘画、比较解剖学、生理学和医学，1867年才开始对哲学感兴趣，1869年获得哈佛大学医学博士学位，1872年任教于哈佛大学，后来升任生理学和哲学教授。

著有《存在与时间》的存在主义哲学家是谁？

海德格尔（公元1889年9月26日—公元1976年5月26日），德国哲学家，在现象学、存在主义、解构主义、诠释学、后现代主义、政治理论、心理学及神学有举足轻重的影响，主要的哲学著作是《存在于时间》。

海德格尔，全名为马丁·海德格尔，出生于巴登—符腾堡州梅斯基希一个天主教家庭。他的父亲是梅斯基希小镇天主教教堂的司事。马丁·海德格尔早年就在教会学校读书。17岁的时候，他从一个神父那里借到布伦坦诺的《亚里士多德所说的存在的多重意义》，对存在意义的问题产生兴趣。1909年进入弗莱堡大学学习了两年神学之后转入哲学，并且同时修读人文科学和自然科学。1913年在李凯尔特及施奈德的指导下，海德格尔完成了博士学位论文《心理主义的判断学说》，他的讲师资格论文题目是《邓·司各脱关于范畴的学说和意义的理论》。1914年，他获得了博士学位。

第一次世界大战爆发后，在1914年

8月，海德格尔应征参军，但是两个月后因为健康欠佳而退伍。1917年，海德格尔与艾弗里特·佩特蒂结婚，婚后再次入伍，在西线战场服役。1918年，从战场回来后，海德格尔正式成为胡塞尔的高级助教，在胡塞尔的指导下一面学习一面任教。讲课的内容大多围绕亚里士多德的哲学，虽然深受胡塞尔的现象学的熏陶，但是他授课的重点却不完全是胡塞尔式的。1920年11月，弗莱堡大学教职再度空缺，胡塞尔于是就向那托普推荐海德格尔。当时海德格尔正准备在胡塞尔主编的《哲学与现象学研究年鉴》第七卷上发表一部关于亚里士多德的大著作。海德格尔把一份40页的手稿打印出两份。一份寄给了那托普，另一份留给自己。那托普读过原稿之后，惊叹他的哲学思想具有惊人的创新力量，于是就立刻回复胡塞尔。

1923年，海德格尔开始担任马尔堡大学哲学教授。在这时，他开始在托特瑙堡营造了他自己的别墅，并开始专注写作《存在与时间》的第一稿。同年，他被选为马尔堡大学中非常出众极具有荣誉但同时是新教徒的哲学教授。1925年夏天的讲课稿件《时间概念的历史》就是《存在与时间》的雏形。1925年冬天，海德格尔被提名为正式教授讲座。1927年2月，《存在与时间》分别在《现象学年鉴》第八卷上及以单行本面世。半年之后，柏林颁发了正教授职称。1928年，胡塞尔退休，海德格尔也辞去马尔堡大学的席位，回到弗莱堡大学继任胡塞尔的哲学讲座。自1931年，海德格尔与德国纳粹党关系越来越密切。1933年，他加入了纳粹党并当选为弗莱堡大学的校长。他的就职演说中运用了大量的纳粹的与纳粹宣传合拍的言词，使他臭名远播，尤其是讲到德国大学的目的是"教育和训练德国人民命运的领袖和卫

士"。他主张大学的三根支柱分别是"劳动服务、军役服务和知识服务"。

虽然海德格尔在1934年辞校长一职，但是没有退出纳粹党。1945年至1947年，法国职业当局因为他的纳粹党背景而禁止他任教。到了1951年，更是撤销他荣誉退休教授所享有的特权。他在1951年、1958年、1967年则定期受邀请任教。1976年，海德格尔在出生地梅斯基希与世长辞并以罗马天主教仪式安葬。

主张"存在先于本质"的法国哲学家是谁?

萨特，全名让·保罗·萨特，法国20世纪最重要的哲学家之一，法国无神论存在主义的主要代表人物。他还是优秀的文学家、戏剧家、评论家和社会活动家。萨特是西方社会主义最积极的鼓吹者之一，一生之中拒绝接受任何奖项，包括1964年的诺贝尔文学奖。在战后的历次斗争之中他都站在正义的一边，对各种被剥夺权利者表示同情，坚决反对冷战。

萨特出生在法国巴黎的一个海军军官家庭，幼年丧父，从小寄居外祖父家。他很小的时候就开始阅读大量文学作品。中学时代接触了柏格森、叔本华、尼采等人的著作。1924年考入巴黎高等师范学校攻读哲学。1929年，获得大中学校哲学教师资格，随后在中学任教。1933年，赴德国柏林法兰西学院进修哲学，接受了胡塞尔的现象学和海德格尔的存在主义。回国后他继续在中学任教，陆续发表自己的第一批哲学著作：《论想像》、《自我的超越性》、《情绪理论初探》、《胡塞尔现象学的一个基本概念：意向性》等。1943年秋天，他的哲学巨著《存在与虚无》出版，奠定了萨特无神论存在主义哲学体系。第二次世界大战期间萨特应征入伍，1940年被德军俘虏，第二年获释。

20世纪40年代，萨特既在战场上，也在文坛上参与反法西斯运动。60年代，萨特和他的终生女友西蒙·德·波瓦的身影出现在世界各地最敏感的前线上：1960年加勒比海危机时，他们在古巴；1967年中东七日战争爆发时，他们在加沙地带。1964年，萨特更以他的超常举动，震惊了整个世界，这就是对诺贝尔文学奖的拒绝，这是历史上第一个主动拒绝诺奖的人（之前有两人因为政治原因被迫拒领）。萨特拒绝的理由是他是一位和平主义者，他不愿意将自己的名字和一个研究炸药的人联系在一起。萨特一生之中拒绝接受任何奖项。60年代后期，法国多次发生学潮和工潮，而萨特始终是运动中的精神领袖。

萨特在战后的历次斗争中都站在正义的一边，对各种被剥夺权利者表示同情，他反对冷战，1954年曾经怀有很大希望访问苏联，但是看到实际情况后又觉得很失望。他先后访问过北欧、美国、中国和古巴，在苏联入侵捷克后，他断绝了和苏联的关系，他的原本暗示反对德国法西斯占领的剧本《苍蝇》在捷克上演，成了反对苏联占领的代言，受到捷克人热烈的欢呼。1971年以后，他走上街头，亲自出售左翼书刊，参加革命活动，提出"用行动来承担义务而不是言词"。萨特在1955年9月访问中国，受到高规格的接待。9月29日在人民大会堂出席了由周恩来主持的国庆招待会，10月1日登上天安门城楼参加了国庆观礼，毛泽东、陈毅分别接见了他。1980年萨特去世时，巴黎有5万多人自发参加了他的葬礼。

第五章　数段分析深入哲学——思想解读篇

泰勒斯的世界的本原是水的思想有什么重要意义？

泰勒斯是公认的西方哲学史上的第一位哲学家，他第一次提出了"世界的本原是什么"的哲学问题，并且给出了自己的答案：水是万物的本原。虽然这种说法在今天看来是比较荒谬的，但是在那个愚昧的时代，他能够说出自己的问题，并且给出答案，这种行为本身就代表了人类理智准备征服宇宙。至于泰勒斯是如何得出的这一个论断，亚里士多德在《形而上学》中提出："他得到这个想法，也许是由于观察到万物都以湿的东西为养料，热本身就是从湿气里产生，靠湿气维持的（由此产生万物的东西即是本原）。这是引起他的想法的一个事实。另一个事实是：万物的种子都有潮湿的本性，而水是潮湿本性的来源。"

如果真的像泰勒斯所说的那样，万物都是各种形式的水，那么所发生、所变化的万物就必定都可以通过适用于水的规律加以说明。水是任何人都非常熟悉的、完全可以被感知的，所以泰勒斯的说法从实质上说明——万物都是人类思想所能理解的，而不是神秘的、不能理解的。他的论断是一种革命，打破了神秘的神话传统，从神话思维进步到了逻辑思维，虽然在当时转变的不是很彻底，但是无可否认他开启了一个崭新的时代。泰勒斯除了提出世界的本原是水的观点之外，还提出了大地是浮在水上的；磁石体内具有灵魂，因为他可以使铁移动；万物都充满了神等观点。

泰勒斯的万物都是由水构成的说法，可以认为是科学的假说，而且绝不是愚蠢的假说。希腊人是勇于大胆假设的，但至少米利都学派却是准备从经验上来考查这些假设的。因为时间的问题，关于泰勒斯我们知道的太少，所以没有完全恢复他的学说的可能，但是从他后继者们之中可以推断出他的科学和哲学都很粗糙，但是却能够激发思想与观察。

阿那克西曼德如何看待无限的元质？

阿那克西曼德，同样来自于米利都，是第一位哲学著作家。他认为万物都来自一种简单的元质，但是并不是他的老师泰勒斯所提出的水，或者是我们所知道的任何其他的实质元素。它应该无限的、永恒的而且无尽的，而且"它包围着一切世界"——因为他认为我们的世界只是许多世界中的一个。元质可以转化为我们所熟悉的各式各样的实质，它们又都可以互相转化。关于这一点，他作出了一种重要的、极可注意的论述："万物所由之而生的东西，万物消灭后复归于它，这是命运规定了的，因为万物按照时间的秩序，为它们彼此间的不正义而互相偿补。"阿那克西曼德有一种论据证明元质不是水，或任何别的已知元素。因为如果其中的一种是

165

始基，那么它就会征服其他的元素。亚里士多德又记载他曾经说过，这些已知的元素是彼此对立的。气是冷的，水是潮的，而火是热的。"因此，如果它们任何一种是无限的，那么这时候其余的便不能存在了。"因此，元质在这场宇宙斗争中必须是中立的。

阿那克西曼德认为宇宙是如何生成的？

阿那克西曼德认为"无限者"生出土、水、气、火四大元素，自然界按照"报复原则"而发生着各种元素和物体的产生和死亡，最后又都复归于"无限者"。宇宙之中有一种永恒的运动，在这一运动的过程中就出现了一切世界的起源。一切世界并不像在犹太教和基督教的神学里所说的那样是被创造出来的，而是演化出来的。在动物界也有演化，当湿元素被太阳蒸发的时候，其中便出现了活的生物。人像任何其他动物一样也是从鱼衍生出来的，人一定是从另一种不同的生物演变出来的，因为由于人的婴儿期很长，他若原来就像现在这样，便一定不能够生存下来了，凡是在他有创见的地方，他总是科学的和理性主义的。

阿那克西美尼的本原为气的内容是什么？

阿那克西美尼说万物的基质是气。灵魂是气；火是稀薄化了的气；当凝聚的时候，气就先变为水，如果再凝聚的时候就变为土，最后就变为石头。这种理论所具有的优点是可以使不同的实质之间的一切区别都转化为量的区别，完全取决于凝聚的程度如何。当阿那克西美尼以"气"作为万物的本原的时候，他不仅以气的凝聚与疏散说明宇宙万物的生成，从本原自身内部寻找运动变化的原因，而且在某种程度上将泰勒斯的两个命题合二为一了："气"是维持生命存在的因素，而"灵魂"的原义就是气、气息或呼吸，这就使本原与灵魂统一起来了。

毕达哥拉斯在数学方面的主要成就有哪些？

毕达哥拉斯把数看作是真实物质对象的终极组成部分。数不能离开感觉到的对象而独立存在，他认为数是宇宙的基本要素。他认为数字先于事物而存在，整数是人和物的各种性质的起因，整数从量和质两个方面支配着宇宙的万物，他对于数的这种认识和推崇，导致他们对于研究和揭示整数的各种复杂性质极其的热衷，他对整数进行了分类。如整数中包含有奇数、偶数、质数、亲和数及完全数等。220与284就是毕达哥拉斯最早发现的一对亲和数，同时也是最小的一对亲和数。因为220的真因子是1、2、4、5、10、11、20、22、44、55、110，它们的和正好是284，而284的真因子是1、2、4、71、142，和恰好是220。因为亲和数这种神秘特性，有人曾经将亲和数用于魔术、法术、占星学和占卜之上，认为两个人都佩戴着写有亲和数的两个护符就能保持良好的关系，这虽然十分的滑稽，但是却反映了亲和数的魅力，在毕达哥拉斯之后的许多数学家依然保持着对亲和数的兴趣，今天发现的亲和数已经超过了1000对，并且还发现了亲和链。

毕达哥拉斯的最伟大的发现，或

者说毕达哥拉斯学派的最伟大的发现就是勾股定理的证明：直角两夹边的平方的和等于另一边的平方，也就是弦的平方。虽然中国与埃及都有类似的说法，但是客观地说，是毕达哥拉斯最早证明了这个观点。

罗素如何看待毕达哥拉斯？

数学与神学的结合开始于毕达哥拉斯，它代表了希腊的、中世纪的，以及直迄康德为止的近代的宗教哲学的特征。罗素认为如果没有毕达哥拉斯，基督徒便不会认为基督就是道；如果没有他，神学家就不会追求上帝存在与灵魂不朽的逻辑证明。罗素还认为柏拉图的所有理论的本质都是毕达哥拉斯主义。但是有一点不可否认，那就是罗素的看法在毕达哥拉斯身上都不是很显著，是他的继承人将一切发扬光大。

毕达哥拉斯是如何解释数为本原思想的？

"首先，灵魂是个不朽的东西，它可以转变成别种生物；其次，凡是存在的事物，都要在某种循环里再生，没有什么东西是绝对新的；一切生来具有生命的东西都应该认为是亲属"。这一句话是毕达哥拉斯在灵魂方面的见解。

毕达哥拉斯的"万物都是数"的论断，用近代的方式加以解释的话，在逻辑上是没有任何意义的，然而毕达哥拉斯所指的却并不是没有任何意义。他发现了数在音乐中的重要性，数学名词里的"调和中项"与"调和级数"就仍然保存着毕达哥拉斯为音乐和数学之间所建立的那种联系。我们至今仍然在使用的数的平方与立方，这些名词就是他最早提出来的。他还提到长方形数目、三角形数目、金字塔形数目等。他把世界假想为原子的，把物体假想为是原子按各种不同形式排列起来而构成的分子所形成的。他希望以这种方式使数学成为物理学的，以及美学的根本研究对象，而他认为这种原子就是数。

克塞诺芬尼的一神论思想是什么？

克塞诺芬尼的理论表现为一种"神学"，主张"一神论"，反对多神论。他引进了存在和成为的问题与静和动的问题两个基本的问题。存在和成为的问题设了这样的一个疑问：宇宙中的任何东西是已经发展完成并且已经进入一种存在状态了，还是正处于不断完善和不断实现自己的转变阶段，依然停留在成长或成为的阶段。克塞诺芬尼是依据他对上帝的信仰来回答的。他强烈谴责那个时代的神的拟人学说，他发现埃塞俄比亚人造出的神像他们自己一样有着黑皮肤塌鼻子，并且因此推断如果公牛和狮子也能够绘画，那么它们也将用自己的形象来塑造它们的神。在克塞诺芬尼的眼中，世界上只有一个上帝，他与凡人在形式和心灵上都是截然不同的。但是实际上他应该被划分为泛神论者，因为他将上帝等同一切存在的东西。

克塞诺芬尼如何解释世界是最终实体？

上帝和宇宙是同一个实在，是单一的、不变的、普遍的存在，他在自身之中包含一切事物的本原（原初、第一原理、基本成分），这是克塞诺芬尼观点的详细表达，在他的理论之中，这个宇宙的原理就是宇宙的神、宇宙的心，

也就是世界——上帝，他是一种同质性的统一体。这个一切事物的神圣的本原本身是没有开始、永恒和不变的，并且因为他本身是不变的，由此必然得出结论，构成世界的最终实体也是不变的。

为什么克塞诺芬尼应该被划分为泛神论者？

对于克塞诺芬尼的全新的神究竟是什么样的，当时的希腊人根本就是满头的雾水，一脸茫然，就更不用谈到什么接受了，而克塞诺芬尼本人也意识到了这一点，所以他会说："没有人，也决不会有人知道我讲的关于神和一切事情的真理，因为即使有人碰巧说出了完满的真理，他自己也不会知道。对于一切，所创造出来的不过是意见罢了。"人们对于他的确切理解是在亚里士多德提出了自己的见解的基础之上。亚里士多德说过："克塞诺芬尼是第一个说出'一'的人（因为巴门尼德是他的学生），不过他并没有说清楚任何事物。看来他没有把握这些的本质，只是凝视整个天空，说'一'就是神。"正是因为这样的话，所以后世的哲学家们认为克塞诺芬尼说的神就是一切，而这恰恰是泛神论者的观点，这也是他被划为泛神论者的缘由。他对于当时氏族的民族宗教和神话的宗教提出批评，认为"赫西奥德和荷马，把一切连人类都看得可耻的事，不名誉的事，如窃盗、奸淫、互诈等，归到神的身上"。"该死的人们，以为神也和自己一样地活着，有衣服、有声音、有姿态"。

什么是"真理之道"、"意见之道"？

巴门尼德的所有哲学思想都集中在他的那本哲理长诗《论自然》之中。在《论自然》的开头，巴门尼德就用浪漫的神话和优美的诗句为我们描绘了一幅企求女神指点方向的画面。然后，他借女神之口，提出了两个研究的方向：一个是"存在存在，不可能不存在"；另一条是"存在不存在，非存在存在"。很明显，第一条是确信的途径，因为它与真理同在；第二条则根本不可能，因为"非存在你不认识也说不出"。这就是巴门尼德广为传播的两条路，第一条路被称为"真理之道"，第二条路则是"意见之道"。至于"意见之道"根本就没有理会的必要，至于真理之道，巴门尼德保存下来的言论主要有"你不能知道什么是不存在的，——那是不可能的，——你也不能说出它来；因为能够被思维的和能够存在的乃是同一回事"。"能够被思维的事物与思想存在的目标是同一的；因为你绝不能发现一个思想是没有它所要表达的存在物的"。

巴门尼德的存在思想对哲学产生了什么样的影响？

巴门尼德关于存在的思想具有划时代的重要意义，对于希腊哲学以至整个西方哲学的形成和演变产生了无法估量的重要影响。从某种意义上讲，巴门尼德的这个唯一的、永恒的、不动的、完满的、作为思想对象的"存在"，是对事物最普遍的属性的概括和抽象，在普遍性、抽象性和稳固性等方面乃是前人所说的水、气、火、数、神等都无法与之比拟的，因而能够最终脱颖而出，成为西方哲学（尤其是西方古典哲学）研究的主要对象。另一方面，他之所以重要是因为创造了一种形而上学的论争方式，这种论证方式一直存在于大多数的形而上学者的身上，一直到黑格尔为止，黑格尔本身也包含在内。虽然有人经常说他创造了逻辑，但是实际上他真正创造的却是基于逻辑的形而上学。

麦里梭对巴门尼德的思想作了哪些修改？

麦里梭对于巴门尼德观点的两点修改分别是：

第一点，存在有限的修改。麦里梭将巴门尼德的"存在"的空间特性从有限修改为无限，证明了存在的单一性。"任何事物如果不是整体存在，那么它就不可能会永远存在"，"如果物体是无限的，那么它就必须是单一的；如果它是二或者更多，那么就没有成为无限的可能性，而会受到另一个的限制"。

第二点，存在有体积的修改。麦里梭认为"如果物体存在，那么它就必定是单一的，作为唯一的东西，它肯定是没有形体的。如果物体有体积，那么它就会存在着部分，所以也就不再是单一的了"。

麦里梭在思想领域的另一个贡献就是他的一个观点从反面启发了原子论者，而这个观点就是否认虚空的存在，并且以此为前提证明存在的不动性。具体解释就是：虚空本身就是空无，而空无就是不存在，既然没有虚空，那么存在就不能运动，因为一切都是充盈的，没有可以移动的空间。

芝诺的哲学观点是什么？

芝诺意识到，否定事物的同一性（形而上学的一元论）和实体的永恒性，反过来说就是假设事物的多样性（形而上学的多元论）和运动，就意味着承认时间和空间是无限的。但是如果时间和空间是无限的，那么存在的客体就会既无限大又无限小，而且无限大的客体可以分割为无限小的部分。为了证明相信宇宙是有许多无限小的单位组成的原子论者的论断的荒唐性，芝诺认为，原子即使再小依然能够被分割，当然这些原子也可以无限大，因为如果一个物体是由部分组成的，那么每一部分都是与另一部分相连接的，而这另一部分又将与其他部分相连接，因而在世界中的客体将会无限大。

什么是阿基里追龟悖论？

"阿基里追龟"。阿基里是希腊跑得最快的英雄，而乌龟则是爬得最慢的动物。但是芝诺却证明，在赛跑之中最快的阿基里永远也追不上最慢的乌龟，因为追赶者与被追赶者同时开始运动，而追赶者必须首先到达被追赶者起步的那一点，如此类推，他们之间存在着无限的距离，所以被追赶者必定永远领先。

什么是飞矢不动悖论？

"飞矢不动"。任何物体都要占有一定的空间，离开自己的空间就意味着失去了它的存在。飞矢通过一段路程的时间能够被分成无数的瞬间，在每一个瞬间，飞矢都会占据一个与自己大小相同的空间，由于飞矢始终在自己的空间之中，因此它是静止不动的。

什么是运动场悖论？

"运动场"。有两排物体，大小相同，数目相等，一排从终点排到中间点，另一排从中间点排到起点，当它们以相同的速度作方向相反的运动时，就会在时间上出现矛盾。芝诺认为这可以

证明一半的时间等于一倍的时间。示意图如下：

AAAA
BBBB→
←CCCC

其中ABC为长度是4的物体。A静止，BC处于A的中间位置且相向运动。那么，其结果就是，B从A的中间运动到A的尾部（长度为2）的时间里，却又从C的头部运动到了C的尾部（长度为4），它运动的距离相差一倍，然而耗时却是一样。

什么是火本原说？

赫拉克利特继承了米利都学派自然哲学的传统，但是他却认为世界的本原是"永恒的活火"。赫拉克利特指出："这个世界之上一切存在的事物都是一样的，它不是任何一个神所创造的，也不是什么人所创造的；它过去、现在、未来都是一团永恒的活火，在一定的范围内燃烧，在一定的范围内熄灭。"这种观点的形成是因为赫拉克利特认为火比任何的其他元素都更加活跃，更加富于变化。他认为，整个世界万物的起源是火，最后又会回归于火，火与万物之间的转化生成的关系是："一切转化成火，火又转化成为一切，就像黄金换成货物，货物又换成黄金一样。"

赫拉克利特如何用火解释世界的生成与消失？

至于世界是如何从火中生出，又如何回归到火中的呢？赫拉克利特将火与万物之间的转化生成看成是火的燃烧和熄灭，并且对这一过程进行了解释，他认为，火熄灭之后会变成气，气浓缩变成水，水凝固就变成土，这是火的熄灭过程，他将这种过程称为"下降的路"；至于对应的"上升的路"就是完全相反的过程，也就是土消融变成水，水蒸发变成气，气燃烧又变成火，这也是火的燃烧过程。

为什么说赫拉克利特的理论带有循环论的特色？

在赫拉克利特的眼中，世界万物正是以火为基质的火、气、水、土这四种元素的相互转化而形成的。他还认为："上升的路和下降的路是同一条路"，"在圆周之上，起点和终点是重合的"。赫拉克利特甚至曾经发表过每隔一个"大年"（也就是10800年），世界就会在一场大火之中焚毁，然后又从火中产生出一个新的世界，这听起来有点像凤凰涅槃。这一个轮回就是赫拉克利特描述的以火的燃烧和熄灭为模式的，带有循环论特色的宇宙变化过程。

火本原说有什么重要意义？

赫拉克利特的火本原学说和米利都学派一样都是将某种具体的物质性的东西当作万物的本原，可是，不同的是，赫拉克利特同时还赋予了火以秩序或规律的内涵。所以，赫拉克利特的本原观和米利都学派的思想比起来更加的复杂，更加的深刻，因为它在揭示本原的基质和原则这两层含义的同时，从一与多、永恒与变化的关系中理解和把握本原的。

恩培多克勒是如何解释宇宙生成的？

恩培多克勒最为著名的就是他的宇宙论，也就是土、气、火、水四根说。恩培多克勒认为每一种元素都是永恒的，但是它们却能够按照不同比例混合，然后产生我们生活的世界所发现的各种各样的复杂变化，它们被爱结合起来，又被恨分离开来。所以每一种合成的实体都是短暂的，只有元素、爱和恨才是真正的永恒。在恩培多克勒的观点之中，爱与恨是与土、气、火、水同属一级的原始元素。有的时候爱占着上风，有些时候则是恨更为凶猛。世界上的各种变化只受"机遇"与"必然"的支配。柏拉图在《智者篇》之中将赫拉克利特和恩培多克勒两人并列，他写道：部分伊奥尼亚的诗人们以及一些西西里的诗人们，他们所得出的结论是：把（一和多）两个原则结合在一起就要更加可靠一些，并且说存在就是一与多；少些严峻的诗人们说它们是由敌对与友情的关系结合起来，在不断地分离与聚合着的，而另外有一些比较温和的诗人们却并没有坚持永恒的斗争与和平，而是承认它们之间有一种缓和与交替；有时在爱神的支配之下一与和平占着上风，而后又由于斗争原则的作用，多与战争又占了上风。

恩培多克勒如何看待力的二元性？

恩培多克勒假定在自然中的力是二元的，因为它既能够构成或创造，又在不断地摧毁，他将这两种力命名为"爱"和"恨"。他的观点是，爱是宇宙的规律，爱负责统一、世界的秩序及其固有的善；而恨（在自然中起到了瓦解的作用）是引起无秩、扰乱、分裂和物体的衰败或瓦解的原因。是与他关于人的灵魂相关联的。在人出现在地球上之前，人的灵魂居住在一个神圣的处于极乐状态的共同体之中，后来因为犯罪而被驱逐，所受到的惩罚就是在地球上的生命期间总被监禁在身体之中。所谓的神圣的存在也就是高于物质世界的真正的生命。犯了罪的灵魂被监禁在身体之中的同时也限制了人类的认识能力，感性的知觉不会产生真正的知识，真正的知识是从理性和反思的力量中衍生出来的。所以恩培多克勒的哲学之中蕴含着一种二元论：自然的世界与精神的世界相对立。

恩培多克勒的四根说有什么重要意义？

在希腊早期的形而上学多元论者之中恩培多克勒是第一个试图将赫拉克利特的观点和埃利亚学派的观点协调起来并且获得成功的人。而他的火、气、水、土四种基本成分以各种各样的比例相结合而形成一切存在的事物的观点所包含的有限数目的最终成分和注意到它们以固定的数学比例相结合的论点，使他被认为是化学的创始人，事实也的确如此，因为直到18世纪，他的理论依然被认为是有效的。

恩培多克勒的创造性，正在于四原素的学说以及用爱和恨这两个原则来解释变化。他抛弃了一元论，并且认为自然过程不是被目的所规定的，而是被偶然与必然所规定的。从这个角度来说，他的哲学比巴门尼德、柏拉图和亚里士多德等人的哲学更加富于科学性，虽然他在某些方面接受了流行的迷信，但是单从这一方面讲，他甚至超过近代的某些科学家。

恩培多克勒的四根说有什么特点？

从整体上来说，恩培多克勒的四根

说主要有四个要点：

一、火、土、气、水是组成万物的根，万物因为四根的不同比例的组合而生成，因为四根的分离而消失。

二、万物的生成和消灭是永不停止的循环运动，四根在运动之中是不生不灭的。"从多中生一"和"从一中生多"。

三、四根的组合和分离是因为外在的"爱"和"恨"两种力所造成的，也可以说四根因此变成了六根，"爱"和"恨"被赋予了道德和审美的价值。

四、在四根说的基础之上，诞生了"同类相知"的理论。所谓的同类相知就是由于人和外部事物都有着同样的本原，当构成人的根和构成事物的同类的根相接触的时候（恩培多克勒称为"流射"），人体感官就会产生感觉。思想则是"流射"顺利的、全面的、清晰的感觉。

什么是种子说？

阿那克萨戈拉属于伊奥尼亚地区，所以他的理论深受伊奥尼亚学派唯物主义思想影响，但是他却认为一种具体的物质或者元素作为万物的本原是不正确的，因为这不能解释一和多的问题。在探寻本原的过程之中，他将本原看成了有着各种独特的形状、颜色、味道的不可见的种子。他的观点是：希腊人所想定的发生和消灭，并不正确。什么理由呢？因为物不是发生、消灭的。实际上，既存诸物，因混合而合一，因分离而复分解为诸物。所以，如果称发生为混合，称消灭为分离，那希腊人称呼的就也许是正确的。在阿那克萨戈拉的眼中，从来没有任何东西是无中生有的。

阿那克萨戈拉认为种子有什么性质？

按照阿那克萨戈拉自己的解释，作为物质本原的"种子"的主要性质是：

一、"种子"是无限的，既指种类上的无限，也包括数量上的无限。也就是说，万物都混合在一起，数量无限多，体积无限小；最后是分割上的无限；

二、"种子"是混合而存在的，阿那克萨戈拉认为，没有什么东西是完全纯粹的；热不能与冷分开，白不能与黑分开，所以热能变成冷，白雪能变成浊水，从吃的食物中能长出头发、血管、肌肉等等；

三、"种子"没有运动能力，也就是说"种子自身并没有运动的能力"，它是依靠外部力量发挥作用的；

四、"种子"具有永恒的属性，这是从"种子"作为无限多样性的存在物的本原角度来说的。

阿那克萨戈拉如何解释事物运动的力量？

在阿那克萨戈拉的理论之中，种子本身是不会运动的，推动种子的结合和分离的力量在于种子之外的一种东西，他将这种力量称之为"奴斯"。所以有人也将这种学说称为"奴斯说"。在希腊语之中，"奴斯"的本义是心灵，后来转为理性。赫拉克利特认为宇宙是无数无穷小的种子的混合体，因为心的作用，使原始的混合体发生旋涡运动，这个运动首先从一小点开始，然后逐步扩大，产生星辰、太阳、月亮、气体等。这种旋涡运动的结果是使稀与浓、热与冷、暗与明、干与湿分开，于是浓的、冷的、湿的和暗的结合为大地，而稀的、热的、干的和明的结合为高空，从而构成了有秩序的宇宙。阿那克萨戈拉的"心"具有永恒、无限、无形、独立自为、知晓一切并支配一切等特征，是一个全新的、纯粹的精神概念。与哲学发展史上"友爱"与"争吵"的形象性和隐喻性相比，阿那克萨戈拉的"理智"思想更有思辨性和概括性的特点。在希腊哲学乃至西方哲学史上，阿那克萨戈拉是第一个将"心"看作高居于物体之上的精神实体的哲学家。

留基波的思想是如何形成的？

留基波被认为是阿布德拉学派的创始人，他否定了自己的形而上学的多元论的前辈们所提出的一些基本原理，比如，恩培多克勒的有关只有四种在性质上不同的基本成分的主张、阿那克萨戈拉的有关存在无数质上不同成分的假设。他的哲学理论是从巴门尼德的否定最终成分在质上的区别，坚持最终的实在（存在）是由完全单一同质的实体构成的哲学思想出发，但是他却认为这种形体的东西（他成为存在）不是单一的实体，而是质上相同的成分的组合（这也是形而上学的多元论）。留基波将这些同质的成分称为原子（不可分的、没有活动力的稠密形体）。

为什么说留基波的理论调和了赫拉克利特和巴门尼德？

对于虚空的问题，留基波也与巴门尼德不同，埃利亚学派认为虚空不存在，留基波却认为这样的非存在就像存在一样是实在的和必然的，因为（质上各不相同）原子在虚空（非存在）中运动。它是一种非形体的实体，一种空的空间。他称最终的空的空间为阿那克西曼德的无限。因此绝对的存在由两种不同的实体组成：原子和空间。原子充满了整个的空间，它们具有巴门尼德所说的在实体上相同和永恒不灭的特征。原子这个词在词源学上的解释是不可切割，也就是哲学上的不可分。虽然每个原子都是自在地存在，并以这种特征互相区别，但是一切原子在占居空间这一普遍的性质上是完全一致的。它们之间质上差别的表面现象是由于它们在大小、形式和排列方面的差别。这种原子结构的前提能被用来说明赫拉克利特的成为或变化的论题，也就是把它归结为原子在空间中的重新安排（自我运动）。所以留基波的原子论调和了赫拉克利特的流变性和巴门尼德的永恒性。

留基波是如何调和一元论与多元论的区别的？

对于留基波如何调和以巴门尼德与恩培多克勒为代表的一元论与多元论，并且以此为基础创造了原子论，亚里士多德在他的著作中这样描述："虽然巴门尼德的见解在辩证的讨论之中似乎显得非常的有逻辑，但是只要考虑一下事实就能够看出，如果相信它们那就距离疯狂没有多远了。因为几乎没有一个狂人能够丧心病狂到这种地步，竟然会设想火和冰是'一'：只有对于介于是正确与习惯上似乎是正确这二者之间的东西，才会有人疯狂到看不出差别。可是，留基波以为他有一种与感官—知觉相调和的理论，能够既不取消生成与毁灭，也可以不取消运动与事物的多重性。他向知觉中的事实作出了这些让

步:另一方面他又向一元论者让步,承认不能没有虚空的运动,结果就有了一种被他表述如下的理论:'虚空是一种不存在,而存在的任何部分都不是不存在;因为就存在这个名词的严格意义来说,乃是一种绝对的充满,可是这种充满却不是一;反之它是一种多,这种多为数无穷而且由于体积极小所以是看不见的。这些多就在虚空中运动(因为虚空是存在的),于是它们由于联合就产生了生成,由于分离而就产生了毁灭。此外只要当它们偶然相接触时(因为这里它们不是一)它们就起作用并且被作用,由于聚合在一片互相纠缠,它们就可以繁殖。另一方面从真正的一绝不能出现多,从真正的多也绝不能出现一。这是不可能的事。'"

为什么普罗泰戈拉会被驱逐?

至于普罗泰戈拉为什么会被驱逐,都是他的著作惹的祸,真实的情况是因为他的《论神》开头第一句是:"关于神,我既不知道他们存在,也不知道他们不存在。有许多东西阻碍着我们的认识,如问题晦涩、人生短促等。"毫无疑问,这些话惹恼了雅典人,这直接导致了他的著作被从抄录收藏的人那里收集起来,在广场上当众烧毁。他自己也被驱逐出城邦。据说他本人则在去西西里的时候,由于乘坐的船只沉没而身亡。

高尔吉亚的三个命题是什么?

高尔吉亚的哲学思想继承了老师恩培多克勒的学说,他认为感觉是由自然物发出的流溢物进入人的感官孔道而产生的。高尔吉亚的哲学思想主要集中反映在他对"非存在"的论证之中,他利用埃利亚学派的论辩方法,得出了与埃利亚派的学说截完全相反的"三个命题":

一、无物存在。

二、即使有某物存在,我们也无法认识它。

三、即使能认识存在,也不能够将它说出来。

高尔吉亚是如何证明无物存在的?

高尔吉亚认为如果有物存在,那么这个物体或者是存在,或者是非存在,或者既是存在又是非存在。然后他通过反证法进行了一系列的逻辑论证,证明这三者都是无法成立的,因而结论只能是什么都不存在。总结一下,这就是某物"存在"的三种可能:存在;非存在;既存在又非存在。

为什么高尔吉亚认为某物无法认识?

思想和存在不同一。很明显,高尔吉亚批评的目标是巴门尼德关于"作为思想和作为存在是一回事"的这个命题,为了达到目的,他进行了两方面的论证。高尔吉亚论证说,如果我们所思想的东西真实存在,那么凡是我们思想到的东西都是真实存在的;但实际上我们却可以思想到并不存在的东西,这说明我们的思想是不可靠的,存在是认识不到的。因此,即使有物存在,也不可认识,不能被思想。

为什么说高尔吉亚的认识论具有怀疑主义的特征?

认识存在要依靠各种感觉,而告诉别人依靠的则是语言。语言和存在物并不是一个东西,我们告诉别人的就只能是语言而不是存在物。这种一切皆无、一切都不可知、一切都不可言说的主张，鲜明地体现了怀疑主义和不可知论的特征。

苏格拉底为什么会提出"认识你自己"的思想？

"认识你自己"这句话本来是刻在德尔斐神庙门楣上的铭言。这句话之所以会成为苏格拉底的命题是因为德尔菲神庙发生了一件让他深思的事情。

苏格拉底在当时被认为是非常有智慧的人，以至于有人将他看成是智者，虽然他本人反对，而当时的智者确实是雅典城中最有智慧的一个集合，也可以说是最早的教师，所以呢，就有人跑到德尔斐神坛求问，问题就是有没有人比苏格拉底更有智慧。而德尔斐神坛给出的回答是没有。这本来是一件值得高兴的事情，可是苏格拉底却真的完全困惑了，因为他自己认为"我只知道自己一无所知"，但是神却不会撒谎。所以他就四处访问那些以智慧出名的人，想要寻找证明神的确不小心犯了错。

苏格拉底是如何解释德性即知识思想的？

"德性即知识"是苏格拉底的一个最为著名的命题，很多人乍看之下，好像道德和知识没有任何关系：一个有道德的人不一定就要有知识，一个有知识的人不一定有道德，那么苏格拉底的这个命题是错误的吗？肯定有人说当然不是错的，否则也不可能流传下来啊，没错，这句话是对的，那么苏格拉底究竟是怎样理解的呢？苏格拉底认为，人并不是天生就符合人的本性的，而是要在理性的指导之下才能认识自己的德性；换句话说，就是没有经过理性审慎的生活是没有价值的，一个人只有真正认识了他自己，才算认清实现自己的本性，才完成了自己的使命，成为一个真正有德性的人。他还指出，趋善避恶是人的一种天性，没有人天生就喜欢追求恶或他认为是恶的东西，是行善还是作恶，关键就取决于他的知识，所以每个人在他有知识的事情上是善的，在他无知识的事情上则是恶的。这个命题之中包含了这样一个思想——没有人有意犯错，人之所以会犯错，是因为他们总是认为从这样的行动中能够得到某些好处。

苏格拉底为什么倡导"德性即知识"的观点？

苏格拉底倡导"德性即知识"的学说，是因为他认为正确的行为来自正确的思想的指导，美德是以知识为基础的，是来源于知识的，没有知识就不能为善，也就不会有真正的幸福。他认为，从怀疑自己的知识开始的自我认识是认识美德的来源。他的主要谈论对象就是伦理而不是科学，他自己也曾经说过"我和物理学的探索是毫无缘分的"，柏拉图最早的一些对话就被公认为是最接近苏格拉底的，这些对话都是从事讨论伦理学名词的定义。《沙米底斯篇》是谈论节制和中庸的定义的，《李西斯篇》是谈论友谊的，《拉什斯篇》是谈论勇敢的。有一个问题值得注意，那就是所有的这些对话都没有得出结论，但是苏格拉底明确表示了这些问题的重要性。在苏格拉底的一生之中，他都坚持：没有一个人是明知而又故意犯罪的，因此使一切人德行完美所必需的就只是知识。

苏格拉底德性理论有什么重要意义？

德性与知识之间的密切联系是苏格拉底和柏拉图两个人的特色。在某种程度之上，它也存在于一切的希腊思想之中，而与基督教的思想相对立。在基督教的伦理里，内心的纯洁才是本质的东西，并且至少是在无知的人和有学问的人之间同样地可以找得到的东西。在欧洲哲学史之上，苏格拉底将德性与知识等同起来的观点，奠定了理性主义伦理学的基础，第欧根尼·拉尔修因此将他称为"伦理学的创始人"。但是，将德性与知识等同起来却忽略了它们之间的差别是苏格拉底不可避免的错误，就像亚里士多德所分析的："他在把德性看作知识时，取消了灵魂的非理性部分，因而也取消了激情和性格。"

什么是苏格拉底方法？

苏格拉底方法，也被称为精神助产术，实际上指的就是前面提到苏格拉底与他人谈话而迫使别人放弃原有观念的方法。具体的过程就是：苏格拉底首先会问对方一个问题，让对方回答然后不断找出对方回答中的缺陷，促使对方不断修正自己的观点而达到真知。我们之前举过的那个苏格拉底与尤苏戴莫斯的对话就是一个典型的例子。这种方法之所以被称为"助产术"的原因在苏格拉底的话中表现的非常明显，而这句话就是："我的母亲是个助产婆，我要追随她的脚步，我是个精神上的助产士，帮助别人产生他们自己的思想。"

苏格拉底方法的实质是什么？

"助产术"实质上也是"辩证法"，而苏格拉底在实施"助产术"的时候所采用的方式是问答法，也就是通过发问与回答的形式，运用比喻、启发等手段，使对方对所讨论问题的认识从具体到抽象，从特殊到普遍，一步步逐渐深入，最后得出正确认识，生下自己孕育的真理胎儿。这种方法，一般被总结为四个环节：反讥、归纳、诱导和定义。苏格拉底将教师比喻成为"知识的产婆"。这种方法作为一种学生和教师共同讨论、共同寻求正确答案的方法，对于激发和推动学生思考问题的积极性和主动性非常有帮助。

苏格拉底是如何运用自己的方法的？

苏格拉底所使用的辩证法，实际上并不是他的发明，最初的发明者应当是巴门尼德的学生芝诺为了维护老师的学说而采用的用来反驳他人观点的学说，而苏格拉底只是将它继承了过来，在《申辩篇》之中是这样描述苏格拉底的举动和对话的：现在，你们这些给我定罪的人啊！我愿意向你们预言：因为我就要死去，而人临死的时候是赋有预言的能力的。因而我要向你们这些杀害我的凶手们预言：我死去之后，立刻就有比你们加之于我的更重得多的惩罚在等待你们。……如果你们以为你们用杀人的办法就能防止别人谴责你们的罪恶生活，那你们就错了；那是一种既不可能而又不荣誉的逃避办法，最容易最高贵的办法并不是不让别人说话，而是要改正你们自己。然后他就转向那些投票赞成开释他的法官们，对他们说，在他那天所做的一切中，他的神谕始终没有反对他，虽然在别的场合他的神谕是常常中途打断他说话的。他说，这就是"一种预示，预示着我遭遇的事情是件好事，而我们之中认为死是一件坏事的人乃是错误的"。"死别的时辰已经到了，我们各走各的路吧——我去死，而你们去活。哪一个更好，唯有神才知道。"我们可以看到苏格拉底在被判处死刑的时候，他能够快乐地想到，即使是在另一个世界之中，他可以继续永远地提问题，而且不可能再被人处死，因为他将会是不死的。辩证的方法只适用于某些问题，而不适用所有的问题。而不适宜用这样的方式来处理的，比如，经验科学。

安提斯泰是如何宣扬自己的思想的？

安提斯泰是一个非常有意思的人物，虽然他不是一个全权的希腊公民，但是他却一直追随着老师苏格拉底和同门的贵族子弟一起生活，并且没有表现出任何的非正统的迹象。也许是在苏格拉底死后，也许是他不再喜欢哲学的诡辩，因此他放弃了从前所重视的东西。安提斯泰认为自己除了淳朴的善良之外不需要任何的东西。他结交下层的工人，并且和他们穿着同样的衣服，用即使是没有受过教育的人也能听得懂的方式进行露天演讲。一切精致的哲学他都认为没有任何价值，他信仰"返于自然"，并且将这种信仰贯彻地极其彻底。他宣扬不要政府，不要私有财产，不要婚姻，不要确定的宗教。他不是一个严格的苦行主义者，但是却摒弃了一切人为的对感官快乐的追求，他说，"我宁可疯狂也不愿意欢乐。"

安提斯泰的哲学思想是什么？

安提斯泰的学说主要集中在伦理学

方面。他发扬了苏格拉底重视德行的思想，认为美德是唯一必须追求的目标，只有经过肉体的刻苦磨练才能得到，这是唯一可能的幸福，从而鄙视一切舒适和享受。虽然安提斯泰和柏拉图都是苏格拉底的学生，但是两人的观点却不同，安提斯泰曾经在著作中驳斥过柏拉图的理念论。

狄奥根尼用什么样的行动来宣扬自己的主张？

狄奥根尼认为除了自然的需要必须满足之外，其他的任何东西，包括社会生活和文化生活，都是不自然的、无足轻重的。他一再地强调禁欲主义的自我满足，鼓励放弃舒适环境。和老师安提斯泰不同，狄奥根尼是一个苦行主义的身体力行者，相传他本身就住在一个破木桶之中，每天以乞讨为生，他每天都会打着灯笼在街上寻找"真正诚实的人"。狄奥根尼揭露大多数传统的标准和信条的虚伪性，号召人们回复简朴自然的理想状态生活。狄奥根尼宣扬友爱，不仅仅是全人类之间的友爱，而且还有人与动物之间的友爱。他对"德行"具有一种热烈的感情，他认为和德行比较起来，俗世的财富是无足计较的。狄奥根尼追求德行，并追求从欲望之下解放出来的道德自由：只要你对于幸运所赐的财货无动于衷，便可以从恐惧之下解放出来。狄奥根尼的学生在德行这一方面被后来的斯多葛派继承，不同的是他们没有摒弃文明的快乐。

主张快乐即善的哲学家是谁？

阿里斯底波（约公元前435年—约公元前350年），古希腊哲学家、西勒尼学

派创始人。

阿里斯底波在血统之上是属于北非的城市西勒尼的公民，但是苏格拉底的名声却将他吸引到了雅典。阿里斯底波非常擅长在不同的场合、时间，面对不同的人物的时候扮演不同的恰当的角色，所以他比任何人都能够讨得僭主狄奥尼修的欢心。他总是能够从眼前的事物之中寻找到快乐。

《理想国》的内容是什么？

《理想国》，是柏拉图最为著名的一本书，也是柏拉图认为最为完美的国家制度，这本书大体上可以分为三个部分：第一部分，从开头到第五卷末尾部分，讲述的是理想国的组织，这也是最早的乌托邦；第二部分，卷六和卷七，讲述的是哲学家的定义；第三部分，针对各种实际存在的体制极其优缺点的讨论。

柏拉图为什么创作《理想国》？

《理想国》最初的目的是想要为"正义"下一个定义，但是在开篇不久，柏拉图就认为世界万物从大的方面来看总是比从小的方面来看要容易得多，所以探讨正义最好还是先从什么是正义的国家着手，而不是从什么是正义的个人去探讨，既然正义是可能想象得到的最好的国家的属性之一，那么就描叙一下这个国家的情况就是十分有必要了。

什么是理想国？

理想国就是柏拉图以社会分工为基础的国家制度学说，大体的图景是：整个国家的规模以站在城中最高的地方能够将全国的情况都看得一清二楚，国家的百姓都互相认识为最好。至于国家为什么会产生？柏拉图认为："国家是起源于人类的需要。"正因为有了人类的需要，国家才得以建立，但是对于人类来说，最为迫切的需要是维持生命的食物，所以人类的首要的需要就是粮食，其次的需要是房子，再其次的需要是衣服之类的必需品，而因为有了这些的需要，于是就产生了农夫、工匠、泥水匠、木匠、铁匠、织工、鞋匠等各种不同行业的人员，但是柏拉图认为人类应该分工合作，因为每个人的天赋都不同，而且"人不可能同时做许多事情都获得成功"。

柏拉图是如何构建自己的国家的？

柏拉图的理想国不是一个确切的国家，而是一群因为需要的不同而主动结合在一起的一群人。人类有许多需要，人各不同，为满足这些需要，必须互助合作，这就是国家的起源。每个人都有许多不同的需要，但是任何一个人都不可能自己完全供给自己，必须依赖许多的人来供给，于是就产生了互相帮助，互通有无的关系。当这些互相帮助的人住在一起的时候，这个居民团体就可以被称为是"国家"。所以柏拉图的理想国就是把国家起源的动机放在人类的需求上，把国家构成的基础建筑在各尽所能的社会互助上。最后一点，在柏拉图的理想国之中必须有一个哲学王，所谓的哲学王就是理想国的国王必须是哲学家，因为他认为只有超群出众、有大智慧的国王才能够不用法律束缚他，所以我们能够看出柏拉图的理想国有两个很明显的特点：一是富有知识的人才享受政治权利；二是理想国崇尚人治而不赞同法治。

为什么柏拉图会提议共产与共妻？

柏拉图认为，人民的意见分歧、不团结一致是国家会败坏的根本原因，而这种不一致的表现就是国民没有共同的欢乐和痛苦。这种情形的产生是因为大家分别彼此的成见太深，导致没有共同的情感。而彼此观念造成的主要原因是由于家庭制度与私有财产制度。在家庭制度之下，每个人只关心他自己的家属，而不关心别人；在私产制度之下，人们之间一定要严格分清这是"我的"东西，那是"你的"东西。这种情形之下根本就不会团结一致，所以必须要让国人的意见统一，是所有人有共同的快乐和痛苦，共产和共妻制度正好可以做到这一点。在共产和共妻制度之下，所有人有共同的财产和妻子，就不会再产生"我的"或"非我的"的差别，所有的争端也就自然没有了。但是这种制度只适合于卫国者和武士阶层。

柏拉图的优生优育政策是什么？

任何一个国家都是由公民所组成，只有公民的素质得到了提升，国家才能够更加完善，就像现在我们国家提出的优生优育政策一样。为了使国家的公民素质提高，柏拉图认为一定要采用优生政策，对国民的生育进行国家干涉，要点如下：

（1）生育年龄的限制，男子自二十五岁至五十五岁，妇女自二十岁至四十岁，在这规定的年龄之外而结合生子的，都被看做是私生子。

（2）最好的男子与最好的女子结合，使社会上这样的配偶日益增多。

（3）举行国家性的相亲大会，为适龄青年择偶。

柏拉图是如何改良教育制度的？

理想国非常重视教育，因为柏拉图认为，教育能够让人自觉守法。他甚至将教育称为国家的唯一大事。这种观点是因为柏拉图认为善就是知识，既然是知识，所以善是能够施教的。赛班指出："自柏拉图的观点来说，只要有一个良好的教育制度，则任何改良都可能实现。如果忽视教育，则国家做任何事都无足轻重。"在柏拉图的理念之中，所有的人都应该接受教育，但是不同的阶级所接受教育的程度和内容不同。统治者及卫士应接受较严格、较长期的教育，而哲君的养成则须五十年的教育。《理想国》之中详述了哲学王的教育计划，但是却没有能够实现。为了使整个国家的素质整体提高，柏拉图甚至设想在建立理想国之初就将所有10岁以上的人遣送出国，因为他们已受到旧文化的熏染，非常难改变。全体公民必须从儿童时代开始就要接受音乐、体育、数学和哲学的终身教育。教育内容要经过严格的选择，荷马、赫西俄德的史诗以及悲剧诗人们的作品，全部都不准传入国境，因为它们会毒害青年的心灵。柏拉图认为这是最好的"理想国"，在这一理想政体的基础之上蜕变出了其他的政体。婚配的不善引起三个等级的混杂，导致争斗，军人政体就会随之产生；军人政体之中极少数握有权势者聚敛财富，形成寡头政体；贫富矛盾的尖锐化导致民众的革命，产生民主政体；民主政体发展到极端时又会被僭主政体所取代。

事物与理念之间有什么关系？

在柏拉图的理论之中，理念不会受到事物的影响，并且理念与理念之间也没有任何的联系，因为理念是绝对的自

身存在而不可能变为其他事物的。个别事物始终处于生灭变化之中，它们是个别、相对和偶然的，而理念则是永恒不变的，是普遍、绝对和必然的存在。所以说，个别事物是感觉的对象，而它们的类就是知识的对象。关于理念与事物之间的关系，柏拉图认为，可知的理念是可感的事物的根据和原因，可感的事物是可知的理念的派生物。

什么是分有说？

"分有"原义是"具有一部分"，柏拉图引用这个词来说明存在的每一个事物是因为该事物有其所在的类型而得以存在。"一个东西之所以能够存在，只是由于'分有'它所'分有'的那个实体，别无其他办法。"个别事物与理念之间的关系就是'分有'与'被分有'的关系。"一件东西之所以美，是由于美本身出现在它上面，或者为它所分有"。所谓的美本身是指美的理念。"分有"的结果是个别事物的存在有了根据，但是分有物却只能在一定程度上与被分有的理念形象相似。

什么是摹仿说？

造物主是根据理念来创造具体事物的，所以事物是摹仿理念而存在。柏拉图将从最高的理念到具体事物的关系划分成四个层次：神圣的原型、神圣的摹仿物、人工的原型和人工的摹仿物，于是最后可感世界都被看成是造物主摹仿理念世界的原型而创造出来的。"木工是根据理念来制造我们所使用的床和桌子，按床的理念制造床，按桌子的理念制造桌子。其他事物也是一样"。所以世界上存在三种桌子：作为理念的桌子自身，因摹仿理念而存在的可感的桌子，以及因摹仿可感的桌子而存在的画家所描绘的桌子。

亚里士多德如何看待摹仿说？

柏拉图的摹仿说遭到了亚里士多德的批判，因为他认为"摹仿"源自毕达戈拉斯学派关于万物摹仿数的思想，只有"分有"是新的概念。但是实际上，"分有"与"摹仿"并没有本质的差别，不同之处在于有无造物主。所以我们可以这样说，"摹仿"是有造物主的"分有"，"分有"是无造物主的"摹仿"。

柏拉图认识到了理念与事物的区别，认识到了普遍性的共相对知识的重要性和对哲学研究的意义，但是他的局限性却在于将理念与事物分离开，并看成是绝对独立的存在，而亚里士多德后来在批判柏拉图的时候，就是针对这一分离的问题来做文章的。

晚年的柏拉图对分有说作了哪些修改？

晚年的时候柏拉图因为发现"分有"说在解释理念和具体事物的关系的时候遇到了困难，于是就对分有的意义进行了限制和修正，主要内容是：分有不适用于全部的可感事物；分有不是部分与整体的关系；分有不是被思想所把握的概念与概念的关系；分有不等于个体之间的相似关系；分有不是认识者与认识对象之间的"摹仿"关系。

柏拉图将世界二重化的理论基础是什么？

将世界二重化，从某种程度上来说是，柏拉图继承了巴门尼德两条道路的学说，不同的是他没有将感觉事物仅仅看成是"非存在",而是看成是既存在又不存在的现象,所以是对赫拉克利特和巴门尼德学说的一个综合。一方面柏拉图继承赫拉克利特,认为感官所及的一切事物都处于生灭变化之中,而生灭变化的事物既不是不存在也不是存在,既不是无也不是有,而是介于两者之间,是既有又无,既存在又不存在的东西,也就是我们所说的现象。另一方面柏拉图又继承了巴门尼德,认识到在现象之中不可能有永恒不变的东西,因此在始终处于变化之中的、相对的和暂时的事物世界之外,一定存在着另一个稳定的、绝对的和永恒的世界作为它们的根据,否则一切都将失去存在,甚至根本就不可能存在。

什么是洞喻?

柏拉图将那些缺乏哲学的人比作是关在洞穴里的囚犯,他们因为被锁着而只能够向着一个方向看,不能走动,不能回头,不能环顾左右,只能够直视前方。他们的身后有一堆正在燃烧的火,面前是一堵墙,在墙与人之间没有任何的阻挡,他们所能够看到的只有他们自己以及他们背后的东西的影子,这些都是由火光投射到墙上来的,因为长期看着这些影像,他们便会理所当然地认为这些影像都是真实存在的事物。当有一天,终于有一个囚徒挣脱锁链,回头第一次见到火光,虽然一时会刺眼眩目,但适应后他就会分清影像与雕像,并且明白雕像比影像更真实。如果他逃到了光天化日之下,第一次看到太阳下的真实事物,也会再次眼花缭乱,先是看到到阴影,然后看水中映象,最后才看事物,才明白自己一直都被影像欺骗。如果他是适于做卫国者的哲学家,他就会认

为他的责任是再回到洞穴里去,回到他从前的囚犯同伴那里去,把真理教给他们,指示给他们出来的道路。但是,他想说服他们是有困难的,因为离开了阳光,他看到的影子还不如别人那么清楚,而在别人看起来,他仿佛比逃出去以前还要愚蠢。柏拉图明确指出,这个比喻"可以整个地应用到以前的论证上,将囚徒们居住的洞穴比作可见世界,里面的火光比作太阳。如果你把上升的途径及对上方万物的静观比作是灵魂上升到可知世界,就没有误解我的意思"。

什么是日喻?

柏拉图试图用视觉上的类比来将两个世界的观点解释清楚,于是他就选择了太阳,因为他认为视觉和别的感官不同,因为视觉不仅需要眼睛和对象,还需要有光。太阳照耀着的物体我们就看得很清楚,在朦胧之中我们就看不清事物,在漆黑之中我们什么都看不见。眼睛可以比作是灵魂,而作为光源的太阳则可以比作是真理或者善。可感的事物的感觉世界是由太阳所主宰,可知的理智世界由"善"理念所统治。世界万物能够被看到,眼睛能够视物,都是因为有太阳。按照同样的道理,理念能够被知晓,心灵能够认识理念,都是因为善理念的存在。"给认识的对象以真理,给认识者以知识能力的实在,就是善的理念",它是"知识和一切已知真理的原因",比其他理念"具有更大的价值,更高的荣耀"。

什么是线喻?

柏拉图用"线喻"形象明确地点明了两个世界与关系。"用一条线来代表它们。将这一条线分成二个不相等的部分,

一部分相当于感觉世界，另一部分相当于理智世界。然后按照同一比例将各个部分再次进行划分，一部分是比较清晰的，另一部分比较模糊。"感觉世界的第一部分是影像，第二部分是影像的原本，也就是具体事物，这"两部分有不同的真实程度，摹本之于原本，正如意见领域之于知识的领域。"理智世界的第一部分是数理理念，也就是几何、数学及相近学科的研究对象，第二部分是伦理理念，"指人的理性自身凭借辩证法的力量而认识到的那种东西"，包括美、正义、勇敢等，最高的理念是善。与这两个世界四个层次相对应的，人的灵魂也有四种不同的功能，从高到低分别是理智、推论、相信、猜想。

灵魂回忆说的内容是什么？

柏拉图认为，我们的灵魂原来生活在位于天上的理念世界之中，"那时候它追随着神明，无视我们现在称做存在的东西，只注重真正的存在"，所以灵魂对于理念领域非常清楚，具备一切的知识。但是后来灵魂附着到了躯体之中之后，由于受到躯体的干扰和污染，导致灵魂遗忘了一切。只有经过适当的教育，灵魂才能够回忆起曾经看到过的那些东西。所以，学习的过程就是回忆的过程，"所有的研究，所有的学习不过是回忆罢了"。但是，只有很少的灵魂能够回忆起过往，因为大多数的灵魂在附着在躯体之前都只是隐约看到天上的景象或者投生之后受到了邪恶的熏陶而堕落，导致他们失去了回忆的能力。

灵魂的四个层次的关系是什么？

人的灵魂从高到低分为理智、推论、相信、猜想四个层次。猜想的对象是影像，人们由此产生偏见和成见。相信的对象是具体事物，由此产生的是感性认识，而感性认识也不具有可靠性和确实性。推论的对象是数理理念，特点是不得不先设定一些假设，并且视之为不用证明的真理，然后由假设开始，通过逻辑推理继而达到答案。推论活动的成果大多是正确的，但是由于它依赖假设，因而前提的真假难以确定，所以不能上升到第一原则就是善的理念。理智的对象是伦理方面的理念，它的特点是"不是将假设作为开端，而是直截了当地作为假设，作为阶梯和跳板，目的是想要超越它们，达到不要假设的领域，达到全体的第一原则。并且在达到这种第一原则以后，又回过头来把握以这个原理为根据的、从这个原理引申出来的东西，从而达到终点。它不用借助任何可感事物的帮助，通过一系列的步骤，从理念开始，再从理念到理念，最后下降到理念而终止"。

灵魂的本性是什么？

关于灵魂的本性，柏拉图从灵魂与运动的关系来规定，他认为"从外面获得运动的事物无灵魂，自身内即有运动的事物有灵魂"，所以说"自我运动即是灵魂"，"灵魂是所有已经存在、现在存在、将要存在的事物，以及与它们相反的事物的第一源泉和运动因"。至于灵魂与物体的关系，柏拉图在著作之中明确提出："按照自然的规定，灵魂先于物体。物体是第二位的、后生的；灵魂是统治者，物体是被统治者，这千真万确是最真实最完善的真理"。灵魂与物体相互作用而不是互不相干的并立。灵魂运动、统治、支配物体，物体在有益和有害的双重意义上反作用于灵魂。举一个例子来说就是：恰当的锻炼能够净化灵魂，不良的习惯就会导致灵魂被奴役，双亲的生理缺陷和不良环境的熏陶是造成灵魂缺陷的主要原因。

柏拉图灵魂不朽学说的内容是什么？

关于灵魂不朽，这一点是柏拉图坚信并且为之进行了理论上的论证的。首先的论证就是回忆说，学习就是回忆，那么"我们必定是从某个先前状态获得我们现在回忆起的东西。但是如果灵魂在进入人体之前不存在，这是不可能的。所以，这个命题也证明了灵魂是不朽的"；其次的论证是运动说，凡是具有永恒运动的事物都是不朽的，只有自我运动才能永不停止运动，靠它物的运动不可能永恒，而灵魂就是自我运动，因此，灵魂必然是没有生成的、永恒不朽的；最后的论证是神圣性，希腊人流行的观念是灵魂具有认识神圣事物的能力，而任何神圣的事物都是不朽的，因此灵魂本身也应当是不朽的，否则就无法被认识。

什么是四因论？

四因论，亚里士多德在《物理学》的开篇之中就提及，分为质料因、形式因、动力因和目的因。

质料因，事物构成的根基，比如"雕像的铜"、"酒杯的银"；

形式因，运动的特定方式，事物的本质而不是指事物的外观，比如房屋的形式，因不是房屋的形状而是用于安顿生物与器具的有遮盖的地方的本质；

动力因，运动的推动者或者作用者，比如制作者就是被制作的东西的动力因；

目的因，运动目标的理由，比如散步是为了健康，那么健康就是散步的目的因。

四因都是如何规定事物本质属性的？

亚里士多德认为，在自然事物之中，动力因和目的因在通常情况下是合二为一的，比如种子的目的是长成大树，正是因为这一个目的因使它变化，目的达到的同时也就完成了它的形式。所以亚里士多德认为只要找出它们的质料因和形式因就足够了。他认为，具体事物就是质料和形式的统一。质料与形式的关系是相对的。对于房屋来说，砖瓦是质料，但是相对于泥土来说，砖瓦又是形式。那么，泥土就是没有形式的纯粹的质料吗？不，根据亚里士多德的观点，泥土仍然是质料和形式的统一。但是如果我们依然这样分析下去，就能够发现一个质料因的系列和一个形式因的系列存在着。在质料因的系列之中，应该会存在一个"最初的质料"。但是，"最初的质料"只能是一切性质都被剥掉之后还剩下的东西，它只能作为一个单纯的抽象存在于我们的思想之中，在现实世界中根本就不能够存在。纯粹的质料是既不可能存在，也无法被认识的。但是，亚里士多德却认为，在形式系列之中，没有质料的纯粹形式是存在的，这种脱离质料而存在的形式实际上只能是思想，亚里士多德认为它是最神圣的东西，并且将它称为神。

质料与形式的关系是什么？

质料与形式的结合的过程就被亚里

士多德称为"潜能现实化"，他认为潜能既有可能性的意思，也存在能力的意思，比如砖瓦有变成房屋的潜能，木匠有制作家具的潜能。潜能向现实转化的过程就是运动，但是我们之前提过运动有三要素，现在形式和质料已经有了，那么缺乏是什么呢？缺乏就是目的因，为什么？我们举一个木头的例子。木头可以因为"供人睡觉"的目的而被制作成床，而床又能够因为"躲避危险"的目的而被改造为屋顶，所以说"质料"与"形式"是相对于"目的"而言的。明确了物品的制作目的，它的动力因，也就是谁来制造就不是一件重要的事情，但是如果物品有瑕疵，往往要归咎到动力因身上。因此，"目的因"对于规定事物的本质属性具有首要的发言权，所以运动只有参照运动趋向的目的才能够存在。比如说木材因为有被建造成房屋的潜能，所以它是"潜在的房屋"，而木材从"潜在的房屋"变为"现实的房屋"就是"建造"这一运动发生的过程。所以我们可以这样说：潜在就是质料，现实就是形式。

什么是位移运动？

位移运动是亚里士多德的另一个关于运动的观点，在他的理论之中，他将运动分为性质的、数量的以及位置的运动。在三种运动之中，亚里士多德认为位置的运动也就是位移运动，是最基本也是最为重要的，所以他着重分析了这一运动。首先他提出了假设"凡是运动的物体，一定有推动者在推着它运动"，如果你看到一个东西在移动，你就会寻找一个推动它的东西（比如说是我们的手、身体）。当没什么东西推它的时候，它就会停止移动，是一个推着一个，不能无限制地追溯上去，

"必然存在第一推动者"，中古世纪的基督教说"第一推动者"就是指上帝，并且将亚里斯多德的学说与基督教教义结合。这样的结合使亚里斯多德的学说成为权威学说，一直到近代，牛顿才建立正确的力学学说，而牛顿是生活在17世纪至18世纪的人，所以说，亚里士多德的这一个观点一直影响了近2000年的时间。

亚里士多德持有什么样的宇宙运动观？

关于位移运动的另一个区域是在亚里士多德的《天论》之中谈及的宇宙运动，至于亚里士多德的推论方法，那就是将我们之前提到过的四因说放到了"天"之中。"天"是一个不以人的意志为转移的客观世界，其中的事物在不受外力干扰的情况下表现出独特而恒定的运动状态，亚里士多德将这种运动称为"自然运动"。《天论》的主要目的就是认识"自然运动"的原因，确定"天"的秩序，其中最为独特的思想就是提出了"位置"这个空间的概念。亚里士多德的"位置"是包围物体周边的一小片区域的。物体所恒常占据的处所——"自然位置"，与物体的本质属性紧密相连，比如说，"重物"的自然位置就是地球的中心，这意味着，重物的本质属性"重"是依靠它所永远占据的自然位置"中心"来界定的，而重物之所以在不受外力干扰的情况下做出由高到低的"自由落体"式运动，就是因为它要重新回到体现了自身本质属性的"自然位置"上。关于这一点，他再次提出了一个错误的观点，那就是较重物体的下坠速度会比较轻物体的快，而这个错误观点一直到16世纪，意大利科学家伽利略从比萨塔上掷下两个不同重量

圆球的实验中才被推翻。

亚里士多德为什么能够得出"自然位置"的观点？

亚里士多德之所以能够得出"自然位置"这一个观点，是因为通过归纳式的观察发现，天界的事物所永恒具有的最基本的运动状态主要有两种：短暂的直线（由下而上、由上而下）运动与永恒的圆周运动，而作短暂的直线运动的是"月下天"的物体，做永恒的圆周运动的则是"月上天"的天体。"月下天"的物体根据运动的特点可以分为降落到地球中心的"土"、上升到"月下天"天球最外围的"气"，以及处于中间位置的"水"、"火"。然后亚里士多德就根据天界事物的本质属性将它们分门别类，使事物获得了质的规定性的根本要素来构建了自己的宇宙模型。模型之中，四大元素有着各自的自然运动的终点："中心"、"外围"、两个中间位置，以及圆周轨道本身。四大元素各就其位，其特质及相互关系也因此被分辨，整个宇宙也因此获得了"秩序"。

亚里士多德的宇宙是什么样的世界？

亚里士多德的宇宙世界是一个等级森严而又秩序井然的有限而封闭的世界；在"恒星"天球之外，什么都没有，但是在恒星之内，却有着绝对的上下左右的位置分别。亚里士多德将构成天体的元素称为"神圣元素"，他的运动周而复始、永恒不变，这是"神"所居住的区域；而"月下天"则充满了各种各样的变动，即使是恒定的直线运动，也是短暂的、易朽的，那是"人"生活的地方。亚里士多德追求的是根据事物的自然属性对其分门别类，从而确认宇宙的秩序，沉思自然之美。

亚里士多德反对相论的最根本的原因是什么？

"那些将理念当作原因的人，首先设法把和存在数目相等的另外的东西当作他们的原因"。柏拉图在说明某个事物的原因的时候，寻找了一个与事物分离的另一个事物作为它的原因，而亚里士多德认为这样根本就没有真正地将什么是理念说清楚。我们可以用数学之中的集合作为例子来解释这个论证：当我们在讨论一个集合的时候，设定了另一个元素数目至少不少于它的集合来说明它们，但是我们却没有给出第二个集合的性质，以及这两个集合之间有什么样的对应法则，这样就导致了一个我们对两个集合都是不明确的，并且会增加了一些事物和我们认识的困难的结果。亚里士多德认为理念论基础的两个世界的分离不仅没有解决问题，反而连自己也没有解释清楚，而成功的哲学必须满足两个条件：它的"绝对"的说明须能显示出那个"绝对"足以说明世界；这个第一原理不仅需要能够说明这个世界，并且还需能够说明它的自身。亚里士多德认为柏拉图学派众人所说的"相"是和具体事物分离的，这是他反对相论的最根本的原因。

亚里士多德是如何从目的论的角度批判理念论？

"我们用来证明形式存在的那些方法，没有一个是顶用的"。亚里士多德质问诸如像丑这样的东西是不是有理念的

存在，如果存在，那么这又和柏拉图所追求的最终善的理念相冲突。如果所有的事物都存在理念，那么消失的东西必将存在理念，但是这却和柏拉图否认运动可以被解释相矛盾。另一点就是关于"关系"，"如果关系也有关系的相，那么说'苏格拉底先于柏拉图'的时候，只说苏格拉底分有'先之相'而不说明他是先于谁，显然是不合理的"。在这个论证之中，亚里士多德在目的论以及运动的合理性的层次上对柏拉图进行了批判。

亚里士多德对理念论的基础是如何进行批判的？

"有些则讲到了第三者"，这所谓的第三者是指为了解释两个概念的相似性而设定第三个概念的无限倒退。亚里士多德认为，第三者出现的原因就是普遍与特殊相分离。这是亚里士多德对理念论的基础进行批判。

亚里士多德是如何批判理念只考虑形式因的？

"关于形式的那些道理，毁掉了那些我们愿意其存在比理念更为重要的东西"，这里亚里士多德依然从本体的角度进行批判，在他的理论之中，理念不是最高的本体，而是一种形式，所以说理念就没有考虑到动力因与目的因，以及比形式更根本的质料因。

亚里士多德是如何批判性质等作为理念的？

"根据我们具已肯定理念存在的判断，不仅实体有形式，其他许多非实体的东西也有形式"，亚里士多德认为"柏拉图没有将本体和非本体的性质、数量、关系等范畴区分开"，他反对柏拉图将性质、数量、关系等范畴作为理念，进而作为本体，他认为他们只是表述本体的。

亚里士多德是如何看待第一实体的？

"和具体事物同名的'相'只是一个空洞的名称呢，还是实在的、比具体事物更真实的东西？"柏拉图的理念论之中，理念比现实事物更加的真实，但是亚里士多德在《范畴篇》中却肯定真实事物是第一实体。

亚里士多德是如何从运动的角度对理念论进行批判？

"对可感觉的永恒东西，或对生成和消灭着的东西，形式到底有什么用处，它既不是运动的原因，也不是变化的原因"，这是亚里士多德从运动的层面上对理念论提出质疑。亚里士多德重视运动的研究，认为本体论应该能解释自然事物的运动，而柏拉图却承认运动的重要性，认为运动不可认知，而他的理念本身就是一个不运动的东西，那么这么一个不运动的东西根本就不能和现实运动的世界发生关系。打个比方来说，奴隶与主人，奴隶与奴隶的理念有关，主人与主人的理念有关，而这两个理念是不动的，那么理念之间的关系是怎样变为具体事物之间的关系，应该怎样解释主人之所以是主人，奴隶之所以是奴隶呢？

亚里士多德是如何批判关系作为理念的思想的？

"说形式作为模型而存在，其他的东西分有它只是一句空话，是一种诗的比喻"，亚里士多德认为具体事物是不需要模仿别的事物的，因为无数的理念，根本就没法确定要模仿哪一个？如果事物之间存在模仿，那么理念之间也应当存在模仿，但是这却正好和本体相矛盾。这个论证，亚里士多德强调的是关系、数量、性质等范畴不能作为理念。

亚里士多德是如何对分离质疑的？

"实体不能离开以它为实体的东西而存在。倘若离开了，理念怎么成为那些东西的实体呢？"这是最后亚里士多德对分离的质疑。亚里士多德虽然理念可能存在，但是它们同样需要其他的东西的"推动"来产生事物，有些东西没有理念但是却依然产生了，它们的存在和生成是因为四因——质料因、形式因、动力因、目的因。

亚里士多德对理念论的批判的实质是什么？

从亚里士多德的九个论证之中，我们就能够看出，亚里士多德对柏拉图理念论的批判是基于两者不同思想基础和终极实在观之上的，而两者的思想基础就是对运动的不同认识。

什么是实体？

因为自身的存在指的是本性上属于主体自身的东西，而哲学的研究对象则是由于自身的存在。他认为实体是"存在"的中心，是"根本的、非其他意义的、纯粹的存在，"实体在最真实、最原初和最确切的意义上说，是既不表述，也不依存于一个主体的东西"，也就是说实体是独立存在的，是不依赖其他东西而存在的，或者说实体就是自己存在，自己说明自己。我们所看到的所

有的事物都具有某种性质和数量，而这些具有某种性质和数量的东西就是中心点。这个中心点相对于性质和数量是一种根本意义的存在，因为性质和数量等都要依赖它才能存在。

实体与属性有什么区别？

亚里士多德把根本意义的存在叫做实体，把性质和数量等叫做属性。属性是具体科学研究的对象，实体则是哲学的研究对象。亚里士多德给出了九种属性：性质、数量、关系、地点、时间、姿势、所有、主动和被动。

亚里士多德是如何解释实体是变中的不变的这个特点的？

对于这句话，亚里士多德这样解释：实体在保持数量上的同一性的同时，它能够容许有相反的性质。这是实体最为显著的特征，其他范畴则不具有。比如说，一个人有时能够好的，有时会是坏的，有时是热情的，有时是冰冷的，无论这个人是由好变坏还是有热情变冰冷的时候，这个人仍然是原来的那个人，而没有变成其他的任何人。也就是说，当一个实体所具有的性质、数量、关系、运动等发生变化时，实体自身仍保持着同一性。

什么是第一实体与第二实体？

根据实体的五个特点，亚里士多德将实体分为第一实体和第二实体，第一实体指客观存在的个别事物（比如某一个人或一匹马），是真实的、不依赖人的意识的东西。第二实体指个别事物所属于的种或属（如某一个人的属——"人"或一匹马的属——"动物"），是普遍的、一般的

东西。亚里士多德认为第一实体是"基础与主体",但是他又认为一般可以脱离个别事物而独立存在。

亚里士多德的实体观存在什么缺陷？

将什么看成实体，是一个决定哲学体系性质的重大问题，通常我们认为亚里士多德将个体事物看成第一实体，这说明他将客观存在的物质看成是第一性的，唯物主义地解释了哲学基本问题。但是如果仔细分析一下，就会发现这个实体观念依然有不清楚的地方，因为实体是相对于属性而言，属性有性质、数量、关系、地点、时间、姿势、所有、主动和被动九种。如果我们说某个人是实体的时候就应该去掉这九种属性，但是去掉这九种属性，人就肯定已经不能称之为人了，因为人之所以是某个人，就是因为他具有了这九种属性。此外，在亚里士多德的观点之中，种和属是不能够成为实体的，比如说"柏拉图是人"这个判断，人作为属，可以用来修饰柏拉图，人作为共性就存在于柏拉图这个人之中，这句话的潜在意思就是柏拉图之外并不存在一个抽象的人，这显然是存在问题的。为了解决这些问题，亚里士多德进一步地发展了自己的实体思想。

亚里士多德是如何弥补实体观中的缺陷的？

在《形而上学》之中，亚里士多德对作为第一实体的个体事物进行了分析，认为它们是由质料和形式两个因素构成的。质料和形式在所构成的事物中起的作用是不同的。一个个体不能没有

质料，质料是个体事物的基质，但是没有和形式结合的质料对一个事物来说，它只是一个潜在的可能性，使质料成为现实的是形式。所以，亚里士多德认为在作为实体的个体事物中，起决定作用的是形式，个体事物的属性都依赖于形式，所以形式才是个体事物的实体。形式当作实体，形式就是本质，本质就是个体的共性，所以把形式看成是实体。

什么是灵魂？

亚里士多德通过观察和分析人的活动而得出一个结论：人的活动必须产生于内在于人的一个源泉，而这个源泉必须是一个活动准则本身，而这个活动准则就是灵魂。关于灵魂的定义，亚里士多德认为是"潜在地具有生命的自然物体的第一实现"。这个定义，一方面肯定了灵魂是非物质性的东西，另一方面也揭示了灵魂与躯体之间的相互关系，因为"有生命"就是指能够营养、生长和衰败，所以说灵魂具有着这些特点：灵魂只存在于有生命的事物之中；灵魂在身体内部推动生命活动，是身体生灭和运动的原因。

灵魂与躯体的关系是什么？

灵魂既然存在于躯体之中，那么灵魂与躯体之间会存在什么样的关系呢？亚里士多德认为躯体和灵魂的关系就是形式和质料的关系。他用眼睛和视觉的关系作例子解释了躯体与灵魂的关系，他说："如果眼睛是一个可独立的生物，那么视觉就会是它的灵魂。因为视觉按照眼睛的概念说，就是眼睛的本质。"这个比喻说明灵魂是依赖于躯体的，它是功能，而不是实体。可是，它又认为躯体的所有部分都是灵魂的"工具"。这样看起来，灵魂和

躯体就存在着二重的关系：灵魂依赖于躯体，躯体服务于灵魂。

亚里士多德是如何解释灵魂发生认识的？

亚里士多德认为人们感觉的是可感事物的形式，而不是它的质料。因此，在感觉中人们不和质料发生关系。他说："这就像一块蜡接纳图章的印迹而撇开它的铁和金子。"这个蜡块的比喻说明感觉所认识的个体事物的各种属性，而亚里士多德将质料和形式分开，让人有种质料不可知的感觉，实际上却是，我们只要认识了各种属性就能够同时认识形式和质料。对于理性认识的对象，亚里士多德认为也是形式，它与感觉的区别就在于感觉是以个别为对象，而理性灵魂却是以普遍为对象。这里存在着一个问题，那就是理性灵魂认识的形式是客观的还是主观的？亚里士多德自己给出了答案："灵魂是形式的所在地。""灵魂中被称为心灵的那个部分，在尚未思维的时候，实际上是没有任何东西的"。这两句的意思是说灵魂之所以被称为形式的所在地是因为它有接受一切形式的能力。这一点亚里士多德非常明确地指出理性认识对象的形式来自于客观世界而不是心灵本身固有："心灵在一种意义下，潜在的是任何可思维的东西，虽然实际上在已经思维之前它什么也不是……人类所思维的东西，也必须在心灵中，正如文字可以说是在一块还没有写什么东西的蜡板上一样。"

经验、感觉、知觉三者之间有什么差别？

亚里士多德认为，认识是从感觉开始的，将感觉固定下来，就形成了知觉，知觉进一步发展就成为了记忆，许多的记忆构成了经验。经验、感觉、知觉三者之间存在着本质的区别：感觉和知觉都是对个体的认识；而经验却是在灵魂内整个地固定下来的普遍认识，经验可发展为匠人的技巧和科学家的知识。亚里士多德总结说："知识的这些状况，既不是以确定的形式天生的，也不是从知识的其他更高状况发展而来的，而是从感觉知识发展而来的。"这整个的认识过程是个别到一般的过程，整个过程采用的是归纳法。理性从一般到个别的过程就是演绎，而亚里士多德正是演绎逻辑的创立者。

亚里士多德如何看待伦理学？

在亚里士多德的理论之中，伦理学就是研究个人的善的实践科学，从某种意义上也可以说是政治科学，他还认为最高的善就是幸福。根据他的分析，快乐、荣誉和财产都属于人追求的目标，它们的实现能够给人一定的满足感。但是，这些并不是人类所追求的最终目的，它们不能使人得到最充分的满足，所以说，取得暂时的快乐、荣誉和财产不能够被当做幸福，与幸福相比，它们只能是实现幸福的一种手段。所以说，幸福就是至善。他认为幸福是生命的自然目的，是自然倾向，是一切的目的的目的，幸福的本质就是德性，外在条件就是快乐。

亚里士多德认为实现幸福的三个条件是什么？

在亚里士多德的眼中，人类想要实现幸福必须满足三个必备的条件：身体、财富和德行。其中，最重要的就是德行。一

个人只有让欲望和情感处于理智的控制之下，行为才是道德的行为，才能够做到勇敢、慷慨、谦虚、诚实等。

亚里士多德为什么会提出中道思想？

在讨论德性与幸福的这个过程之中，亚里士多德提出了他伦理学中最为著名的中道学说，并且从多个角度进行了论证分析。

亚里士多德的中道思想是对古希腊传统思想的继承和发扬，是辩证法的思想，即使是在今天，这个中道思想对于人们节制欲望，提高道德品行也有着重要的意义。

亚里士多德认为应该如何选择中道？

对于应该怎样才能做到在情感和行为之中选择中道呢？亚里士多德认为这是一种需要熟练技巧的事业，并且不是任何人都可以做到的，只有具备这方面知识的人才能找到一样。实际上在亚里士多德之前就已经有了适中的思想，但是亚里士多德却将它作为伦理学的主要原则加以系统的论证，这对哲学和伦理学都存在着很大的意义。他告诉我们，度对于行为是非常重要的，想要使自己的行为是善的，就必须掌握好度。孔子的中庸之道是不分是非曲直在对立的双方之间采取不偏不倚立场，这和亚里士多德的掌握美德的界限的"中道"思想有着很大分别，读者不可混为一谈。

国家是如何形成的？

关于国家的定义，亚里士多德认为国家是家庭和村落的延续，但是又认为它在本性上先于其他一切社会组织形式。家庭是人类满足日常生活所需要的最基本的形式，就像社会这个大巨人之中的一个个小细胞一样。人类在建立了家庭之后，为了适应自然的需求，就自动地组成了村落，最开始的村落是由辈分最高的长老统率，随着村落的发展，几个村落逐渐联合就形成了城邦，也可以说是国家，因为当时的希腊就是各个城邦组成的联盟国家，"在这种社会团体内，人类的生活可以获得完全的自给自足"，我们也可以这样认为，国家的出现是人类出于生活发展的需要，亚里士多德认为人类早期的社会团体就是自然产生的，而国家则是最高的社会团体，他认为"人是天生的政治动物"。个人只有在公共政治生活中才能最大限度地实现自己的德性，达到最高的幸福。

亚里士多德如何看待不同的政体？

亚里士多德强调要通过统治政党的经济地位来区别寡头制与民主制：当富人完全不考虑到穷人而统治的时候便是寡头制，当权力操在贫困者的手里而他们不顾及富人的利益时便是民主制，君主制、贵族制、共和制三者是逐一递进，更加完善的制度，而僭主制、寡头制、民主制三者却是逐一减弱，更加败坏的制度，亚里士多德就通过这种方式对民主制进行有限度的辩护，也许在实际政府之中，民主制是最好的。

什么是逻辑学？

逻辑学，是一门研究思维、思维的规定和规律的科学。它是亚里士多德创立的，也是理解亚里士多德思想的工具，而亚里士多德逻辑学中最为重要的也是最为著名的就是"三段论"。

什么是三段论？

所谓三段论是由两个含有一个共同项的性质判断作前提得出一个新的性质判断为结论的演绎推理。通俗地讲就是由大前提、小前提和结论组成的论证形式，通常的三段论是推论的方式，比如凡是金属都能导电，铜是金属，所以铜能导电这个命题，'凡金属都能导电'是大前提，'铜是金属'是小前提，'所以铜能导电'是结论。但是因为亚里士多德的三段论却都是判定命题，变项都是单纯的词项，这样就能保证推断的必然性，这真是因为亚里士多德追求的是普遍性和必然性，所以才会限定三段论中的变项条件。亚里士多德认为如果变项本身也是命题，那么它就需要辩证，如果它正确就可以取用由它得出的词项，如果它错误就不能保证三段论的正确性，所以只有直接使用简单词项才能绝对保证三段论的必然性。

亚里士多德是如何得出三段论的公式的？

亚里士多德的词格排除了像"苏格拉底"这种独一无二的个别性的格，而选择的是普遍性的对象，因为他认为像"苏格拉底"这种名词虽然符合名词的定义，但是它们与"是"结合不能够产生命题，"苏格拉底是人"是不需要分辨的事实。亚里士多德构建三段论的目的就是在最普遍的意义上发挥作用，所以他对于那些明显的个别事实没有列入三段论使用范围之中。他将说明事物的词格分成了三类：不能表述其他事物，但可以被表述；可以表述其他事物，但

不能被表述；可以表述其他事物，也可以被他物表述。这种划分仅限于词项使用上的规范。他的三段论基本上可以总结出一个公式：（特称）主词是（非是）肯定（否定）宾词。

三段论在辨谬方面有什么重要作用？

三段论除了推理正确结论之外，最大的用途就在于辩谬，亚里士多德用三段论常使对手的理论之中的弊端全部都暴露出来，而他最常使用的方式是归谬法和换位法，对于简单的谬论用归谬法可使其陷入与事实矛盾的境地，这是最简单明了的方法。对于不完全三段论的谬误，最好使用换位法才能比较有效地进行辩证，但这是十分复杂的。从全称到特称的换位，全称肯定可以推出特称肯定，而不能推出特称否定，全称否定只有特称否定，比如"人都是动物"能够推出"有些人是动物"，却不能推出"有些人不是动物"。从特称到全称的换位，特称肯定可以推出全称肯定与特称否定，特称否定可以推出全称否定与特称肯定。但是在进行辩谬的时候要分清是不是单一命题，如果是复合命题使用辩谬就很难定论了。

什么是准则学？

准则学是伊壁鸠鲁哲学体系的导论或入门，它研究的对象是真理的标准以及获得认识的途径。所谓的标准，实际上就是伊壁鸠鲁的逻辑学，他曾经将自己的逻辑学称为准则学，内容是规定、辩明那些构成检验真理的尺度的环节。在知识方面，伊壁鸠鲁提出了三个阶段，"真理的标准应当凭这三个阶段来规定：这些阶段首先

是一般的感觉，其次是各种预想，这是在理论的方面；最后是感情、冲动和欲念，这是实践的方面。"

伊壁鸠鲁认为真理的三个判定标准是什么?

真理的三个判定标准有着这样的特性：

第一，感觉是绝对真实的，"没有什么东西能驳倒感觉。一个感觉不能驳倒另一个同类的感觉，因为它们的有效性相等；一个感觉不能驳倒另一个异类的感觉，因为二者所判别的对象是不一样的。理性也不能驳倒它们，因为理性是完全来自感觉的"。

第二，"预见是一种储藏于心灵中的把握真实的意见、观念或普遍思想"的能力，它是对外在东西的回忆。举个例子，这个东西是一个苹果，所以一听到苹果这个词，我们就能够预见而想起他的形状，如果我们没有事先通过预见获得事物的形状，就不能为之命名。

第三，情感是内在的感觉，有快乐和痛苦两种状态。"它们存在于每个生物中，一个与生物相宜，另一个则与之敌对。选择什么和避免什么是通过它们决定的"。

虽然伊壁鸠鲁的准则学是感觉主义的，对理性的贬低和对感觉、情感的抬高导致了众说纷纭的多准则或无准则，但是这种观点在当时是对现实社会人们对超感觉之物的迷信的一种打击。所以我们认为，伊壁鸠鲁的准则学是他的快乐主义伦理学和疑神论的宗教观的基础。

伊壁鸠鲁是如何修正原子论的?

在自然观上，伊壁鸠鲁继承了德谟克利特的原子论，认为世界万物都是由原子和虚空构成的。需要特别注意的是，伊壁鸠鲁针对德谟克利特原子论的不足所提出的三点修改和发展：

第一点，原子形状有限。德谟克利特认为原子在形状方面的差别是无限的，大到无穷，小到无限，这一点与"原子是看不见、不可分的东西"的基本前提相矛盾。伊壁鸠鲁将其修改为："每一种具有同一种形状的原子在数量上是绝对无限的，但是原子形状的差别却不是绝对无限的，只是数不清罢了。"

第二点，原子有重量。德谟克利特没有提到原子有重量的特性，伊壁鸠鲁却明确地主张原子有重量的区别，进而更加合理地解释了原子运动的原因，"原子除了形状、体积和重量以外，没有其他性质"，"原子以同等速度运动，因为虚空为最重的和最轻的原子准备了同样的道路"。

第三点，原子有偏斜运动。德谟克利特只承认原子的直线下落运动，这种"原子雨"不仅否定了偶然性，而且不能够解释原子如何相互碰撞而形成万物。伊壁鸠鲁则承认原子除了直线运动从外也可以有"离开正路"的偏斜运动，从而说明了原子碰撞进而形成万物的原因。

在伊壁鸠鲁的眼中，物理学对自然的研究是为伦理学服务的，因为只有真正了解自然万物的本性，才能具有科学的知识，只有具备了科学的知识，才能真正消除对神灵和死亡的的恐惧，享受无疵的快乐。

伊壁鸠鲁如何看待幸福?

伊壁鸠鲁认为："我们认为快乐是幸福生活的始点和终点。我们认为它是最高的和天生的善。我们以它为基础才能够有各种抉择和避免，我们的目的是要获得它。"但是，"当我们说快乐是终极的目标的时候，并不是指放荡的快乐和肉体的快乐，我们认为，快乐就是身体的无痛苦和灵魂的不受干扰。构成快乐生活的不是无休止的狂欢、美色、鱼肉及其他餐桌上的佳肴，而是清晰的推理、寻求选择和避免的原因、排除那些使灵魂不得安宁的观念。"幸福或快乐与欲望有一定的关系。伊壁鸠鲁既不一概肯定也不一概否定欲望，他主张对欲望应作正确的认识和区分，然后再进行取舍。"我们必须认识到，有些欲望是自然的，有些欲望是虚浮的。在自然的欲望中，有些是必要的，有些则仅仅是自然的而已。在必要的欲望中，有些是为我们幸福所必要的，有些是为身体的舒适所必要的，有些则是为我们要生存着所必需的。明确认识到这一切的人能够为获得身体的健康和灵魂的平静而决定自己的抉择和避免，把身体的健康和灵魂的平静看作是生活幸福的极致"。

卢克莱修否认神的思想是什么？

伊壁鸠鲁虽然否认神对自然和人世的干预，但是并没有彻底否认神的存在。卢克莱修则坚决否认神存在于任何地方，并在此基础上揭示了宗教起源的原因，批判了宗教迷信对社会产生的严重危害，集中驳斥了宗教迷信的支柱——灵魂不死学说。他认为造成万物的只是那些元素，宇宙间没有任何事情受神灵摆布。但是，由于人们的愚昧无知，不能解释一些自然现象的原因，加上惧怕自然的威力，于是就企求神灵庇护，进而产生了宗教崇拜。他认为灵魂也是由微笑的粒子构成，"和身体是同

时生出的，并且一起长大和衰老"。

卢克莱修是如何阐述生物进化与文明起源的？

卢克莱修非常详尽地描述了生物进化和文明起源的过程：世界由自身有重量的原子相互撞击结集在一起，开始的时候是杂乱无章的，后来就分出了各个不同的部分，分别形成了天空、大地和海洋；大地上最开始产生的是植物，之后产生了动物，然后出现原始的人。原始的人类没有火、衣服、住房和公共生活，也不会耕作，他们依靠野果、溪水和捕猎生活，男女混杂地穴居在洞巢和树林之中；由于闪电和树木的摩擦带来了火，太阳光的作用又教会他们如何煮食物的方法，人类因此而进入了文明状态，懂得了建造茅舍、获取皮毛和火，男女开始组成家庭；语言的产生不是有人创造出来教给众人的，而是"自然促使人们发出各种舌头的声音，而需要和使用则形成了事物的名称"，随着时间的流逝，那些能力较强智慧较多的人，就教导人们去用火和其他的新发现来改变他们以前的生活方式，后来财富的出现助长了人们的野心，于是就产生了争夺和混乱，因此就有人"教人们去设立官吏职司，制定法典，使大家同意遵守法规"，再后来发现了铁，出现了设防的城市、航海术等，各种技艺和知识也先后产生了。

什么是宇宙决定论？

芝诺认为世界上没有偶然这种东西，自然的过程是严格地为自然律所决定的。世界最刚开始只有火，然后气、水、土逐渐形成。但是终究有一天会爆

发一次宇宙大燃烧，所有的一切都会变成火。根据大多数斯多亚派的说法，这场宇宙大燃烧并不是最后的终结，而只是一个循环的结束；整个的过程将是永无休止的重现。现在世界上所出现的万物以前就曾经出现过，而且将来还要重现，并且不是一次而是无数次的重现。自然过程是被一个"立法者"所规定的，而这个"立法者"就是一个仁慈的天意。整个宇宙知道最为微小的细节，都是被设计成要以自然的手段达到某种目的的。万物都有一个与人类相关联的目的。至高无上的威力被称作是"神"或者"宙斯"。"神"是不能够与世界分开的；他是世界的灵魂，而我们每个人都包含了一部分神圣的火。

什么才是与"自然"和谐？

世界上的所有事物都是被称作是"自然"的单一体系的各个部分；当个体的生命与"自然"相和谐的时候，就是好的。从某种意义来说，每一个生命都与"自然"和谐，因为它的存在正是自然规律所造成的；但是从另一种意义来说，只有当个体意志的方向是朝着属于整个"自然"的目的之内的那些目的时，人的生命才是与"自然"相和谐的。

芝诺如何看待德行？

德行是与"自然"相一致的意志。坏人虽然要遵守上帝的法律，但是他们却不是自愿的；芝诺的学生克雷安德这样比喻："他们就像是被拴在车后面的一条狗，不得不随着车子一起走。"在一个人生命之中，只有德行才是唯一的善，比如说健康、幸福、财产等这些东西都是微不足道的。因为德行在于意

志，所以人生中一切真正好的和坏的东西就都仅仅取决于自己。其他人只能有力量左右身外的物体；而德行（只有它才是真正的善）却完全靠个人自己，所以每个人只要能够将自己从世俗的欲望之中解脱出来，就有完全的自由。世俗的愿望之所以能够流行，都是因为虚假的判断的原因；圣贤的判断是真实的判断，所以圣贤在他所珍视的一切事物上都是自己命运的主人，因为没有外界的力量能够剥夺他的德行。

克吕西波的逻辑思想是什么？

克吕西波认为好人总是幸福的，而坏人总是不幸的，并且好人的幸福与"神"的幸福没有什么不同。对于人死后灵魂是否继续存在的问题，克吕西波却和克雷安德的观点不同，他认为只有智慧的人的灵魂存在，并且一直到下一次宇宙大燃烧为止。克吕西波的兴趣不是彻底的伦理，而是逻辑，他将逻辑弄成了最为根本的东西，他的兴趣并不像晚期的斯多亚派那样彻底是伦理的；事实上他把逻辑弄成了根本的东西。假言三段论和选言三段论以及"选言"这三个名词，都是出自他的手中；对文法的研究和对名词的各种"格"变化的创见，也出自他之手，也许他的影响可以证明，斯多亚学派的成就不仅仅在哲学有作用，在数学和其他科学方面也是有作用的。

赛内卡如何看待哲学？

赛内卡认为哲学的目的就是将人引向德性，而德性就是要尊重自然，顺从神意，"按照自然的规范进行自我修养"，要做到这一点，必须精神健全，既考虑

身体的需要又不过分忧虑，既应充分享受幸运的恩赐又不为此成为奴隶。晚期斯多亚学派特别强调了身体与灵魂的二元论，赛内卡主张身体是躯壳，是心灵的枷锁和监狱，强化了斯多亚学派中的禁欲主义倾向。命运决定一切，我们所能做的不过是顺应命运而已。

奥勒留持有什么样的宇宙观？

奥勒留认为，宇宙万物是一个由神决定其内在秩序的整体，所以存在着两个原则："我是自然所统治的整体的一部分；我是在一种方式下和与我自己同种的其他部分密切关联着。"有了这两个基本原则，所有的结论也就显而易见了：对于一切出于整而分配给我的事物，我都将满意；我不会做不合乎人群的事情，而会把全部精力放到共同利益上面。如果这样做了，生活就一定愉快了。也正是因为人只是宇宙整体的一员，永恒时间的一瞬，极其渺小，因此"就要认定：除了按照你的本性所领着你的去做，以及忍受共同本性所带给你的东西之外，就没有伟大的事情了"。"因为死是合乎本性的，而合乎本性的东西都不是恶"。

皮浪持有什么样的伦理学思想？

在伦理学之上，因为他认为没有什么是真实存在的，所以说也就无所谓丑与美，也无所谓公正与不公正，一切的行为只是按照风俗习惯所作的约定，没有一件事情是能够确定下来的，在一个地方认为是美德的行为，在另外一个地方可能就是丑行。也就是说，对于任何一个命题人们都能够说出相反的命题。所以皮浪认为，最高的善就是不作任何判断，不要任何知识。皮浪在生活方式上就是追求完全的镇定自若，他不在意任何事情，也不避免任何事物。他主张对一切都要无动于衷，不作任何反应，以免引起无谓的争论和烦恼。只有这样，才能得到灵魂的安宁。相传，有一次皮浪坐船的时候遇到了风暴，同船的人都非常害怕，而皮浪这个时候就指着仍然在安静地吃东西的一头猪说："聪明人应该像这猪一样不动心。"皮罗所说的不动心指两种不同的情况，一种是完全消极的状态，既无思想和情感的冲动，又无积极的作为。有一次，他的朋友跌入泥坑，他径自走过去，就像没有看到一样。另一种更为合理的观点是，不动心是一种随遇而安的态度。皮浪主义者并不背离正常的实践，他们接受生活的四条常规：自然的指导，情感的约束，习俗和法律的传统以及技能的使用。由此理解，不动心只是一种平静的生活状态。

以嘲讽其他学派为主要工作的哲学家是谁？

蒂孟，古希腊哲学家，他的格言是"现象永远是有效的"，"蜜是甜的，我决不肯定；蜜看来是甜的，我完全承认。"作为皮浪的弟子，蒂孟没有新的理论贡献，他的主要工作就是嘲讽其他学派的哲学家，批判独断论的错误，解释和宣扬皮浪的观点。蒂孟的晚年是在雅典度过的，并且在公元前235年死在了雅典，随着他的死去，皮浪的学派就宣告结束了，但是他的学说却被学园派继承了，所以中期的怀疑主义位于学园之中。因为皮浪奉行沉默原则，所以他没有留下任何的文字，而蒂孟的时间又花

在了嘲讽与宣扬之上，所以说早期的怀疑主义没有形成系统的理论，只是奠定了基础，确立了思考的方向和原则，并且将原则应用于实践。

什么是"太一"？

"太一"是世界的最初的本源，存在的一切都是由他产生出来的。"太一"具有肯定与否定双重规定性。从肯定的角度说，"太一"是神本身，是善本身，它一切存在的产生者，但是它不是存在，也不是一切，它是空无一物的。"太一"的善不是伦理之善，而是本体的完善和圆满。"太一"是绝对的统一体，是单纯的神和善，是存在物的最高原则和终极原因。从否定的角度来说，"太一"不是一个东西，它无形式、无善、无德性、无意志、无思想、无意识、无运动或行动。"太一"之所以没有任何肯定性，是因为它不具备多样性，是不可分割的原初的一。

"太一"是如何产生万物的？

至于"太一"是如何产生万物的，普罗提诺采用了"流溢说"，他认为"太一"是因为圆满而流溢，但这种流溢却无损于自身的完满，就好像太阳放射光芒而无损自身的光辉一样。这种流溢说虽有浓厚的宗教神秘色彩，但却具有重要的理论意义。它不仅用内在的流溢关系解决了柏拉图因分有或摹仿而遭遇的难题，而且从根本上改变了早期希腊哲学的"生成补偿"观念，因为生成不缺失什么，所以不用生成物的复归作为补偿。

什么是上升之路？

灵魂的流溢物是可感世界，可感事物有形式和质料两个方面。形式是存在于理智之中的理念形式的影像，质料本身是独立存在的、没有任何规定性的漆黑的混沌。质料不是无，而是非存在，它本身不变，却作为载体承受形式的变化。灵魂进入人的肉体之后，就会因为受到污染而堕落。人的使命就是改造自己，使自己和他人的灵魂，经由理智达到与"太一"结合。这个过程就是灵魂的回归或上升之路。上升之路有两条，分别是德性修养和辩证法。

什么是德性修养的上升之路？

上升之路对应于灵魂、理智和"太一"，德性也分为依次上升的三种，分别是公德、净化和观照。"公德"也就是公民德性，目标是使人类仁爱交往，抚平激情，顺从本性，所以它是实践性的和否定性的德性，指导公众生活，限定欲望情感。"净化"是沉思德性，目标是使人从肉欲中解脱出来，在理性静观中获得真正的自由与幸福。"观照"是最高的德性，它使人在突如其来的一刹那灵魂出窍，舍弃肉体而与"一"处于一种合二为一的、不可名状而又无与伦比的迷狂状态，这种状态就是"解脱"。但是，"观照"的境界极其罕见的，相传普罗提诺曾有过四次观照经历，而波斐利在68年之中只有一次。

辩证法是如何实现灵魂回归的？

辩证法是灵魂回归的另外一条道路，也是引导我们到达解脱的技术、办法或训练。"这条道路有两个阶段。第一阶段是改变低级的生活。第二阶段为已经上升到理智领域、已在那里留下了足迹但尚须在那个领域中继续前进的人所享有。它一直延续到他们把握那个领域的终极为止"。

波斐利的主要贡献有哪些？

波斐利，来自叙利亚，他在哲学上的贡献，主要体现在两个方面：

第一，《亚里士多德<范畴篇>引论》之中，他将亚里士多德和柏拉图的思想分歧归结为关于共相性质的三个问题：共相是独存的实体，还是仅存于人的思想中？如若是实体，有形还是无形？如若无形，与可感物分离还是在可感物之中？这三个他没有给出答案的问题，启动了中世纪经院哲学唯名论与唯实论关于共相问题的长期争论。

第二，在介绍普罗提诺思想的同时进一步强化了东方宗教的神秘色彩和来世观念。他倾向于灵魂本性恶的观点，因而把神人合一的境界推向来世，并强调现世生活应实行严格的禁欲主义。他将德性分为公德的、净化的、理论的、至福的四个阶段，前两个阶段为现世的道德生活，后两个阶段是现世生活所不及的，只有依靠神恩在来世才能获得。

扬布利柯建立一体哲学使用的方法是什么？

扬布利柯所使用的基本方法是在普罗提诺的三大本体之上和之间，添加了许多的等级，靠增多层次来解决问题。扬布利柯认为在"太一"之上，还存在一个绝对的一，它超越所有东西，无任何规定性，比"善"还高。在它之下和之后，才是与"善"等同的"太一"。从"太一"流出可知世界，它包括思维对象（理念），其基本要素是有限、无定（也就是"二"）以及两者的结合。

可知世界流出能知世界，它包括一切能思想的东西，基本要素有三，分别是理智、能力、造物主，并由此再分成七个等级。能知世界流出灵魂领域，同样分三等，先是超世俗的灵魂，由此再流出其余两种灵魂，诸神的、天使的、精灵的、英雄的灵魂都在这一领域，它们的数目是按360这个数的模式来决定和排列的。灵魂又流出可感世界，它是整个宇宙等级的末端。

扬布利柯的伦理学思想是什么？

在伦理学方面，扬布利柯接受了波斐利的德性四阶段说，并且加上了僧侣的德性——巫术。扬布利柯认为巫术是人的灵魂与天使相通的明证，是比神秘的数字、启示更为完美的智慧。因为叙利亚学派维护多神教崇拜，反对基督教，因此随着基督教在罗马帝国的逐渐兴盛，新柏拉图主义在扬布利柯死后就一蹶不振，一直到新学园派将新柏拉图主义纳入自己的哲学思想，这也导致了新柏拉图主义的重心转移到了位于雅典的学园之中。

伊里奈乌是如何批判诺斯替教派的？

伊里奈乌的著作《揭露与批驳伪知识》（通常称为《反异端》），就是批驳诺斯替教派的一部代表作。在《反异端》之中，伊里奈乌直接指出诺斯替教派的学说只是那些根本就不知道上帝的哲学家们的言论汇编再加上新颖的形式而已。他质问诺斯替主义者：如果那些哲学家已经把握到了真理，基督降世启示上帝的真理不就显得多余了吗？如果他们没有把握到真理，你们怎么能自以

为通过他们达到了超越一切的真知呢？诺斯替主义者宣称自己知道上帝的奥秘，这本身就是一种愚蠢的傲慢，因为上帝的奥秘是人类有限的理性所不能认识的。他认为，一个人只要具有健康的理智、对真理的热爱和正直的心灵，就能够通过勤奋的研究认识上帝允许我们认识的一切。

"三位一体"说是如何形成的？

针对诺斯替教派的充当纽带的小神的说法，伊里奈乌坚持世界上的神只有一个，那就是凭借自己的道创造世界万物的上帝。伊里奈乌坚持旧约的上帝和新约的上帝、创世主与救世主的同一性。他直接采用了圣父、圣子、圣灵这些名称。上帝是圣父，上帝的道化为肉体则为圣子，圣灵则是上帝的智慧。圣子和圣灵产生自圣父，但三者没有先后之分，而是具有同一性质，是同一个上帝。上帝是全部、是整体。很明显，基督教理论到了伊里奈乌这里，"三位一体说"已经初具雏形了。

德尔图良的什么思想确立了信仰与理性的关系？

在德尔图良的所有著作之中，绝对信仰都是被一再强调的，将信仰作为人类思维的唯一方式，否定理性，认为理性是靠不住的。人靠自己的力量完全无法认识真理、认识上帝的本质，因而就需要上帝的启示。启示不仅是超理性的，而且是反理性的。他认为理性因为自身的局限性，将理解不了的对象判别为不合理或不可能而加以否定。实际上对象本身是可以相信和肯定的。"上帝的儿子死了，正因为这是不合理，所以才是可信的；埋葬后又复活了，正因为这是不可能的，所以是完全肯定性"。他认为真理不可能被理解，只可能被信仰，只有依靠人的灵魂感应和对教会权威的信服，才能把握真理。"正因为荒谬，所以我才相信"完全概括了他的这些观点，虽然这句话在他的著作之中没有出现，但是人们通常选择这句话作为他的思想本质的概括，德尔图良的这些观点也为基督教哲学在信仰与理性的关系问题上定下了基调。

什么是基督化身的三阶段说？

对于基督教问题的论证，德尔图良提出了基督化身的三阶段说。他认为，世界是由上帝在某一起始时间创造出来的，在这之前，上帝已经有一个和上帝同样先在的"逻各斯"，这就是先在的基督的第一阶段；上帝借助"逻各斯"进行创造，创造出世界，产生出圣子，这是基督的第二阶段；圣子以"圣灵降孕"的办法，借童贞女玛利亚取得肉身，降世成人，也就是"道成肉身"，先在的基督因而与肉体的世人沟通起来，这是基督的第三阶段。德尔图良的三阶段说，为"三位一体"说提供了最初的哲学论证。公元325年在尼西亚召开的第一次基督教全体会议之上，"三位一体"说被确定为正统的基督教教义。

克莱门如何看待理性与信仰的关系？

对于理性和信仰与真理之间的关系，克莱门做出了这样的比喻：真理的历史可以比作两条河流，其中一条的起源是旧约律法的启示，另一条起源是理性。二者又和第三条河流汇成一体，这就是基督教的启示。基督教是关于显现在基督身上的逻各斯创造、教育、实现人类的学说。上帝的"道"是最高的准绳，但是，为了从纯粹的权威信仰前进到知识的更高阶段，哲学是必要的。只有当信仰的智慧再加上哲学的理性的时候，它们才能够识破智者们的攻击。当然，哲学并不是目的自身，它应当服从信仰、服务于信仰。信仰是真理的标准，是理性尚未认识的真理的预言，是引导理性走向洞识的光。只有当哲学停留在自己的界限之内，遵守属于它的位置时，它才能在基督教中胜任自己的重大任务。

克莱门指出，上帝的存在是众所周知的。上帝藉着逻各斯从无中创造世界，世界由于是上帝的造物而是善的，但是上帝的本质却是我们无法知道的，我们只能够借助分析的方法逐级地否认上帝的有限属性，最后达到"上帝不是什么"的否定认识。

奥里根是如何解释上帝的精神无限性的？

"无论人的精神是怎样最纯洁、最清澈的精神，也不能企及和注视上帝的本性"。这句话就是说上帝绝对的单纯性使他远远超出我们精神的能力。我们只能够打开一扇窗子接收到上帝的一些折射光线，所以我们只能够用否定的和最高级的表述来认识上帝，所谓的否定的认识就是否认上帝拥有的所有的物质属性：上帝是非物质的、单纯的、不可见的。奥里根想要表达的是我们没有任何概念能够来表述本真的上帝，实际上奥里根已经提出了后来伪狄奥尼修斯所提出的否定神学与肯定神学的区分。

奥里根是如何解释上帝是全能的这个观点的？

上帝有能力做任何的事情，但是上帝的全能并不包括任意和悖谬，但是这里的任意和悖谬只是人们观念中的任意和悖谬，对于上帝来说，根本就没有悖谬。实际上这句话可以这样说：上帝的权能在自身是确定的和有限的。他不能做和本性违背的事情，也不能创造没有办法认识的无限性的东西。"如果上帝的力量是无限的，他就必然对自身也一无所知。无限在本性上是不可约束的"，所以说上帝只创造了在自己能够安排和管理的范围之内的事物。

奥里根是如何解释上帝从无中创造了世界的思想的？

这个观点是奥里根从基督教的上帝创世一元论为原点而得出来的。他认为上帝创世需要质料的观点的形成是因为一种神人同形同性论的上帝观。"一切存在的东西，都从那个真实存在的，从那个藉摩西之口说'我是我所是'的，得到自己的分有"，逻各斯是上帝的实体性智慧，是一切事物得以形成的永恒的道。所以，受造物的所有真理都追溯到逻各斯。

奥里根是如何解释世界永恒性的观点的？

从上帝的永恒性和上帝的美善出发，奥里根得出了世界永恒性的结论。如果认为上帝是永恒的、从没变化过的，那么创造和统治就必然是永恒的，所以说世界也是永恒被创造和被统治的。我们眼前的世界不是永恒，但是在

它之前和之后都会有世界的存在。因为上帝是美善的，所以上帝完美无缺地创造了每一种存在的方式都是完善的。

奥里根是如何解释灵魂在先说的？

上帝创造的世界是完善的，但是这个完善的世界却包含着理性受造物的不平等和恶。奥里根认为理性的不平等和恶不是上帝的作品，因为上帝是公正的、善的，而理性受造物之间的不平等是因为他们本身的自由意志导致他们也许接近上帝，也许远离上帝。自由意志实际上就是对上帝的背离就是堕落。因为堕落的程度不同而导致了一系列的理性受造物的不平等。彻底脱离上帝的是魔鬼，很少犯罪的称为天使，两者之间的就是灵魂。奥里根认为灵魂理应受到拘禁在肉体的惩罚，所以上帝才创造了这个世界，也就是说灵魂是在世界之前出现的。

奥里根是如何解释魔鬼获救论的？

在奥里根看来，人的灵魂已经被禁锢在肉体之中，受肉体各种情欲的影响，所以作恶是不可避免的事情，但是上帝却是至善的，所以人是灵魂堕落的一种表现，但是人虽然已经堕落，但是却没有失去灵魂的本性和自由。人的灵魂依然知道向往至善，依然可以运用自由摆脱罪恶的物质束缚，回到至善的上帝的怀抱之中。上帝是万能的，所以所有的一切事物都能够得到净化，善必定是最后的胜利者，人人都能够得救，即使是地狱里的魔鬼也一样能够得救，"魔鬼并不是上帝当初创造时就是魔鬼，而是在他们具有思想变成理性的创造物时，才成为魔鬼这种状态的"。

奥古斯丁的自我意识思想是什么？

奥古斯丁的出发点是人的自我意识也就是人的思维存在确定性。在《独白》之中，他问自己的理性："你知道自己在思维吗？""我知道。""所以，你的思维是千真万确的吗？""千真万确。"他的观点是人能够怀疑一切，唯独不能怀疑的就是自己思维的确定性。"难道有人怀疑他自己在生活、在回忆、具有认识、在意欲、在认知、在判断吗？……当他怀疑时，他就知道自己不晓得任何可靠的东西；当他怀疑的时候，他就知道自己不可以毫无根据地表示赞同；尽管一个人仍可以怀疑自己有所意欲，但他却不能怀疑这个怀疑本身。"他甚至用人的思维能够产生错误来论证思维的确定性，"如果我错了，我就存在"。这个论证和近代哲学之父笛卡尔的"我思故我在"有着一脉传承的意味。除了采用经验的事实真理论证人的意识的确定性之外，奥古斯丁还在逻辑、数学等领域发现了"理性的真理"，比如"同一个灵魂不能在同一时间既是可死的又是不死的"，"三乘三等于九"等。奥古斯丁认为哲学的任务不是确定真理的客观有效性，而是在于寻找他们的形而上学根源。人的确定知识是从哪里来的？人的理性有无凭借自身发现真理的能力？通过对这些问题的探讨，他把上帝的恩典引进认识论。奥古斯丁认为，人所认识的真理决不能来自低于理性的东西、也不来自等于理性的心灵，它只能来自高于理性的东西，那就是上帝的光照。这些真理之所以是真的，就在于它们分有了绝对的真理，而绝对的真理就是上帝。"我进入心灵后，我用我灵魂的眼睛……瞻望着在我灵魂的眼睛之上的、在我思想之上的永定之光。这光，不是肉眼可见的、普通的光，也不是同一类型而比较强烈的、发射更清晰的光芒普照四方的光。……这光在我思想上，也不似油浮于水，天覆于地；这光在我之上，因为它创造了我，我在其后，因为我是它创造的。谁认识真理，即认识这光；谁认识这光，也就认识永恒"。

为什么说上帝只能信仰不能认识？

上帝是永恒或真理，是一个神秘的精神实体，人们对于上帝是既不能够否认，也不能够认识和没有办法表述的。我们的思维和一切范畴都不适用上帝。上帝大而无量，善而无质，现存而无空间，永恒而无时间，认识在上帝这里失去了效力。对于上帝的存在和行为，人们应以信仰为满足。奥古斯丁宣称信仰是绝对可靠的，信仰是十分自然和十分必要的一种思维活动，"如果你不理解，信仰会使你理解。信仰在先，理解在后"。奥古斯丁将信仰看成是一切认识的先决条件、方法和途径。"信仰是理解的途径，理智是信仰的一种报酬"。在信仰和理解的关系上，奥古斯丁主张"信仰寻求理解"，但是他却认为更加重要的是"信仰为了理解"。信仰是一切认识的先决条件、方法和途径。关于信仰的这一个特性，在奥古斯丁的关于三位一体的论述之中得到了充分的体现。"上帝是三位一体的——即'父'、由父而生的'子'和从父出来的'圣灵'，这圣灵就是父与子之灵。"奥古斯丁认为，上帝的实体存在于圣父、圣子和圣灵三个"位"中，但在每一个"位"中，上帝都是完整的存

在，就像人的生命由存在、认识、意志三者构成一个完整的本质一样。但是在最后他依然将三位一体说归结于人的自然理性所不能说明的东西，将它归为奥秘，宣称"即使有人在其中捉摸到一些，能表达出来，也决不可自以为捉摸到超越一切的不变本体"。不管怎么样，上帝都是只能够信仰不能够认识的。

奥古斯丁是如何论证上帝从虚无中创造世界的？

上帝创造世界，是基督教最基本的信条。但是上帝如何创造世界，基督教的《圣经》却没有进行明确的哲学思辨，这也就给后世的不同解释留下了余地。面对异教徒的攻击和基督教内部的派系之争，奥古斯丁不得不花大量的精力来进行论证，虽然他之前已经提出过自己的观点："无论是天上的或地上的、能见的或不能见的一切物体，都是因造物主（这唯一的神）的仁慈而被创造出来。宇宙间除了上帝之外，任何存在者无不是从上帝那里得到存在。"但是现在他要用哲学的方法来进行论证，他主要从质料、形式和时间三个方面来阐述基督教的宇宙起源说——上帝是从无中创造了这个存在的世界。

上帝创造世界没有使用任何的质料。奥古斯丁从基督教的"创世纪"出发，否决了柏拉图的造物主用质料创造万物的观点，认为上帝是从虚无中把世界创造出来的。上帝从空虚中创造了近乎空虚的、未具形象的物质，又用这种物质创造了世界，创造了我们人的子孙所赞叹的千奇万妙。物质是一切创造物的基础，但由于没有任何形式，因而是

近乎虚无。形式和物质一样，也是在万物之先的，是万物的原本，这就是理念。上帝也不是在空间和时间之中创造万物的。空间和时间也是上帝的创造物，是上帝在创造万物的同时创造的。在上帝创世之前，没有空间和时间的存在。

上帝创造世界没有使用任何的工具。"你一言而万物资始，你是用你的'逻各斯'——言语——创造万有"。但是这个"逻各斯"并不是靠着物质的震动才能够发出声音的说话。因为如果是通过物质的震动才能发出的说话创造世界，那么在创世之前就已经有了物质的受造物，但是实际上在创世之前并没有任何的物体，所以奥古斯丁认为形成声音的物体不是上帝创造的就绝对不能存在，所以说上帝是借着自己或者自己创造的工具创造世界。

奥古斯丁的灵魂理论是什么？

灵魂是上帝按照自己的形象创造的，是一个独立的精神实体。人则是灵魂与肉体的统一，但是这并不是说灵魂和肉体这两个实体结合成为人这个新的实体，也不是灵魂被禁锢在肉体之中，而是灵魂占有、使用和统治肉体。因为灵魂是与不变的、永恒的真理不可分割地结合在一起的，所以灵魂是不朽的。灵魂具有记忆、理智和意志三种基本的力量，其中最重要的就是意志。

奥古斯丁在未皈依基督教之前曾经是摩尼教的教徒，但是在皈依了基督教之后，他又和与强调人的自由意志、主张人无须借助外界力量就能达到自己的至乐生活的斐拉鸠斯展开了激烈的论战。他由此提出了"原罪说"和"先定

说"两个概念。所谓的"原罪说"是说因为上帝是至善，所以善是绝对的、实体的，在上帝那里，是不存在恶的。上帝创造了万物，所以万物本身也必定是善的。但是因为万物是被创造出来的，所以不可能和上帝一样是至善，因为必定会或多或少有一些的缺陷，这个缺陷就是恶。人的恶就是滥用自己的自由意志而背离了至善，背离了上帝，也就是犯罪。所谓的"先定说"是指上帝是仁慈的，上帝必定会通过神恩来拯救人类。但是上帝并不是拯救所有的人，而只是拯救其中的一部分。而且上帝之所以选择这一部分选民也没有任何原因，它只不过是出自上帝意志的喜好，也就是说是任意的。这种先定说虽然肯定的是上帝的绝对权威性，但是却有着否定教会的意味，因此没有能够得到教会的完全采纳。

奥古斯丁持有什么样的历史神学观？

奥古斯丁的历史神学思想主要集中在他的代表作《上帝之城》之中，在当时罗马人和东方的异教徒将罗马陷落的责任归咎到罗马人信奉基督教而导致罗马旧神发怒之上，而《上帝之城》就是奥古斯丁针对这个情况而作出的回击。在第一部分，奥古斯丁就列举了罗马人的种种罪恶，指出罗马灭亡是罗马人罪有应得。在第二部分中，奥古斯丁展开了自己的历史神学原则，论述了善占统治地位的"上帝之城"和恶占统治地位的"人间之城"的起源、发展和终结。他认为从上帝创世开始，就形成了两大敌对的阵营。爱上帝、服从上帝的一方构成"上帝之城"，他们追求精神生活向往善；爱自己、对抗上帝的一方

构成"人间之城"，他们追求世俗生活，向往恶。两者的斗争就构成了人类的历史。并且奥古斯丁认为上帝之国必胜，人间之国必败。他依照上帝六天创世第七天安息的说法将历史划分为七个时期，他所处的时代是善恶斗争最为关键的第六个时期。教会只是"上帝之城"的摹本，它遵照上帝的意志，把上帝的选民聚集起来，为"上帝之城"做准备。

波爱修是如何看待上帝与世界的问题的？

波爱修认为上帝就是存在本身，上帝是形式。"神的实体是无质料的形式，因此是一，是其所是，而所有别的东西都不是其所是"。这句话的意思就是说万物是由上帝才获得其存在的。万物的善和完美来自于上帝的善和完美，因而万物的善与美都是不完全的。世界的是从完美开始的，完美是原本，不完美是完美的摹本，所以不完美是完美的减弱。通过这种论证，波爱修继承了奥古斯丁否认恶的现实存在的观点，认为恶是一种不完全，是由于人们将完全的善加以分离的结果。但是他抛弃了奥古斯丁的"先定说"，而是认为"预知是存在于世界之主那里的，安排一切的那个神的计划"。他进一步将世界分为无理性的世界和理性世界两个部分，在无理性的世界之中，形式以绝对的因果必然性起着决定性的作用；在理性世界之中，永恒的形式只是一种人们应该追求，但是能够拒绝的理想。所以他认为人的自由意志是判断的理性的一种功能，人的精神能够发现众多的可能性并从中进行选择。关于上帝永恒存在的问题，波爱修认为"永恒就是对无限的生命的整个的、同时的、完全的占有"。也就是说对上帝来说，不存在一种时间上在先的知晓，上帝在永恒的现在中俯瞰时间世界中发生的一切。上帝观察事物时，并不改变事物的过程。波爱修的这个观点对于文艺复兴时期的人文复兴起到了推动作用。

波爱修的"种"和"属"观点是什么？

波爱修认为"种"和"属"在本体论上是不存在的。因为"种"和"属"是为许多事物所共有，而且是在同一时间完全地存在于许多事物之中，所以是多而不是一。但是如果它们是许多事物共有并因此而在数目上是多，那么它们自身又需要新的"种"或"属"，如此类推，最后就会无穷无尽。如果"种"或"属"在数目上是一，那就不能为许多事物共有。所以，如果它们既不是一（因为它是共有的），也不是多（因为还要为那个众多寻找另一个"种"或"属"），因此"种"和"属"在本体论意义上是绝对不存在的。关于"种"和"属"在认识论上的意义，波爱修认为"种"和"属"虽然不能脱离具体事物而独立存在，但是我们的心灵有能力将它们从有形的东西或无形的东西中区分抽象出来，而那些用区分、抽象、假设从存在的事物所得出的观念，不仅不是虚假的，而且只有这种观念才能发现事物的真正特性。"'种'和'属'都是思想，所以它们的相似性是从它们存在于其中的诸个体中收集起来的，比如人的相似性是从彼此不同的个人中收集起来的，这个相似性被心灵思索并真正地知觉到，从而就造成了'属'；

当进而思索这些不同的'属'的相似性（它不能在这些'属'之外或者在这些个别的'属'之外存在）时，就形成了'种'。所以，'种'和'属'是在个体之中，但它们都被思考为共相，并且，'属'必须被看作把个别中的众多的实质上相似性集合起来的思想，而'种'则是集合'属'的相似性的思想"。波爱修说，这种相似性，当它是在个别事物中的时候，它是可感觉的，当它是在共相中的时候，它是可以认知的；同样，当它被感知的时候，它是留在个体中，当它被理解的时候，它就成为共相。这种观点包含着唯物主义和辩证法的合理因素，成为中世纪唯名论的直接先驱。

爱留根纳是如何论证存在与不存在的？

爱留根纳的自然包括所有的存在与不存在。爱留根纳提出了五种区分存在与不存在的方式，以便能够进一步地了解自然。

第一种，理性以它为根据，要求一切可以清晰辨认的或超越感觉的，都应该属于存在的范围，而存在因为本性卓绝，既超于物质即感性之外，又超于纯思维以及理性之外，就是不存在。上帝既是包罗万象的存在，又是超越理性的不存在。

第二种，作为物质世界和每一区分的界限的每一个层次，连同它的紧接的较低层次，都可以通过令人惊奇的理解方式，视为存在和不存在。对某一层次的肯定，就是对另一层次的否定。肯定人是有理性的、有死的、可以看见的创造物，就是否定天使是这样的创造物。

第三种，只要是根据在时间和空间里产生出来被形成了的物质原因本身而被认识的，习惯上将它们称为存在；只要是仍然内含于自然深处，还没有成为被形成的物质，或者还不在时间和空间之中，而且还没有由于某种机会成为可见的，习惯上将它们称为不存在。

第四种，只有靠纯思维认识的，才是真正的存在；那些通过产生、通过物质在时间和空间中的运动而延伸或收缩从而变化着、凝聚着或分解着的东西，只能说实际上是不存在的，这种看法适用于能够发生、也能够消灭的一切形体。

第五种，人是上帝按照自己的形象创造出来的。人犯了罪，因而背弃了上帝，背弃了上帝赋予自己的形象，丧失了自己的存在，于是就变成了不存在。但是如果人被引导恢复了先前的存在状态，就又变成了存在。

爱留根纳的五种区分存在与不存在的方式，包含了巴门尼德、柏拉图和亚里士多德等人的思想，但是同时他又在为上帝观服务。爱留根纳将存在和不存在看成是辩证的统一，看成是为一个运动、互相转化的过程，显示了比较高的思辨水平，其中包含着许多合理的思想。

爱留根纳认为上帝与人是什么关系？

在爱留根纳的理论之中，人是一种特殊的存在。他的泛神论思想使他既肯定上帝又重视人，这一点也是他的神学和哲学思想的显著特点。他从上帝创造万物的理念或本质这一观点出发得出人也是一种永远在上帝中存在着的理念，并且认为人是一种不同于其他存在物的特殊存在物。上帝创造的事物可以分为纯精神性的存在和纯物质性的存在两种，但是人却是既有精神性又有物质性的存在。他认为，因为上帝非常重视人，所以人是上帝按照自己的形象创造的，并且在创造人的同时，把一切事物的观念也置放在人的心中。上帝的这种做法也使得人自身就是一个小世界，人因为犯罪而变成了不存在，但人也可以通过恢复先前的状态而变成存在。天堂和地狱不过是人的心灵状态而已。天堂是因德行而感到的幸福，而地狱则是因犯罪而感到的痛苦。最后爱留根纳也得出了奥里根的观点：一切存在都是不死的，最终都将回归到创造者上帝那里，甚至魔鬼也可以得救，只不过时间上会晚一些而已。"他的学说在当时来说是特别大胆的；他否定'永恒的诅咒'，甚至对于魔鬼也如此主张，因而十分接近泛神论。"这句话是恩格斯在谈到爱留根纳学说的时候所说，比较公正地点明了爱留根纳学说的特点。

安瑟伦如何看待信仰与理性的问题？

作为一名基督教哲学家，安瑟伦继承的是奥古斯丁和柏拉图的学说，他认为信仰高于理性，理性应当服从信仰，上帝是将理性交给信仰驱使，人们绝对不能奢求先去理解，然后再信仰，而是先信仰然后寻求理解。"我决不是理解了才能信仰，而是信仰了才能理解。因为我相信：'除非我信仰了，我决不会理解'。"在安瑟伦的理论之中，上帝是在我们的身上创造了他的形象，但是因为罪恶和恶习的蒙蔽，除了由上帝来复兴、改造之外，我们再也不能仰望上帝，这也就是说如果没有上帝的指示和

启示，我们就永远都不能找到上帝，只有信仰才能使我们接受上帝的指示和启示。所以，信仰是基督徒的出发点。他强调：基督教徒应该由信仰进展到理性，并不是从理性出发达到信仰；当他不能够理解的时候，更不应该离开信仰。他提出"信仰寻求理解"的口号，但同时又认为如果只是有信仰而不运用理性，就等于白费，所以他说："当我们有了坚决的信仰时，对于我们所信仰的东西，不力求加以理解，乃是一种很大的懒惰。""我们必须用理性去维护我们的信仰，以反对不信上帝的人。"总结起来就是，信仰是理解的前提、理解的范围、理解的目的。

安瑟伦如何看待上帝存在的问题？

安瑟伦成名的最大原因就是他第一个采用了从思维到存在的本体论方法证明上帝的存在。而在本体论之前他曾经提出了一些其他的证明，比如他从"信仰寻求理解"的原则出发，在哲学上论证了上帝的存在。他在《独白》一书之中就从世界上现实存在着善的事物出发推论出绝对的善的存在，从现实存在着大的事物出发推论出绝对的大，从现实事物的存在出发推论出绝对的存在，从事物本质的等级出发推论出最高的本质，并把这些推出的结论直接等同于上帝。但是这种证明没有任何的创新，所以就被人选择性地忽视。

从哲学的角度上来说，安瑟伦的证明是将人的主观意识中存在的一般观念，作为离开具体事物而独立的客观实在，再从观念推出现实的存在来。也可以说他是一个极端的唯实论者，因为他认为事物之所以是真或善，就在于他们分有了最高的真

或善（上帝），所以感官所认识的具体事物并不是真正的存在，只有精神所认识的共相才有真正的存在，共相是先于和离开个别事物而独立存在的实体。

安瑟伦是如何证明本体论的？

关于本体论的证明，安瑟伦从上帝的概念出发，用三段论的方式推出上帝的存在，证明上帝的观念本身就已隐含着上帝的存在。安瑟伦论说我们每个人的心中都具有上帝的观念，就是愚妄人也必须要承认，在自己的心中有一个无与伦比的伟大的东西存在着，即使他可能说"没有上帝"，但是这种说法本身就已经证明了他的心中是有"上帝"这个观念的。因为"上帝"这个观念本身就有"绝对完备者"的意思，不能够设想任何比它更伟大、更完善的实体。如果我们非常坚信：上帝是最完善者，那么他就绝对不可能只是存在于心中，也必然存在于现实之中。安瑟伦首先得出人心中有至高无上的观念的判断，然后通过至高无上的观念不可能只作为观念存在于人心中，因而必然也是现实的存在，所以上帝也是真实的至高无上的存在。对于安瑟伦的这种论证方式有褒亦有贬，在他还活着的时候，法国隐修士高尼罗就激烈地批判他，托马斯·阿奎那也选择了将他的方法抛弃，而在康德哲学之中，安瑟伦的方法更是遭受了致命的打击，黑格尔却对他的方法大家赞赏："安瑟伦是这样一个人，他鼓舞了经院哲学家的哲学，并且把哲学和神学结合起来了。"

罗瑟林是如何否定"三位一体"思想的？

罗瑟林从唯名论的观点出发对"三位一体"这个最重要的教义作出了否定的解释。他认为，"三位一体"的上帝只是个名称，和它相符合的实在的东西是不存在的。圣父、圣子和圣灵这三位，如果只是按照威力、意志和品格来说，它们是统一的，但是按照本性来说，它们只能是三个个别的实体，不可能是一个实体。正确的说法应当是称它们为三个神，就是说，"三位一体"的神是根本不存在的。如果"三位"是一个实体，那么就会出现在同一个人身上同时体现出父亲、儿子和灵魂的荒谬情况。罗瑟林还认为，"原罪只不过是一个虚名，只有个别人、个别行为的具体罪恶才是最最真实的"。罗马的"圣教会"也只是一个虚名，只有各个地方的教会才是真实的存在。罗瑟林的唯名论直接攻击的是罗马教会的根基，所以唯名论注定不能被教会所接纳。

阿伯拉尔是如何解释一般的存在的问题的？

对于一般的存在，阿伯拉尔认为有两种方式：第一种是表示一类客观对象中相似的性质，是从许多个别事物中抽象出来的概念，存在于人类的理智中；第二种是这种相似性在任何个别事物中都完全个别化了，它们与个别事物是完全同一的，因此不能说它们是一般。客观存在的只是个别，一般只存在于个别之中。阿伯拉尔从本体论、认识论、逻辑学等方面具体地分析了共相问题，具有一定的辩证思想，但是他的解释没有能够真正解决一般与个别的关系，但是这个问题却成为了几个世纪的哲学家讨论的基础，并且也促进了托马斯·阿奎那综合体系的完成。

阿伯拉尔持有什么样的伦理学思想？

阿伯拉尔从唯名论的原则出发，将善恶归于个人的意向和良知。他认为，一个行动的是非，不在于它的后果，而在于行动者的动机。即使是同一个人在不同的时候做着完全相同的事情，因为意向不同，行为的好坏也是不同的。他强调道德的主体是个人，而不是抽象的人类，所以不会存在原罪的说法。"我们的罪恶，乃是对造物主的侮蔑。而犯罪，就是藐视造物主，那就是，不为他的缘故而去做那为我们所相信应该为他而做的事情，或者是不为他的缘故而去舍弃那为我们所相信应该舍弃的事情"。这句话是阿伯拉尔为道德上的善恶加上的神学前提。如果行为者根据良心去行事，他既使犯了错误，也不能算是犯罪。一个人明知故犯，才是真的犯罪。阿伯拉尔虽然将行为的动机和效果割裂开来，只是片面地强调良心和动机，但是他的观点却有反对宿命论的道德观，对于康德提出的"道德律令"也存在着一定的影响。

什么是"双重真理论"？

他认为，理性和信仰是不互相冲突的，哲学和宗教归根结底导致同一个真理，只不过二者分别有自己的认识范围而已。哲学是通过纯粹的思辨来理解真理，是供少数人理解的，而宗教的基础是真主的启示，因此宗教的真理具有象征性和寓意的形式，宗教是为大多数人所创立的，是群众在习惯下形成的。所以，真正的宗教并不反对哲学研究，真正的哲学也不反对宗教，只是排斥宗教对科学和哲学领域的干扰。

西格尔的哲学思想是什么？

西格尔认为神学院的教授们的研究目的是神学，而不是哲学。他否认了上帝创世说，认为上帝不是事物的作用因，而只是事物的目的因，也就是上帝是创世的目的，而不是创世的原因。世界是永恒的，地球上的一切物种也都是永恒的，所有的事物都一再重复，在事物的永恒复归中一个世界跟随着另一个世界。世界还是必然的，自然规律是永远都不可改变的。

在灵魂方面的观点，西格尔继承了阿威罗伊的思想，他将灵魂划分为全人类共有的灵魂和个体灵魂。个体灵魂是个人的生命原则，与人的肉体不可分，它使个人的肉体获得生命力，并随肉体的死亡而死亡；全人类共有的灵魂也就是人类理性，它是统一的、唯一的灵魂，它同个体相结合以完成意识的活动。西格尔的这种观点实际上是对基督教的灵魂不朽等信条的否定。

哲学和神学的研究对象有什么不同？

神学能够为我们提供的救赎所必需的那些真理，并且在神学之外，关于现实世界的理性科学还有很大的活动余地。客观存在的现实世界就是我们理性的认识对象，同时也是我们知识的来源，而且理性也同样具有认识这一对象的能力。但是这个世界不仅存在一个现实的自然世界，还存在一个超现实的、超自然的世界。对于超自然、超现实的世界，理性能够认识的只是极小的一部分，比如说上帝存在、上帝的唯一性等，类似的道成肉身、三位一体等就不是自然理性所能够认识的范围，只能够

依靠信仰来把握。虽然有部分人能够凭借自然理性取得神学的真理，但是那也是在天启的指导下完成，因为"凡是用理智讨论上帝所得到的真理，只能有少数人可以得到，而且费时很多，还不免带有许多错误"。所以说，即使是凭借自然理性获得的神学真理也属于天启的内容，应该由信仰来把握。

为什么阿奎那认为神学和哲学应该是合作伙伴？

托马斯·阿奎那认为尽管神学和哲学两者之间有着非常清晰的界限，但是两个知识领域却应当是最亲密的合作伙伴，两者应当是和谐的。因为理性是上帝所创造并且赋予人类的一种本性，而信仰则来自于上帝的启示，二者完全可以追溯到同一个真理源泉，所以根本就不可能相互对立。哲学与神学之间永远不会产生任何矛盾。信仰是上帝赐给我们的一种神恩，它并不削弱人们的自然本性，反而是加强人们的自然本性。哲学与神学只是认识真理的两种不同的途径，而真理只有一个，那就是上帝。从自然理性出发提出反对信仰的论证，本身就和理性的最高思维原则互相矛盾。

托马斯·阿奎那是如何通过存在论证上帝的？

托马斯认为，存在是一个发生的过程，是一个现实的过程，指的是在现实中有某个东西与某个概念或某种论断相对应；本质是我们对某个事物形成表象所必需的东西，是使某事物成为该事物的东西。在一切被创造的事物之中，存在与本质都具有不同的规定性。一个物体的存在必然包含其作为该物存在的

本质，否则它就不能够作为该物存在。但是这句话反过来的说法——一物的本质必然包含其存在——却是不正确的。打个比方，一个三角形，它的本质就是三条直线围成一个平面。但是反过来说三条直线构的平面却不一定是三角形。"任何本质或实质，人虽不具有存在的知识，仍然能够加以理解。因为即便我不知道自然界里是否有人或者凤凰存在，我也能够理解人是什么或者凤凰是什么。因此，存在显然有别于本质或实质，除非可能有某种事物的本质确实就是其存在"。在这句话之中，托马斯指的就是上帝，上帝的存在与本质是同一个东西。因为上帝的本质就在于他是万物的创造者，所以作为万物的创造者，上帝的本质自身就已经包含了存在。

阿奎那是如何论证上帝不是潜能的？

被创造的事物既是能动的又是被动的。它能够自己行动，并且还是行动的对象；它拥有属性，同时又可以失去原有的属性并获得新的属性。这种受到外部作用或者发生内部变化的能力就是潜能，而事物的存在就是现实。一切事物如果从它来说，是现实的存在；如果从它能够变化成其他事物的角度来说，它是潜能的存在。所以，一切的事物潜能与现实的统一。只有上帝不是潜能。上帝既不接受任何外部作用，自身也不发生任何变化，是纯粹的作用因、纯粹的现实。

阿奎那是如何论证上帝是自在的实体的思想的？

所有被创造的事物都处在不断的变化之中，但是一切变化都有一个不变

的基础或者主体，这就是事物的实体。实体是独立的存在，是个体，比如说一个人、一只狗、一块石头等。而偶性却是依附于他物而取得存在的东西，比如说白、密等。这也就是说，偶性是实体的偶性，没有离开实体可以独立存在的偶性，就像没有一种颜色可以不是某物的颜色。偶性的变化并不影响事物的存在，而实体的消失则意味着事物的不存在。唯有上帝是凭自己而存在，因而是自在的实体。

阿奎那是如何证明上帝是第一推动者的？

在《反异教大全》之中，托马斯·阿奎那这样说："凡是受动的，都被另一个所推动。从这意义来说，很明显有许多事物是受动的，太阳就是一个例子。所以，太阳是被另一个动力所推动。而这个推动者或者自己是被推动的，或者不是。如果这个推动者不是受动的，那么我们得到的结论是，必须存在着一个不动的推动者。这就是我们说的上帝。如果相反，这个推动者是受动的，那么它为另一个所推动。如此类推，或者是无穷无尽，或者应当推到一个不动的推动者为止。可是无穷无尽的推论是不可能的。所以必须存在着一个不动的最初推动者。"简单地说，托马斯·阿奎那就是通过从原因到结果的逐步升级的方法，其中排除无限的推论，而得到最初的原动力，而这最初的原动力也就是第一推动者，也是上帝。

阿奎那是如何证明上帝是必然存在的？

"我们发现许多事物能存在，也能不存在，因为它们在产生和消亡的过程中。所以，它们既能存在，又能不存在。至于说它们永恒存在，则是不可能的，因为凡是能不存在的，总会出现归于无的时候。如果一切事物都是能够不存在的，则它们迟早一定会归于无。如果这种说法是正确的，那么什么都不存在了，因为事物无所依存，就无法存在。所以，如果什么都不存在，某事物开始存在，是不可能的。这样说来，现在什么都没有，这显然又是错误的。所以，不仅一切可能存在，而且必须还有必然的东西存在。这必然的东西，对其他事物来说，就是必然的原因。但又不可能把必然的原因无限地推下去，如同前面说的作用因那样。所以，必须有一个自身必然的存在，它不从其他事物那里接受必然的原因，但却是其他事物的必然原因。这就是大家所说的上帝。"